职业教育新能源汽车类"岗课赛证"融通系列教材

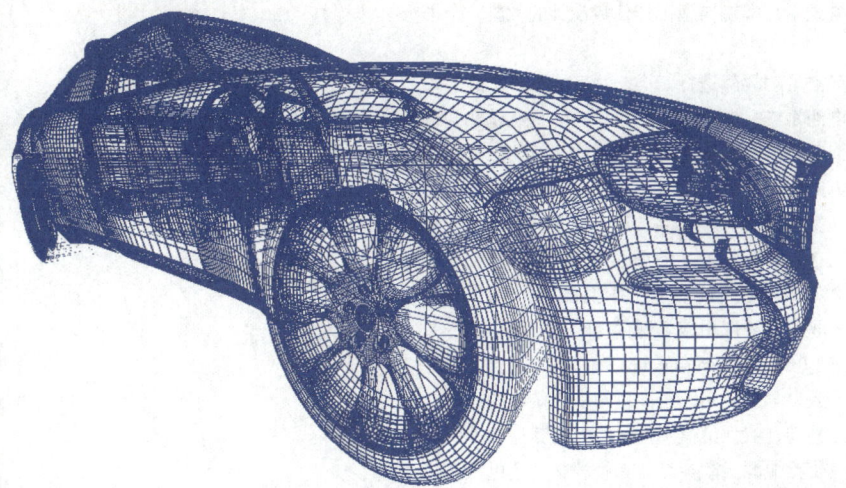

新能源汽车故障诊断技术

主　编　张少海　　杜金玲　　李建明

副主编　田兴政　　秦金桃　　郭海军

　　　　吴祥宇　　韩洋帆

参　编　柳　晨　　王文革　　吕乃伟　　宋兆杰

　　　　蔡　辉　　韦华宇　　黄玉琅　　姚钧瀚

　　　　蒋述军　　包　强　　姜松舟　　邹才深

　　　　郭　强　　王　东

浙江吉利控股集团有限公司　组编

中国教育出版传媒集团

高等教育出版社·北京

内容简介

本书是"岗课赛证"综合育人模式下，围绕典型工作任务设计的教材，全书共有 7 个项目、18 个学习任务。

本书系统、全面地对新能源汽车常见的故障进行归类，对新能源汽车的整车控制系统、车载网络系统、动力蓄电池系统、电机驱动系统、充电系统以及空调系统中常见的故障进行分析，让广大新能源汽车专业的学生或使用新能源汽车的车主对新能源汽车可能会出现的故障更加的了解。

本书提供了丰富的教学资源，包括实操视频、精品微课、教学课件等，视频类资源可通过扫描书上的二维码在线学习，全部资源可通过智慧职教平台（www.icve.com.cn）上的"新能源汽车故障诊断技术"在线课程进行学习，详见"智慧职教"服务指南。教师如需获取本书授课用教学课件等配套资源，请登录"高等教育出版社产品信息检索系统"（https://xuanshu.hep.com.cn）免费下载。

本书通俗易懂、图文并茂，利于激发学习兴趣，在注重知识系统化的同时，有机融入劳动精神、劳模精神和工匠精神，实现价值塑造、能力培养与知识传授紧密结合。本书适合作为高等职业院校新能源汽车类专业课程教材，还可供在职的汽车维修企业从业人员及其他汽车行业从业人员阅读参考。

图书在版编目（CIP）数据

新能源汽车故障诊断技术 / 张少海，杜金玲，李建明主编；浙江吉利控股集团有限公司组编 . -- 北京：高等教育出版社，2025. 1. -- ISBN 978-7-04-063700-7

Ⅰ. U469.707

中国国家版本馆 CIP 数据核字第 2025CZ3731 号

XINNENGYUAN QICHE GUZHANG ZHENDUAN JISHU

策划编辑	姚 远	责任编辑	姚 远	封面设计	赵 阳	版式设计	童 丹
责任绘图	于 博	责任校对	王 雨	责任印制	耿 轩		

出版发行	高等教育出版社	网　　址	http://www.hep.edu.cn
社　　址	北京市西城区德外大街 4 号		http://www.hep.com.cn
邮政编码	100120	网上订购	http://www.hepmall.com.cn
印　　刷	河北信瑞彩印刷有限公司		http://www.hepmall.com
开　　本	787 mm×1092 mm　1/16		http://www.hepmall.cn
印　　张	15.25		
字　　数	360 千字	版　　次	2025 年 1 月第 1 版
购书热线	010-58581118	印　　次	2025 年 1 月第 1 次印刷
咨询电话	400-810-0598	定　　价	45.00 元

"智慧职教"服务指南

"智慧职教"（www.icve.com.cn）是由高等教育出版社建设和运营的职业教育数字教学资源共建共享平台和在线课程教学服务平台，与教材配套课程相关的部分包括资源库平台、职教云平台和 App 等。用户通过平台注册，登录即可使用该平台。

- 资源库平台：为学习者提供本教材配套课程及资源的浏览服务。

登录"智慧职教"平台，在首页搜索框中搜索"新能源汽车故障诊断技术"，找到对应作者主持的课程，加入课程参加学习，即可浏览课程资源。

- 职教云平台：帮助任课教师对本教材配套课程进行引用、修改，再发布为个性化课程（SPOC）。

1. 登录职教云平台，在首页单击"新增课程"按钮，根据提示设置要构建的个性化课程的基本信息。

2. 进入课程编辑页面后，在"教学任务"的"课程设计"中"导入"教材配套课程，可根据教学需要进行修改，再发布为个性化课程。

- App：帮助任课教师和学生基于新构建的个性化课程开展线上线下混合式、智能化教与学。

1. 在应用市场搜索"智慧职教+"App，下载安装。

2. 登录 App，任课教师指导学生加入个性化课程，并利用 App 提供的各类功能，开展课前、课中、课后的教学互动，构建智慧课堂。

"智慧职教"使用帮助及常见问题解答请访问 help.icve.com.cn。

前　言

近年来，能源危机、大气污染等问题日益严重，能源和环保问题备受大众关注。为此，生产和使用新能源汽车是解决这类问题的重要途径之一。

目前，新能源汽车主要以电动汽车和新型燃料汽车为主。电动汽车包括纯电动汽车、混合动力汽车和燃料电池汽车。就发展前景来看，纯电动汽车是将来的趋势，因为纯电动汽车技术已经非常成熟，各大汽车生产厂商纷纷推出自己的纯电动汽车产品，国家也相对应出台了各种消费政策、配套措施等，促使广大车主购买纯电动汽车。

为适应新能源汽车的快速发展，满足新能源汽车日益增长的社会需求，同时也为了满足各职业院校对新能源汽车专业学科建设发展以及市场售后岗位人才需求，本书编者团队以吉利几何车型为例，与浙江吉利控股集团有限公司合作收集和整理了前人的研究成果和检修经验，编写了本书，目的是为了能够作为全国职业院校新能源汽车类相关专业的课程教材，也可作为相关汽车技术人员参考用书。

本书以党的二十大精神为引领，深入贯彻党的二十大关于"加快建设国家战略人才力量，努力培养造就更多大国工匠、高技能人才"和"推进教育数字化，建设全民终身学习的学习型社会、学习型大国"的精神，精心设计教学内容和数字化教学资源，以利于培养德技并修的高素质技术技能人才。本书以项目教学法来组织教学内容，每个项目设有多个学习任务，每个学习任务对应一个具体的实际操作内容，符合"任务驱动"的教学方法。每个学习任务设有"相关知识"和"任务实施"模块。能够让学习者了解具体技能所对应的理论知识和操作技能要求等。同时，还针对每个学习任务，配备了大量的习题和学生实操用的项目工单。

本书由浙江吉利控股集团有限公司组编，由浙江汽车职业技术学院张少海、杜金玲以及湖北交通职业技术学院李建明担任主编，由湖北交通职业技术学院田兴政、北部湾职业技术学校秦金桃、兰州石化职业技术大学郭海军、吉利汽车控股（杭州）有限公司吴祥宇、哈尔滨华德学院韩洋帆担任副主编，参加编写的还有吉利汽车集团有限公司吕乃伟、宋兆杰等。本书在编写过程中，得到浙江吉利控股集团汽车销售有限公司、广西英华国际职业学院等单位的大力支持及其他单位一线专家的帮助和指导，并参考了许多国内外公开出版与发表的文献与资料，在此表示衷心的感谢！

由于编者水平及时间所限，且很多关键技术仍处于商业保密阶段，加之书中内容难以覆盖全国各地的实际情况，本书难免有疏误和不妥之处，恳请广大读者批评指正。

编　者

2024 年 3 月

目　录

项目一 ▶▶▶
....
新能源汽车故障诊断技术基础

▶ 背景拓展

自 2021 年以来，新能源汽车企业掀起了一轮 800 V 电压平台车型的发布热潮。小鹏汽车、广汽埃安、极氪、理想汽车、比亚迪、北汽极狐等品牌陆续发布了搭载 800 V 高电压平台的车型。

在 800 V 甚至更高的电压平台车型上，高压快充会涉及车内电源到车外充电整个强电链路。原本的硅基 IGBT 芯片达到了材料极限，具备耐高压、耐高温、高频等优势的碳化硅（SiC）器件成为最佳的替代方案。

未来，以 SiC 为核心的 800 V 强电系统，将在主逆变器、电机驱动系统、DC/DC、车载充电机（OBC）以及非车载充电桩等方面迎来规模化发展。

▶ 项目描述

本项目共两个学习任务，分别是：

任务一　新能源汽车基本故障诊断策略

任务二　故障诊断仪的使用与诊断数据分析

通过两个任务的学习，能够建立新能源汽车故障诊断思路，能对新能源汽车故障码进行分析，能够独立完成新能源汽车的故障诊断工作。

任务一　新能源汽车基本故障诊断策略

 任务引入

　　一辆吉利帝豪 EV450 纯电动汽车，车主反映起动车辆后，车辆无法行驶。经维修技师上电查看发现，READY 指示灯没有点亮，动力蓄电池充电警告灯点亮，系统故障警告灯点亮，故障提醒警告灯点亮，EPB（电子驻车制动系统）故障警告灯点亮，ESC 系统（汽车电子稳定控制系统）故障警告灯点亮。请你通过仪表上的警告灯，初步判断是哪个系统出现了故障？并在此基础上整理出后面需要具体做的工作，从而有效处理当前的故障。通过本任务的学习，正确使用诊断设备对车辆进行故障排查，建立有效、合理、安全的诊断思路，并规范实施车辆故障检测作业。

 任务目标

知识目标：

1. 了解新能源汽车故障诊断的基本策略。
2. 了解新能源汽车常见的指示灯与故障诊断方法。
3. 了解新能源汽车故障诊断的基本方法与流程。

技能目标：

能够根据故障现象，学会分析故障和建立基本的故障诊断思路。

职业素养目标：

1. 严格执行汽车检修规范，养成严谨科学的工作态度。
2. 养成总结训练结果的习惯，为下次训练积累经验。
3. 养成团结协作精神。
4. 严格执行 5S 现场管理。

 相关知识

一、新能源汽车基本故障诊断的基本策略

　　新能源汽车出现故障后，应本着从外到内、由简到繁的原则，充分利用组合仪表故障指示灯、新能源汽车故障诊断仪及动力蓄电池上位机软件等进行故障的综合诊断。在进行故障诊断时，还要结合新能源汽车高压系统的结构特点、控制策略及动力传递路线。

新能源汽车基本故障诊断的基本策略需要注意以下方面：

1）组合仪表故障警告灯。当新能源汽车相关系统出现故障时，一般在组合仪表上会以故障警告灯的形式进行提醒，如系统故障警告灯、动力蓄电池故障警告灯和驱动电机系统故障警告灯等，利用故障警告灯可以初步判断故障的原因及位置。

2）动力传递路线。新能源汽车出现故障后，根据高压系统的动力传递路线，故障可分为充电故障和放电故障两大类。诊断时可先依次判断放电电路是否正常，再判断充电电路是否正常。

3）低压控制高压。新能源汽车在设计时，一般是通过低压控制高压，即高压电要正常地输出或充入需要由低压的控制模块［如整车控制器（VCU）］进行控制，在进行高压故障排除前，应先确定低压蓄电池电压正常。

4）故障诊断仪和上位机诊断。新能源汽车在进行故障诊断与排除时，故障诊断仪是一个必不可少的设备，借助它可以大大减少故障排除时间和提高故障排除效率。另外，对于电池管理系统（BMS）的诊断，虽然故障诊断仪能读出动力蓄电池内部相关的代码和数据流，但受设备的限制，一般功能都非常有限。例如，对单体蓄电池电压的读取，故障诊断仪一般只能读出最高单体蓄电池电压及位置、最低单体蓄电池电压及位置。借助专门的动力蓄电池上位机软件可进行动力蓄电池数据的读取与诊断，这样可以大大降低 BMS 故障诊断的难度。

二、新能源汽车常见的指示灯与诊断方法

1. 新能源汽车常见的指示灯的含义

汽车上都设有显示汽车工作状态的组合仪表、指示灯（包含警告灯）等。当新能源汽车发生故障时，通常组合仪表上会亮起或闪烁相应的警告灯，以提示驾驶人或维修人员故障的宏观方向。

指示灯的形状和显示颜色的基本规定：红色表示危险；黄色表示注意；绿色表示安全、正常的操作状态。

吉利帝豪 EV450 纯电动汽车仪表及指示灯如图 1-1 所示。

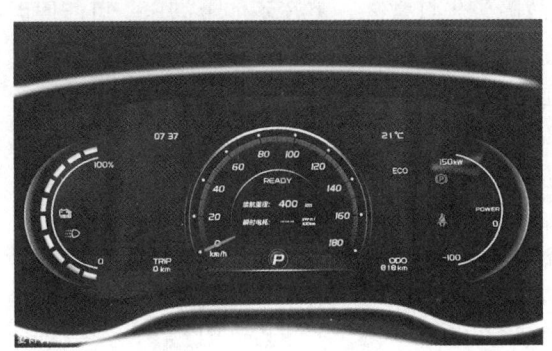

图 1-1　吉利帝豪 EV450 纯电动汽车仪表及指示灯

吉利帝豪 EV450 纯电动汽车各指示灯的含义见表 1-1。

表 1-1　吉利帝豪 EV450 纯电动汽车各指示灯的含义

灯符号	指示灯	颜色	灯符号	指示灯	颜色
	后雾指示灯	黄色		胎压异常警告灯	黄色
	蓄电池充放电指示灯	红色		电子稳定控制系统故障灯	黄色
	制动系统故障警告灯	红色		系统故障警告灯	红色
	驻车制动指示灯	红色		动力蓄电池充电警告灯	黄色
	ABS 故障警告灯	黄色	READY	运行准备就绪指示灯	绿色
	驾驶人安全带未系警告灯	红色		充电线连接指示灯	红色

2. 警告灯的诊断作用

当新能源汽车出现警告灯点亮的情况后，可以依据组合仪表上显示的警告灯，结合故障码和系统状态，找到故障原因。并在问题解决后，通过故障诊断仪清除故障码，再查看组合仪表上的警告灯是否熄灭。

3. 常见警告灯的诊断方法

当车辆切至 ON 挡起动后，组合仪表所有灯不亮，或较暗，或闪烁。

可能原因如下：

1）低压蓄电池端子虚接。

2）低压蓄电池严重亏电。

诊断方法如下：

1）检查低压蓄电池的端子是否被拔掉，若被拔掉，需连接后再试。

2）低压蓄电池亏电，需要及时充电或者更换。

当动力蓄电池故障警告灯常亮，整车不能上高压。可能原因如下：

1）BMS 故障。

2）单体蓄电池存在故障。

诊断方法如下：

1）维修人员通过故障诊断仪读取故障码，根据具体故障码参照整车维修手册进行维修。

2）高压部件需专业人员按照手册的要求进行维修。

三、新能源汽车故障诊断的基本方法与流程

新能源汽车故障诊断的基本方法：当新能源汽车出现故障后，应本着从外到内、由简到繁的原则，充分利用组合仪表故障警告灯、新能源汽车故障诊断仪及动力蓄电池上位机软件等进行故障的综合诊断，遵循排查故障原因的一般性原则。该思路适用于所有新能源车辆的任何故障类型，可以有效地提高车辆的诊断效率。对于初学者来说，学习和养成合理的故障诊断思路是完成车辆故障排查重要前提，为进一步提升新能源汽车故障诊断水平打下坚实的基础。

新能源汽车的故障诊断策略基本流程如图1-2所示。

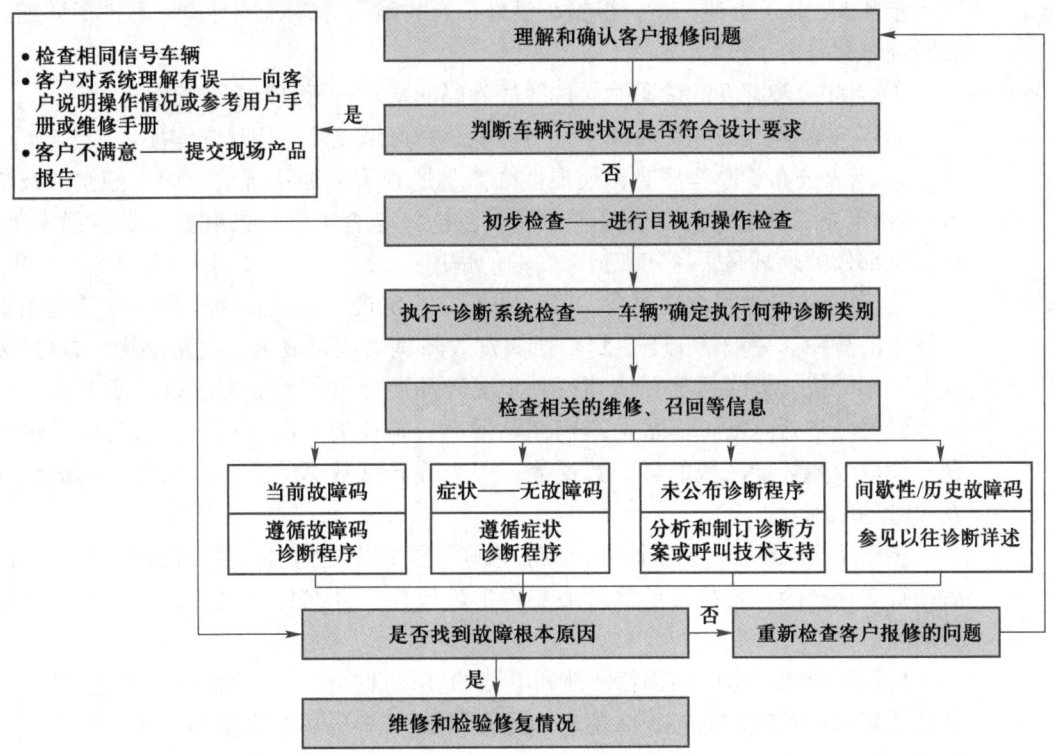

图1-2　新能源汽车的故障诊断策略基本流程

具体步骤如下：

步骤1：理解和确认客户报修问题，即全面收集客户已知的相关信息。例如，故障发生的频次、故障发生时的车辆运行工况、故障的具体表现、是否存在其他相关故障等。通过询问车主、试车和故障再现等对故障车辆进行故障确认。

步骤2：判断车辆行驶状况是否符合设计要求。如果同型号的其他车辆在相同工况下也发生车主所描述的故障现象，则说明该车辆所表现出的问题并不属于故障范畴，而是车辆的设计缺陷。

步骤3：进行目视和操作检查，主要包括车辆外观检查、异响检查、故障码和数据流的读取等操作。检查组合仪表故障提示。车辆基本检查包括：通过踩制动踏板判断真空助力系统是否工作，来判断整车控制器是否正常；对车辆进行READY/OK操作，挂前进挡，看车辆是否正常行驶；操作空调面板，判断高压电是否输出到电动压缩机和PTC加热器；测量蓄电池电压情况，判断电压是否正常及DC/DC转换器是否工作；对车辆进行慢充，看慢充系统是否正常工作。

步骤 4：初步分析诊断信息。针对目视和操作检查所得到的故障信息确定执行何种诊断类别，分析出可能造成该故障的具体区域，并确认该区域内的组件是否可以正常工作，最后分析其他区域造成该故障的可能性。

步骤 5：检查相关的维修信息。查阅已有的故障案例信息，参考之前类似故障案例的解决方案，以提高故障诊断效率。

步骤 6：基于上述分析，根据车辆是否有故障码等多种情况，分类进行详细的诊断与维修。

① 当前故障存在故障码时，按照故障码的指示进行诊断和维修。

② 当前故障无故障码时，须针对可能故障区域逐步使用诊断程序。

③ 当未公布诊断程序时，须根据维修手册查看故障系统的电源、搭铁以及输入/输出电路，并确定各电路是否导通、各插头是否牢固、供电电压是否稳定等。再查看部件的外观是否存在破损或腐蚀的情况。

④ 当前故障为间歇性偶发故障，即不连续出现、难以重现，且只在特定条件下发生的故障。一般情况下，间歇性偶发故障是由线束故障、电路虚接、电磁/无线电频率干扰、极限恶劣环境和行驶工况等问题导致的。通常可以结合专业知识和维修经验进行判断；尽量使车辆在贴近客户描述的工况下运行，以尝试重现问题；读取故障怀疑区域的详细数据流，用查找异常数据等方法，来定位间歇性偶发故障的原因。

步骤 7：找到故障根本原因，然后维修和检验修复情况。找到故障的根本原因后，针对该故障进行相关的修理或更换部件操作，并在操作完成后，检验故障是否消除。

根据新能源汽车的结构特殊性和电路的复杂性，应对整个高压系统进行安全、合理的规划和及时的监控，才能够保证新能源汽车平稳、安全地行驶。因此，对于新能源汽车中的电阻、电流、高压接触器、电压等故障检测处理方法的掌握，是十分有必要的。

① 绝缘电阻的故障处理。新能源汽车的电子化率要比传统燃油汽车高很多，动力蓄电池组、电驱动系统、高压电在发生碰撞后或遇到恶劣环境时，都有可能造成底盘的绝缘性能大大降低，严重时可能造成汽车火灾，影响汽车驾驶人的安全。因此，当出现汽车绝缘电阻值低于规定值时，必须切断高电压回路，并保持一定时间的静止，等故障消除之后，才允许进行下一次起动。

② 电压检测与故障处理。新能源汽车的动力来源，毫无疑问是动力蓄电池，而动力蓄电池的电压与放电效率有很大的关系。因此，为了保障新能源汽车的使用寿命及低压用电，以及蓄电池和驾驶人的安全，需要设计检测电路和高压电系统，以便实时、准确地进行检测。

③ 电流检测与故障处理。当汽车在行驶时，驾驶人使汽车状态发生改变，汽车运行状态也随之发生变化。当电流超过预定范围时，会使动力蓄电池温度过高，会影响使用寿命，同时还会有异常的反应。因此，当检测到汽车动力蓄电池温度过高，电流异常时，需要及时切断高压回路，以及发出声光报警，提示驾驶人和

其他车辆。同时，为了提高准确度，需要专业人员对动力蓄电池进行放电处理，并进行检测。

④ 高压互锁检测与故障处理。出于安全，在给新能源汽车充电时，必须处于关机状态，同时，驱动系统高压电处于断开状态。当高压电处于断开状态时，会直接闭合电路。若充电接触器不闭合，高压管理系统将发出声光报警，以提示相关人员，直至故障排除。

任务实施

一、任务准备

安全防护：做好车辆安全防护与隔离（车内外三件套、车轮挡块、警示隔离带等）。

工具准备：绝缘防护用品、绝缘工具套装、常规工具套装、汽车智能诊断仪、充电桩。

台架车辆：吉利帝豪 EV450 纯电动汽车或其他实训车辆。

辅助资料：说明书、维修手册等。

二、实施步骤

吉利帝豪 EV450 纯电动汽车组合仪表警告灯检查步骤见表 1-2。

表 1-2　吉利帝豪 EV450 纯电动汽车组合仪表警告灯检查步骤

场地准备。
1）配备车内外三件套、车轮挡块和警示隔离带。
2）检查绝缘防护用品、绝缘工具套装、常规工具套装、汽车智能诊断仪和充电桩。
3）准备实训车辆及辅助资料

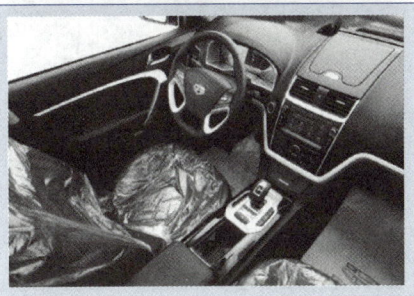

铺设防护。
1）进入车辆前，做好车内防护。铺设座椅、转向盘、变速杆、驻车制动器防护及地垫。
2）在对前舱和后尾舱进行维修时，及时铺设防护

续表

	起动点火开关。 1）携带遥控钥匙进入车内，踩下制动踏板，按下一键起动按钮。 2）起动车辆
	观察故障灯。 1）车辆显示"READY"后，观察组合仪表的警告灯。 2）记录警告灯
同表 1-1	对照维修手册查找其含义。 1）根据记录的警告灯查找维修手册。 2）根据维修手册查找其含义（见表 1-1）。 3）记录故障含义

 任务工单

项目一　新能源汽车故障诊断技术基础	小组人员：	
班级：	日期：	指导教师签字：
工作任务一　汽车组合仪表警告灯检查（以吉利帝豪 EV450 纯电动汽车为例）		
VIN：	年次：	动力蓄电池总电压：

任务要求：
1）在实训过程中，车辆需要做好防护，铺好车内五件套。
2）在操作功能按钮时，注意力度。
3）车辆需要安装挡块。
4）设备、工位隔离，禁止无关人员进入

1. 工具、量具

续表

2. 维修资料及辅助材料

3. 制订工作计划及人员分工

4. 工作现场安全准备、检查

5. 本工作任务的结果

6. 现场整理、清洁

7. 本工作任务存在的问题及解决方法

习题

一、单选题

1. 新能源汽车工作状态的组合仪表、指示灯和警告灯显示红色代表（　　）。

A. 危险　　　　　　B. 注意　　　　　　C. 正常　　　　　　D. 警示

2. 当汽车绝缘电阻值低于规定值时，必须切断（　　）。

A. 绝缘回路　　　　B. 搭铁回路　　　　C. 低压回路　　　　D. 高压回路

3. ABS 故障警告灯是（　　）色。

A. 红　　　　　　　B. 黄　　　　　　　C. 绿　　　　　　　D. 橙

二、判断题

1. 当新能源汽车发生故障时，通常仪表上会亮起或闪烁相应的警告灯，以提示驾驶人或维修人员故障的宏观方向。（　　）

2. 当新能源汽车出现警告灯点亮的情况后，可以依据仪表上显示的警告灯，找到故障原因。（　　）

3. 出于安全，在给新能源汽车充电时，必须处于关机状态，同时，驱动系统高压电处于断开状态。（　　）

 **任务二** 故障诊断仪的使用与诊断数据分析

 任务引入

一辆吉利帝豪 EV450 纯电动汽车，客户反映起动车辆后，READY 指示灯没有点亮，车辆无法行驶，经技师上电查看发现，除了顾客反映的故障现象外，还发现了动力蓄电池充电警告灯点亮，动力蓄电池故障警告灯点亮，仪表上没有显示动力蓄电池的剩余电量。请你通过故障诊断仪初步判断是哪个系统出现了故障，在此基础上整理出后面需要做的具体工作，来有效处理当前故障，通过本任务的学习，正确运用诊断设备对车辆进行故障排查，建立有效、合理、安全的诊断思路，并规范实施车辆故障检测作业。

 任务目标

知识目标：
1. 掌握新能源汽车故障诊断仪的使用方法。
2. 掌握新能源汽车故障诊断数据的分析方法。
技能目标：
能够熟练地使用新能源汽车故障诊断设备，对检测的故障诊断数据进行分析。
职业素养目标：
1. 严格执行汽车检修规范，养成科学严谨的工作态度。
2. 养成总结训练结果的习惯，为下次训练积累经验。
3. 养成团结协作精神。
4. 严格执行 5S 现场管理。

 相关知识

微课
故障诊断仪
的使用

一、新能源汽车故障诊断仪的使用方法

以 X-431PRO5 为例，汽车故障诊断仪的功能及基本操作如下：
1. 设备连接
1）确定诊断座的位置、形状以及是否需要外接电源。
2）根据车型及诊断座的形状选择相应的插头。
3）将测试延长线的一端插入 X-431PRO5 的测试口内，另一端连接测试插头。
4）将连接好测试延长线的测试插头插到车辆的诊断座上。

维修提示：一定要先连接好主机、测试延长线和诊断插头，如图 1-3 所示，然后把测试插头连接到诊断座上，否则连接过程中因导线短路容易使诊断座熔丝熔化。

图 1-3　诊断插头连接显示

2. 进入诊断系统

1）连接好仪器，接通电源，启动 X-431PRO5，进入主菜单，如图 1-4 所示，选择汽车诊断模块，X-431PRO5 汽车诊断程序是以车型车标图形为按钮，单击某汽车相应的图标即可对该车进行诊断。

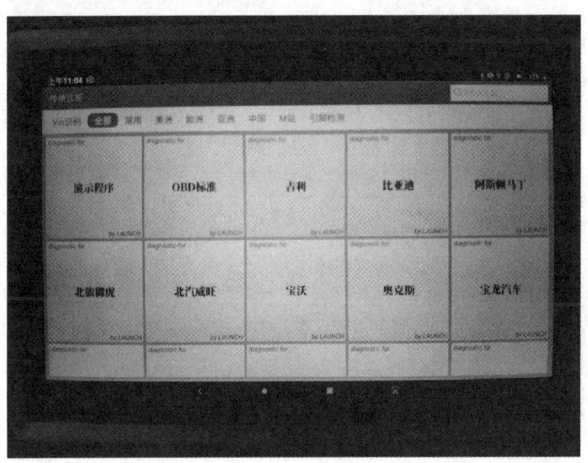

图 1-4　X-431PRO5 主菜单

诊断仪故障测试诊断界面如图 1-5 所示。

2）选择相应的车型图标进行车辆故障测试，单击车系图标，屏幕显示该车型的诊断信息，如图 1-6 所示。

3）直接点击"系统扫描"栏进入下一级操作界面，如图 1-7 所示。

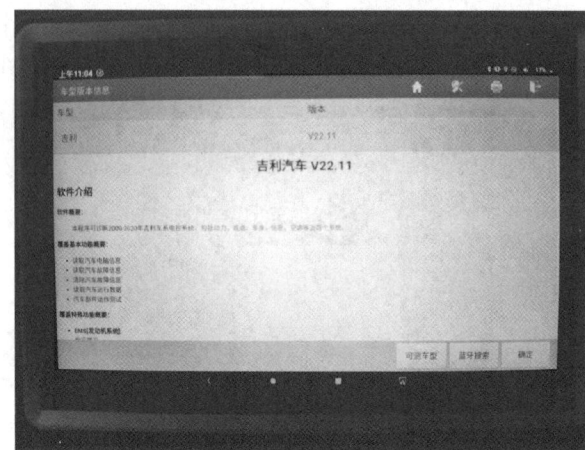

图 1-5　诊断仪故障测试诊断界面

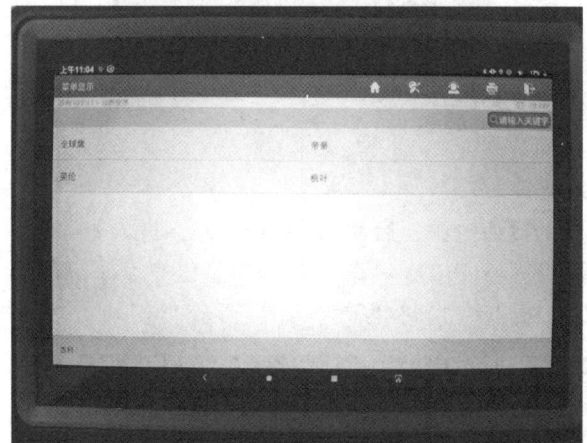

图 1-6　车型诊断信息

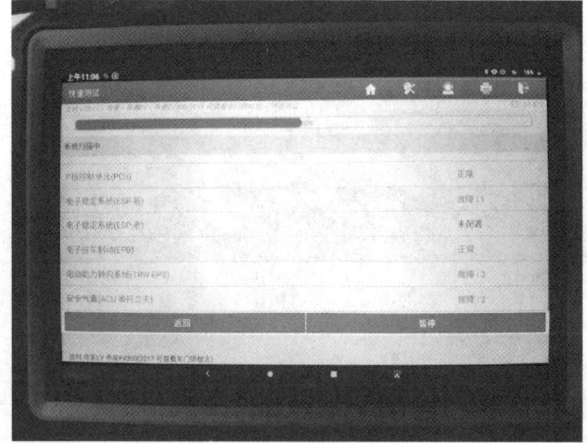

图 1-7　系统扫描界面

3. 读取车辆 ECU 型号

此项功能可以读取被测试车辆的 ECU 信息，包括版本号、CODING 号、服务站代码以及相关信息。一般更换车辆控制单元时，需要读出原控制单元信息并记录，以作为购买新控制单元的参考，对新的控制单元进行编码时，需要原控制单元信息。

在系统功能选择菜单中选择"读取车辆 ECU 型号"，屏幕显示如图 1-8 所示。

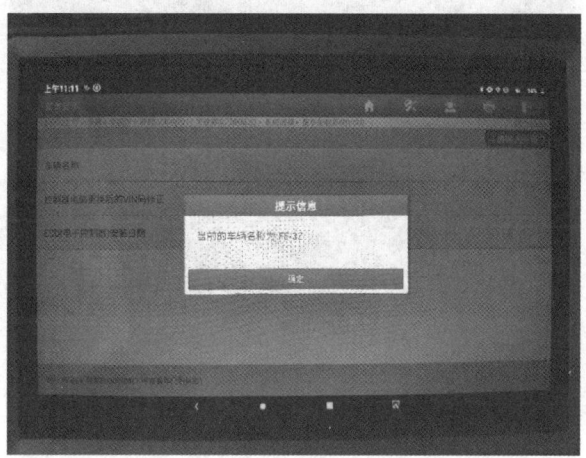

图 1-8　读取车辆 ECU 型号

4. 读取故障码

该功能可以读取被测试车辆 ECU 存储器内的故障码，如图 1-9 所示，以帮助维修人员快速查到车辆故障引起的原因。

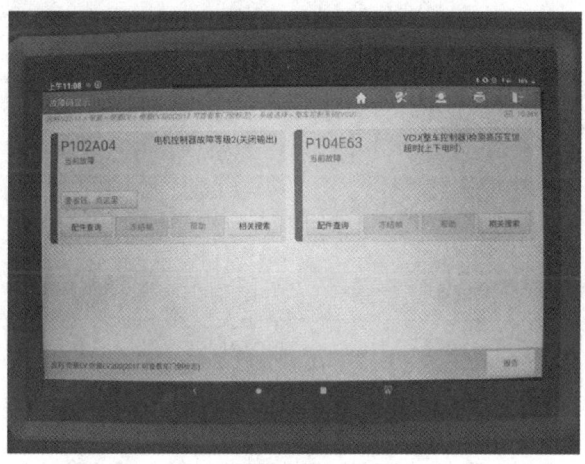

图 1-9　读取故障码界面

1）在系统功能选择菜单中选择"读取故障码"，系统开始检测 ECU 随机存储器（ROM）中存储的故障记忆内容，测试完毕屏幕显示出测试结果。

2）通过滚动条滚动屏幕查看所有故障码信息，若所测试系统无故障码，则屏幕显示"系统正常"字样，按"返回"键返回上一级菜单。

5. 清除故障码

在系统功能选择菜单中选择"清除故障码",进入图 1-10 所示的操作界面。

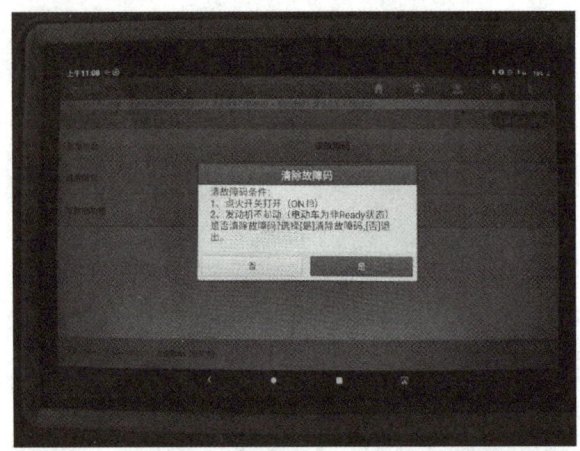

图 1-10　清除故障码界面

二、新能源汽车故障诊断数据分析

1)整车控制器数据见表 1-3。

表 1-3　整车控制器数据

名　　　称	当　前　值	单　　位
整车状态	30	—
里程读数	667.17	km
供电电压	13.7	V
节气门开度	0	%
制动踏板信号	释放	—
挡位信号	N	—
整车模式变量	运行	—
母线电流	0.44	A
驱动电机目标转矩命令	0.00	N·m
驱动电机目标转速命令	0.4	r/min
驱动电机当前转矩	0.00	N·m
驱动电机当前转速	0.4	r/min
直流母线电压实际值 U_R	330.00	V
直流母线电压实际值 U_X	329.00	V
直流母线电压实际值 U_C	329.00	V
车速	0	km/h

2）电池管理系统（BMS）数据见表1-4。

表1-4 电池管理系统（BMS）数据

名 称	当 前 值	单 位
动力蓄电池内部总电压	××××	V
动力蓄电池充放电电流	××××	A
动力蓄电池外部总电压	××××	V
动力蓄电池负载端总电压	××××	V
整车状态	××××	—
直流母线电压	××××	V
KL15	××××	V
KL30	××××	V
BCU 自控计数器	××××	—
动力蓄电池负端继电器当前状态	××××	—
动力蓄电池正端继电器当前状态	××××	—
动力蓄电池预充继电器当前状态	××××	—
高压互锁状态	××××	—
动力蓄电池充电请求	××××	—
正极搭铁绝缘电阻	××××	MΩ
负极搭铁绝缘电阻	××××	MΩ

3）驱动电机模块（MCU）数据见表1-5。

表1-5 驱动电机模块数据

名 称	当 前 值	单 位
直流母线电压	329.00	V
直流母线电流	0.24	A
驱动电机目标转矩命令	0.00	N·m
驱动电机目标转速命令	-0.4	r/min
驱动电机当前转矩	0.00	N·m
驱动电机当前转速	-0.4	r/min
A 相 IGBT 模块当前内部温度	37	℃
B 相 IGBT 模块当前内部温度	37	℃
C 相 IGBT 模块当前内部温度	37	℃
驱动电机模块当前散热底板温度	52	℃

续表

名　　称	当　前　值	单　位
驱动电机当前温度	40	℃
D 轴电流给定值	0.00	A
D 轴电流反馈值	0.20	A
Q 轴电流给定值	0.00	A
Q 轴电流反馈值	1.72	A
D 轴电压	0.92	V

名　　称	当　前　值
驱动电机模块使能命令	使能（Enable）
驱动电机工作模式命令	转矩模式
驱动电机转矩、转速指令方向命令	保留
挡位信号	N 挡
制动信号	释放
驱动电机模块初始化状态	已完成
驱动电机当前状态	电动状态
驱动电机当前工作模式	转矩模式
驱动电机当前旋转方向	待机状态
电机控制器高压检测完成标志	已完成
EEPROM 写数据完成标志位	未完成
电机控制器高压放电完成标志位	未完成
电机控制器低压下电请求标志位	未完成
电机控制器高压放电完成标志位	全功率运行
电机控制器高压放电完成标志位	不关使能
整车状态	30

4）车载充电机数据见表 1-6。

表 1-6　车载充电机数据

数　据　项	数据值	单位	最小值	最大值
故障状态	正常	—	—	—
风扇状态	正常	—	—	—
搭铁状态	无效数据/预留	—	—	—
交流侧电压	0	V	0	300

续表

数 据 项	数据值	单位	最小值	最大值
直流侧电压	716	V	0	1000
直流侧电流	0.3	A	−30	30
交流侧频率	1	Hz	0	255
PWM（脉冲宽度调制）占空比	0	%	0	100
12 V 输出电流	0.3	A	0	20
12 V 输出电压	13.6	V	0	20
VTOL 放电状态	无请求	—	—	—
车载充电功率状态	正常充电功率	—	—	—
交流外充设备故障状态	正常	—	—	—
交流外充搭铁状态	正常	—	—	—
限功率放电状态	正常	—	—	—

5）电机控制器数据见表 1-7。

表 1-7 电机控制器数据

数 据 项	数据值	单位	最小值	最大值
功率	0	kW	−100	200
加速踏板深度	0	%	0	100
制动踏板深度	0	%	0	100
冷却液温度	24	℃	−40	160
IPM 散热器温度	24	℃	−40	160
电机温度	17	℃	−40	160
IGBT 温度	24	℃	−40	160
A 相电流	1	A	0	1000
B 相电流	1	A	0	1000
C 相电流	1	A	0	1000
过载系数	100	%	0	100
后驱目标转矩	0	N·m	−500	500
发动机目标转矩	0	N·m	−500	500
OK 灯信息	点亮	—	—	—
后驱防盗状态	解除成功	—	—	—
EPB 状态	锁止	—	—	—
旋变状态	正常	—	—	—
IPM 状态	正常	—	—	—

续表

数　据　项	数据值	单位	最小值	最大值
过电流状态	正常	—	—	—
电里程	15790	km	—	—
总里程	41441	km	—	—
电机系统配置类型	四驱	—	—	—
发动机起动原因	正常	—	—	—
整车车速	0	km/h	0	300
前电机目标挡位	EV2	—	—	—
前电机实际挡位	EV2	—	—	—

6）BMS 数据见表 1-8。

表 1-8　BMS 数据

数　据　项	数据值	单位	最小值	最大值
预充状态	未预充	—	—	—
主接触器状态	断开	—	—	—
负极接触器状态	断开	—	—	—
预充接触器状态	断开	—	—	—
分压接触器 1 状态	吸合	—	—	—
分压接触器 2 状态	吸合	—	—	—
高压互锁 1	未锁止	—	—	—
高压互锁 2	未锁止	—	—	—
高压互锁 3	未锁止	—	—	—
高压系统状态	正常	—	—	—
最低电压单体蓄电池编号	41	—	1	256
最低电压单体蓄电池电压	3.329	V	0	5
最高电压单体蓄电池编号	22	—	1	256
最高电压单体蓄电池电压	—	V	0	
最低温度单体蓄电池编号	8	—	0	256
最低温度	22	℃	−40	160
最高温度单体蓄电池编号	8	—	0	256
最高温度	22	℃	−40	160
动力蓄电池平均温度	22	℃	−40	160
向上均衡出发次数	0	—	—	—
向下均衡出发次数	0	—	—	—

续表

数 据 项	数据值	单位	最小值	最大值
均衡状态	无效数据/预留	—	—	—
智能充电	允许	—	—	—
用电设备工作状态	不允许	—	—	—
VTOL 放电命令	无效数据/预留	—	—	—
车内插座命令	无效数据/预留	—	—	—
主动播放命令	不允许	—	—	—
动力蓄电池实际 SOC 标定值	97.72	—	—	—
BICI 最低电压单体蓄电池编号	12	—	1	256
BICI 最低单体蓄电池电压	3.331	V	0	5

 任务实施

一、任务准备

安全防护：做好车辆安全防护与隔离（车内外三件套、车轮挡块、警示隔离带等）。

工具准备：绝缘防护用品、绝缘工具套装、常规工具套装、汽车智能诊断仪、充电桩。

台架车辆：吉利帝豪 EV450 纯电动汽车或其他实训车辆。

辅助资料：说明书、维修手册等。

二、实施步骤

智能诊断仪的使用（读取 BMS 故障码）见表 1-9。

表 1-9 智能诊断仪的使用

车辆工位、设备工具准备

1）车辆安全停放在举升机工位。
2）配套安全防护设备。
3）配套日常检查常用工具

续表

汽车智能诊断仪连接	
	将测试主线与 VCI 连接
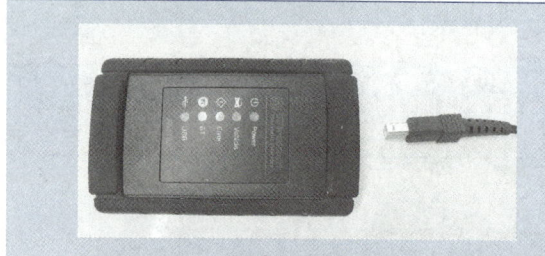	将 USB 线与 VCI 连接
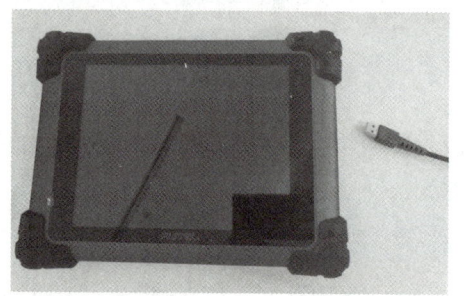	将 USB 线与平板显示器连接
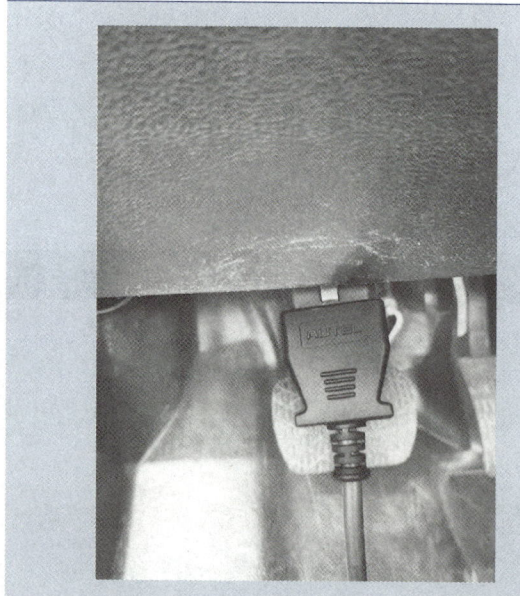	将测试主线连接到车辆的 OBD-Ⅱ诊断接口

续表

汽车智能诊断仪连接	
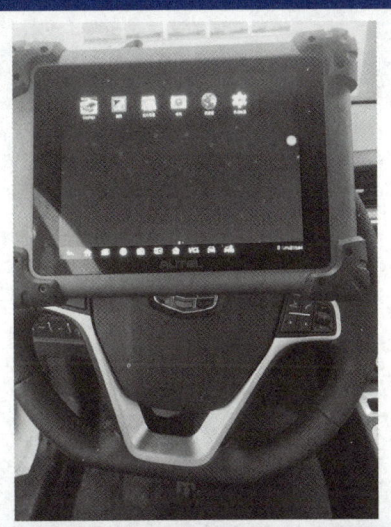	将测试主线连接到车辆的 OBD-Ⅱ诊断接口。 注意：确定与车辆成功配对
诊断仪读取车辆参数信息——故障码的读取	
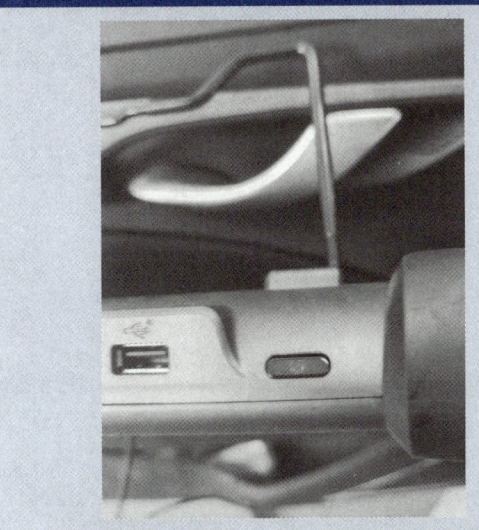	打开故障诊断仪电源开关
	在屏幕上单击"诊断"

续表

诊断仪读取车辆参数信息——故障码的读取	
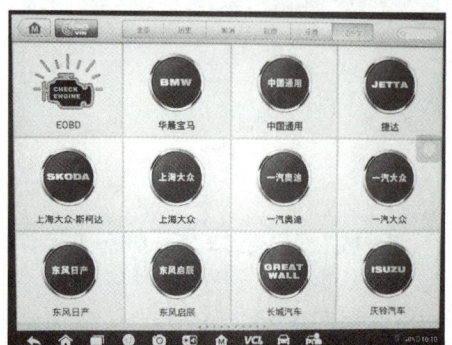	在弹出的界面上选择需要诊断的车型
	1）确认车辆连接 VCI。 2）确认起动开关打开。 3）建立通信后单击"确定"
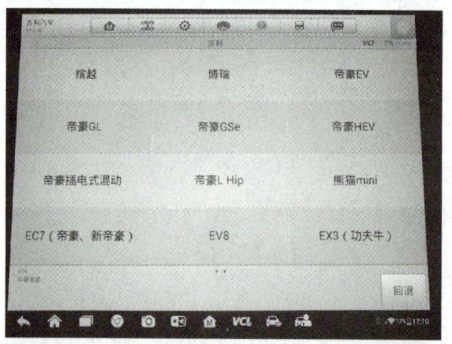	在弹出的界面上选择需要诊断的车型
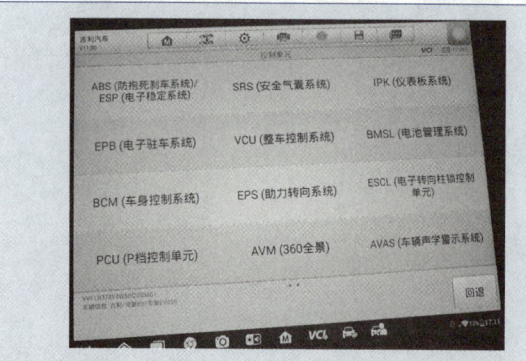	在弹出的界面上选择控制单元

续表

诊断仪读取车辆参数信息——故障码的读取

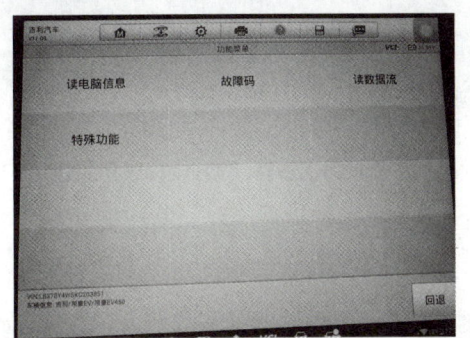

在弹出的界面上选择需要登录的系统——故障码

故障码的读取（以 BMS 为例）

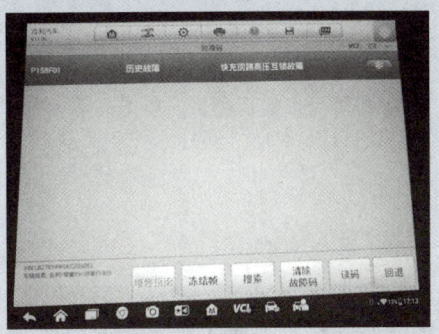

在弹出的界面上选择需要检测的系统，如 BMS

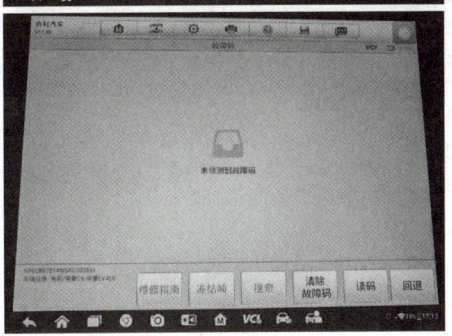

1）进入该系统后，界面显示当前车辆存在的故障码。
2）返回上一界面，可以清除故障码

续表

数据流的读取（以 BMS 为例）	
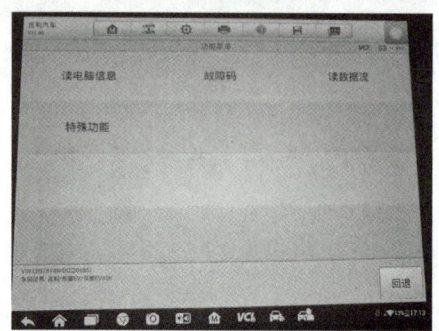	在此界面上选择"数据流"，单击进入
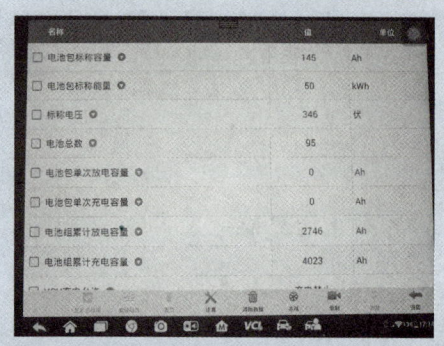	进入界面后显示当前车辆的数据信息，上下滚动触摸屏可以实现翻页，单击右下角的"返回"按钮，可以返回上一界面
动作测试或其他功能	
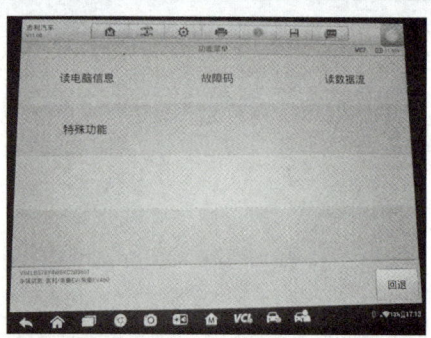	在此界面上选择"特殊功能"中的"动作测试"
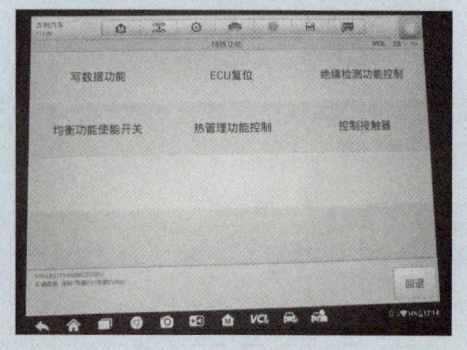	进入"动作测试"界面后，可以对相关元器件进行动作测试

拓展案例

一、故障现象

一辆吉利帝豪 EV450 纯电动汽车，车主反映起动车辆后，READY 指示灯没有点亮，车辆无法行驶。经维修技师上电查看发现，除了顾客所说的故障现象，还发现了动力蓄电池充电警告灯点亮，动力蓄电池故障警告灯点亮，组合仪表上没有显示动力蓄电池的剩余电量。

二、故障诊断

1）组合仪表显示剩余电量异常是指组合仪表盘上没有正确地将动力蓄电池的信息显示出来。在正常情况下，组合仪表可以显示动力蓄电池的剩余电量、总里程和续驶里程等。当动力蓄电池状态显示异常时，一般不能正常显示剩余电量，会显示一些和动力蓄电池相关的指示灯或故障警告灯，如图 1-11 所示。一般这类故障并不是由动力蓄电池自身故障导致的，而是由于 BMS 故障、整车控制器故障、绝缘故障以及总线故障导致的。

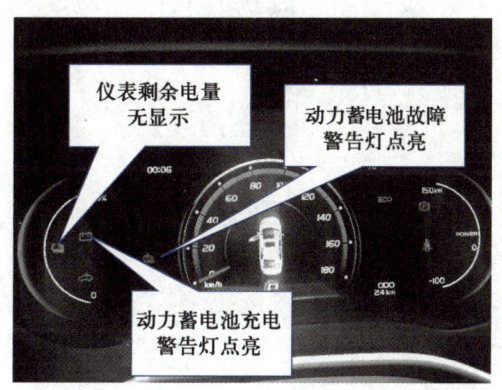

图 1-11 仪表故障显示

2）动力蓄电池的信息首先通过动力蓄电池内部 CAN 总线发送到 BMS，然后经过 BMS 的收集处理，将信息通过 PCAN 传递给整车控制器，整车控制器处理后将信息通过 VCAN 传递给车身控制器（BCM），BCM 通过 VCAN 将信息传递给组合仪表进行显示，如图 1-12 所示。因此可以看出，如果组合仪表没有正确地将动力蓄电池信息显示出来，则故障点包含以上信息所传递的环节。

3）通过动力蓄电池剩余电量异常的故障点分析，BMS 的故障主要包含 BMS 供电异常、BMS 插接器故障、BMS 通信故障和 BMS 自身损坏。BMS 供电异常往往是由 BMS 供电电路故障导致的，例如供电电路断路、短路、熔丝熔断等，当出现这类故障时，需要对 BMS 供电电路进行进一步的检查，以确定故障点位置。

BMS 插接器故障一般是由于进水氧化、维修时没有插接到位、车辆发生碰撞时损坏到插接器等，这类故障主要是通过检查插接器外观及内部来确定故障部位。BMS 通信故障主要是 BMS 与低压控制盒的通信及 BMS 与整车控制器的通信，一般的通信故障主要是检查 CAN 总线是否异常。BMS 损坏一般是由外部原因导致的 BMS 内部元器件损坏、内部电路故障等，该类故障一般不好进行判断，一种办法是，如果对其他故障进行排除后，仍不能解决故障，则可认为是 BMS 损坏，另一种办法是，直接拿一个正常的 BMS 换上，若故障排除，就可以确定是 BMS 损坏。

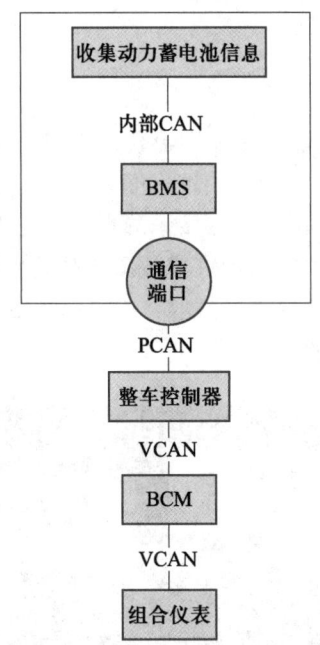

图 1-12   动力蓄电池的信息传递图

三、故障排除

1）关闭起动开关，将故障诊断仪与车辆 OBD-Ⅱ 诊断接口连接。

2）车辆上电，使用故障诊断仪对吉利帝豪 EV450 纯电动汽车进行故障码和数据流的读取，读取后发现故障诊断仪不能进入 BMS。BMS 无法进入，更换为整车控制器系统读取故障码和数据流，读取故障码为 UO11287，与 BMS 通信丢失。读取数据流剩余电量为 0，动力蓄电池总电压为 0，通过组合仪表显示的信息和故障诊断仪所读取的信息，初步判断为 BMS 可能出现故障，故障部位可能是 BMS 的供电和通信，根据由简到难的故障诊断思路，可以先对动力蓄电池的供电进行检查。

3）查阅吉利帝豪 EV450 纯电动汽车 BMS 电路图，确定故障范围为 BMS 自身及其相关电路、熔断器、继电器和插接器等，根据故障范围找到 BMS 模块供电熔断器为 EF01，供电电路为 B+ 至 CA69（1）号端子。

4）断开蓄电池负极，等待 5 min，进行基本检查，检查 CA69 插接器外观及连接情况。

5）检查 EF01 熔断器，目测熔断器熔断，再用数字钳形万用表检查，发现熔断器两侧端子的电阻为 0，确定 EF01 熔断器熔断。

6）更换 10A 的 EF01 熔断器，测量 CA69/1 号端子的电压为当前蓄电池电压。

7）连接 CA69 插接器，连接蓄电池负极。

8）车辆上电，使用故障诊断仪对吉利帝豪 EV450 进行故障码和数据流的读取，BMS 显示无故障码，确认故障已排除。

 任务工单

项目一　新能源汽车故障诊断技术基础	小组人员：	
班级：	日期：	指导教师签字：
工作任务二　吉利帝豪 EV450 纯电动汽车诊断系统操作		
VIN：	年次：	动力蓄电池总电压：

任务要求：
1）在实训过程中，需要做好车辆防护，铺好车内五件套。
2）在操作功能按钮时，注意力度。
3）车辆需要安装挡块。
4）设备、工位隔离，禁止无关人员进入

1. 工具、量具

2. 维修资料及辅助材料

3. 制订工作计划及人员分工

4. 工作现场安全准备、检查

5. 本工作任务的结果

续表

6. 现场整理、清洁

7. 本工作任务存在的问题及解决方法

习题

一、单选题

1. 故障诊断仪不能提供（　　　）。

A. 故障码　　　　　　B. 数据流　　　　　　C. 端子定义　　　　　D. 动作测试

2. 故障诊断仪插头的电源电压值为（　　　）。

A. 9~16 V　　　　　　B. 12 V 左右　　　　　C. 24 V 左右　　　　　D. 220 V 左右

3. 故障诊断仪插头一般是（　　　）。

A. 14 孔　　　　　　　B. 15 孔　　　　　　　C. 16 孔　　　　　　　D. 17 孔

二、判断题

1. 如果故障诊断仪与车辆无法通信，可能的原因是车辆点火开关没打开。
　　　　　　　　　　　　　　　　　　　　　　　　　　　　　　　　　　（　　　）

2. 如果故障诊断仪与车辆无法通信，可能的原因是故障诊断仪蓝牙通信没有连接。　　　　　　　　　　　　　　　　　　　　　　　　　　　　　　　（　　　）

3. 当使用故障诊断仪对车辆进行故障诊断时，车辆处于上电模式，可以清除故障码。　　　　　　　　　　　　　　　　　　　　　　　　　　　　　　　（　　　）

4. 当使用故障诊断仪对车辆进行故障诊断时，可以使用动作测试相关功能检查执行器的好坏。　　　　　　　　　　　　　　　　　　　　　　　　　　（　　　）

项目二 ▶▶▶

整车控制系统故障诊断
与排除

▶ 背景拓展

当前，全球新一轮科技革命和产业变革蓬勃发展，汽车与能源、交通、信息通信等领域有关技术加速融合，电动化、网联化、智能化成为汽车产业的发展潮流和趋势。

以纯电动汽车、插电式混合动力（含增程式）汽车、燃料电池汽车为"三纵"，强化整车集成技术创新，布局整车技术创新链。研发新一代模块化高性能整车平台；攻关纯电动汽车底盘一体化设计、多能源动力系统集成技术，突破整车智能能量管理控制、轻量化、低摩阻等共性节能技术，提升动力蓄电池管理、充电连接、结构设计等安全技术水平，提高新能源汽车整车综合性能。

新能源汽车整车控制系统是在整车控制过程中非常重要的系统，在新能源汽车，尤其是纯电动汽车行业的地位尤其重要。此控制系统主要由整车控制器、高级辅助驾驶系统（ADAS）、制动系统、转向控制系统（EPS）及中控系统组成。整车控制器通过各个系统和本身传感器的信号得知车辆当前工况信息，智能控制车辆各个部件，实现主动安全及满足驾驶人的驾驶体验要求。整车控制器在新能源汽车项目中也实现了利用电机进行制动能量回收，在车辆减速滑行和制动工况时高效地把机械能转换为电能，增加车辆续驶里程，提高经济性。

▶ 项目描述

本项目共两个学习任务，分别是：

任务一　整车控制器电源故障诊断与排除

任务二　高压互锁故障诊断与排除

通过两个任务的学习，能够建立新能源汽车整车控制系统故障诊断的思路，能对新能源汽车整车控制系统故障码和数据流进行分析，能够独立完成新能源汽车整车控制系统的故障诊断及排除。

任务一　整车控制器电源故障诊断与排除

 任务引入

　　吉利几何车主打来电话反映，打开起动开关后组合仪表上有多个故障警告灯点亮，"READY"灯不亮，车辆无法上电，通过拖车服务送到维修站检查，发现是由车辆整车控制系统故障引起的，请你对该车无法高压上电的故障进行诊断与排除。

 任务目标

　　知识目标：
　　1. 掌握新能源汽车整车控制系统的基本组成与功能。
　　2. 掌握新能源汽车整车控制系统的控制原理。
　　技能目标：
　　1. 能拆装整车控制系统主要部件。
　　2. 识读电路图并分析整车控制器电路的故障原因。
　　3. 能根据故障现象进行整车控制器电源电路故障检修。
　　职业素养目标：
　　1. 培养爱国情怀，增强技术自信。
　　2. 总结训练成果，培养团队协作精神。
　　3. 严格按规范执行高压下电操作。
　　4. 严格执行 6S 标准。

 相关知识

一、整车控制器概述

微课····
整车控制器

　　整车控制器（Vehicle Control Unit，VCU）是新能源汽车各动力系统的总成控制器。整车控制器通过采集加速踏板、制动踏板、挡位开关等信号，同时接收CAN 总线上电机控制器和 BMS 发出的数据，并结合整车控制策略进行分析处理，获取驾驶人的驾驶意图和车辆运行状态信息，再向动力系统、动力蓄电池系统发送车辆的运行状态控制指令，同时控制车载附件电力系统的工作模式，保证车辆的正常行驶。整车控制器作为新能源汽车中央控制单元，是整个控制系统的核心，一般安装在车辆前舱，图 2-1 所示为吉利几何 G11 纯电动汽车整车控制器的安装位置。

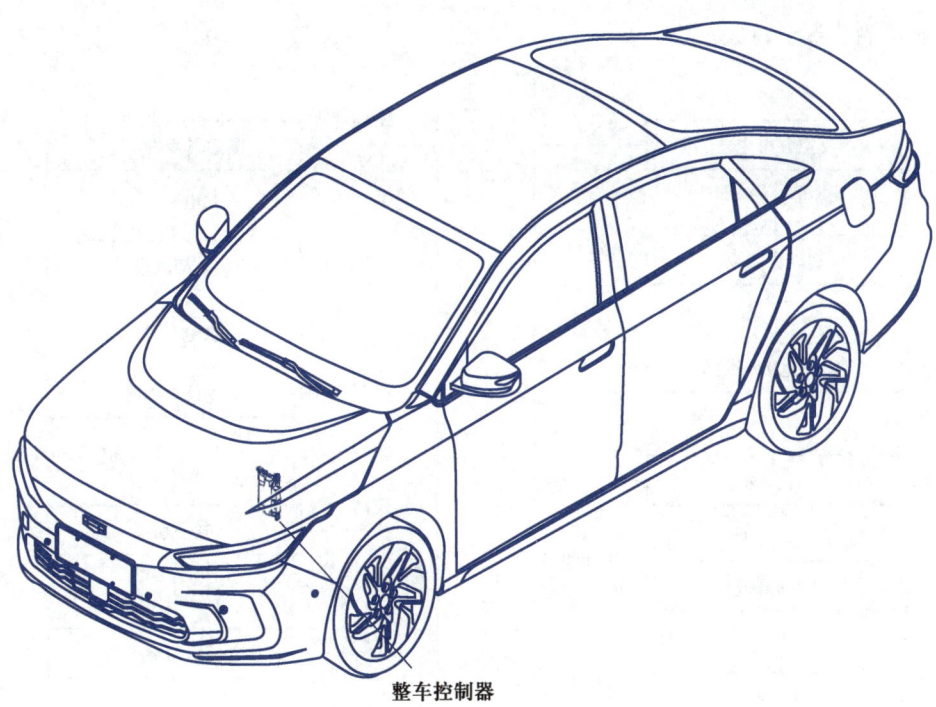

整车控制器

图 2-1　吉利几何 G11 纯电动汽车整车控制器的安装位置

二、整车控制器电气原理

新能源汽车中重要的开关信号和模拟信号由传感器直接传递给整车控制器，而不通过 CAN 总线。开关信号包括智能钥匙信号、挡位信号、充电开关信号和制动信号等，模拟信号包括加速踏板信号、制动踏板信号、动力蓄电池电压信号等。新能源汽车上 BCM、BMS、EPS 等控制管理模块一般通过共用 CAN 总线的方式进行信息传递，图 2-2 所示为吉利几何 G11 纯电动汽车整车控制器电气原理示意图。

整车控制器具有整车控制模式判断和驱动控制、整车能量优化管理、整车通信网络管理、制动能量回馈控制、车辆状态监测和显示、故障诊断和处理等功能。

1. 整车控制模式判断和驱动控制

整车控制器通过各种状态信息（起动信号、充电信号、加速/制动踏板位置、当前车速和整车是否有故障信息等）来判断当前需要的整车工作模式（充电模式和行驶模式）。然后根据当前的参数和状态及前一段时间参数及状态，算出当前车辆的转矩能力，按当前车辆需要的转矩，计算出合理的最终实际输出的转矩。例如，当驾驶人踩下加速踏板时，整车控制器向电机控制单元发送电机输出转矩信号，电机控制系统控制电机按照驾驶人的意图输出转矩。

2. 整车能量优化管理

新能源汽车有很多用电设备，包括电机和空调设备等。整车控制器可以对能量进行合理优化，来提高新能源汽车的续驶里程。例如，当动力蓄电池电量较低时，整车控制器发送控制指令关闭部分起辅助作用的电气设备，将电能优先用于保证车辆的安全行驶。

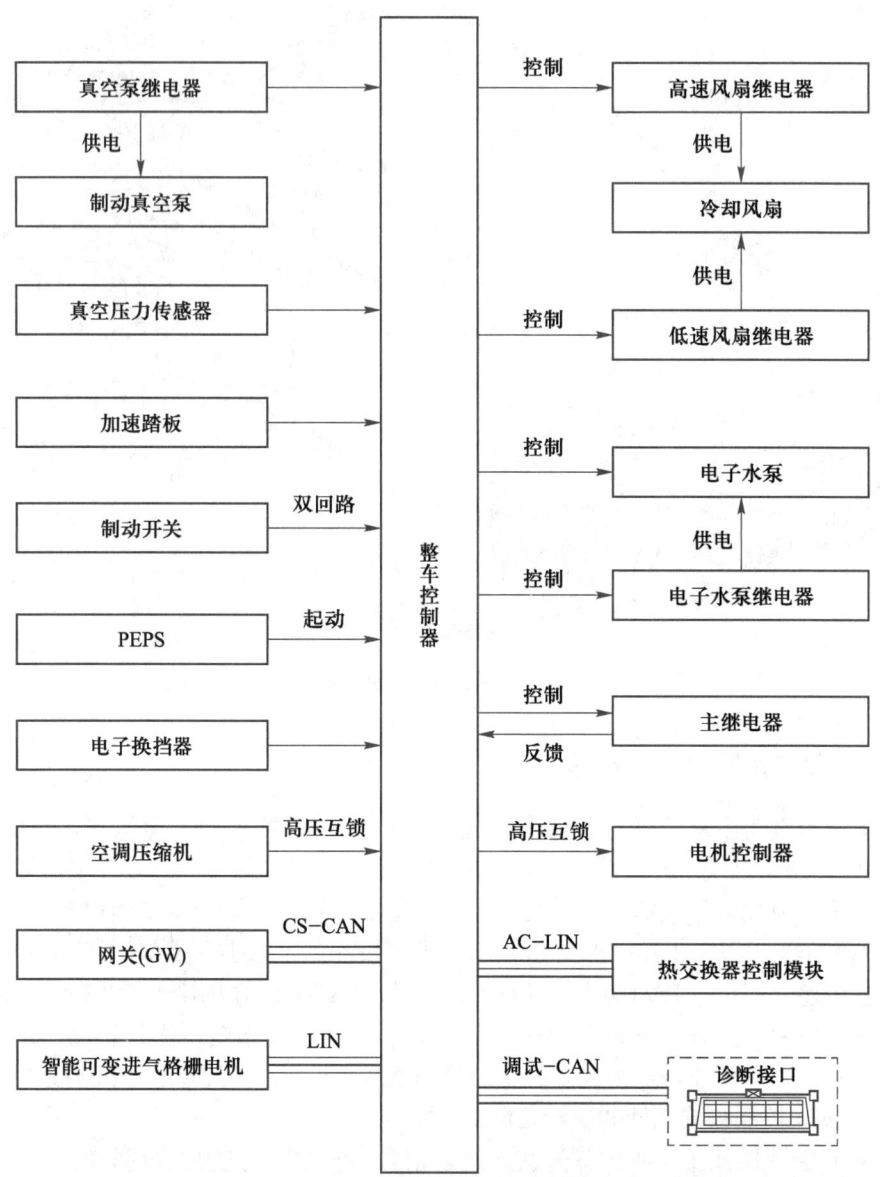

图 2-2　吉利几何 G11 纯电动汽车整车控制器电气原理示意图

3. 整车通信网络管理

在整车的网络管理中，整车控制器是信息控制的中心，负责信息的组织与传输、网络状态的监控、网络节点的管理、信息优先权的动态分配以及网络故障的诊断与处理等功能。通过 CAN 总线协调 BMS、电机控制器、空调系统等模块相互通信，并且实施在线监控和参数调整。

4. 制动能量回馈控制

新能源汽车的电机可以工作在再生制动状态，对制动能量进行回收利用是新能源汽车和传统燃油汽车的重要区别。整车控制器根据行驶速度、驾驶人制动意图和动力蓄电池状态［如动力蓄电池荷电状态（SOC）值］进行综合判断后，对制动能量回馈进行控制。如果达到回收制动能量的条件，整车控制器向电机控制单元发送控制指令，使电机工作在发电状态，将部分制动能量储存在动力蓄电池中，提高车辆能量利用效率。

5. 车辆状态监测和显示

整车控制器应该对车辆的状态进行实时监测，并且将各子系统的信息发送给车载信息显示系统，过程是通过传感器和 CAN 总线，监测车辆状态以及动力系统和相关电器附件各子系统状态信息，驱动显示仪表，将状态信息和故障诊断信息通过数字仪表显示出来。显示内容包括车速，里程，电机的转速、温度以及动力蓄电池的电量、电压、电流和故障信息等。

6. 故障诊断和处理

故障诊断和处理功能通过连续监测整车电控系统，进行故障诊断，并及时进行相应的安全保护处理；根据传感器的输入及其他通过 CAN 总线通信得到的电机、动力蓄电池、充电机等的信息，对各种故障进行判断、等级分类、报警显示，存储故障码，以供维修时查看；故障警告灯指示出故障类型和部分故障码；对于不太严重的故障，能做到"跛行回家"。

三、整车控制系统故障分级与处理

整车控制系统根据电机、动力蓄电池、EPS、DC/DC、整车 CAN 网络及整车控制器等出现的故障进行综合判断，确定故障的等级并进行相应的故障处理。故障分为四级，见表 2-1。

表 2-1　整车控制系统的故障分级与处理

故障等级	故障程度	故障后处理	故障列表
一级	致命故障	紧急断开高压	MCU 直流母线过电压故障，BMS 一级故障
二级	严重故障	二级电机故障零转矩，二级电机故障 20 A 放电直流限功率	MCU 相电流、IGBT、旋变传感器等故障，电机节点丢失故障，挡位信号故障
三级	一般故障	跛行	加速踏板信号故障
		降功率	MCU 电机超速保护
		限功率<7 kW	跛行故障、SOC<1%、BMS 单体电池欠电压、内部通信或硬件等二级故障
		限速<15 km/h	低压欠电压故障、制动故障
四级	轻微故障	只仪表显示，四级故障属于维修提示，但是整车控制器不对整车进行限制；四级能量回收故障，仅停止能量回收，行驶不受影响	MCU 电机系统温度传感器、直流欠电压故障，整车控制器硬件、DC/DC 变换器异常等故障

四、整车控制器电源电路

以吉利几何 GE11 纯电动汽车为例,整车控制器电源主要有+B 电源、IG 点火开关电源和功率电源。

1. +B 电源

+B 电源为整车控制器提供记忆电源,同时也为其提供工作电源。此电源保证整车控制器能正常进入休眠及唤醒状态,同时还为 CAN 通信提供电源,保证基本数据及动力系统防盗数据顺利传输。因新能源汽车的特殊性,在充电过程中点火开关处于关闭状态,需要整车控制器起动工作,因此,此电源也作为点火开关打开时整车控制器主继电器工作电源,同时,在充电过程中也作为整车控制器主继电器驱动电源使用。如果此电源出现异常,首先导致动力系统防盗功能激活,高压不上电,应急警告灯闪烁,防盗喇叭激活鸣响。

2. IG 点火开关电源

IG 点火开关电源为整车控制器提供唤醒信号,此电源为整车控制器正常进入休眠及唤醒状态提供时间参考,同时还是整车控制器判断车辆所处运行状态的依据。IG 点火开关关闭 30 s 后,整车控制器发送 DC/DC 变换器关闭信号至 DC/DC 变换器/MCU,DC/DC 变换器停止工作,不再对外输出电压。70 s 左右整车控制器主继电器 ER05 断开,车辆功率电源断开。如果此电源出现异常,整车控制器通过总线接收到钥匙信号,同时从其他单元发出的 CAN 信号得知点火开关已打开,即判定点火开关打开不合法,动力系统防盗功能激活,高压不上电,应急警告灯闪烁,防盗喇叭激活鸣响。

3. 功率电源

功率电源为整车控制器及其控制部件提供电源。在图 2-3 所示的吉利几何 GE11 纯电动汽车整车控制器电路图中,整车控制器的主继电器 ER05 为整车控制器提供功率电源,即高压互锁、水泵控制、水泵继电器控制、加速踏板位置传感器控制、冷却风扇继电器控制等,如果主继电器 ER05 的控制、电源、自身出现故障,将导致整车控制器丢失功率电源,高压互锁、水泵控制、水泵继电器控制、加速踏板位置传感器控制、冷却风扇继电器控制等异常,造成整车控制器启动保护模式,致使高压上电失败。如果至整车控制器的继电器反馈信号出现异常,整车控制器将认为继电器工作信号不可信,也将导致整车控制器启动保护模式,致使高压上电失败;继电器给整车控制器供电的功率电源有一路出现故障,由于两路在整车控制器内部并联,因此电源不会丢失,但如果两路都出现异常,将导致整车控制器丢失功率电源,高压互锁、水泵控制、水泵继电器控制、加速踏板位置传感器控制、冷却风扇继电器控制等异常,造成整车控制器启动保护模式,致使高压上电失败。

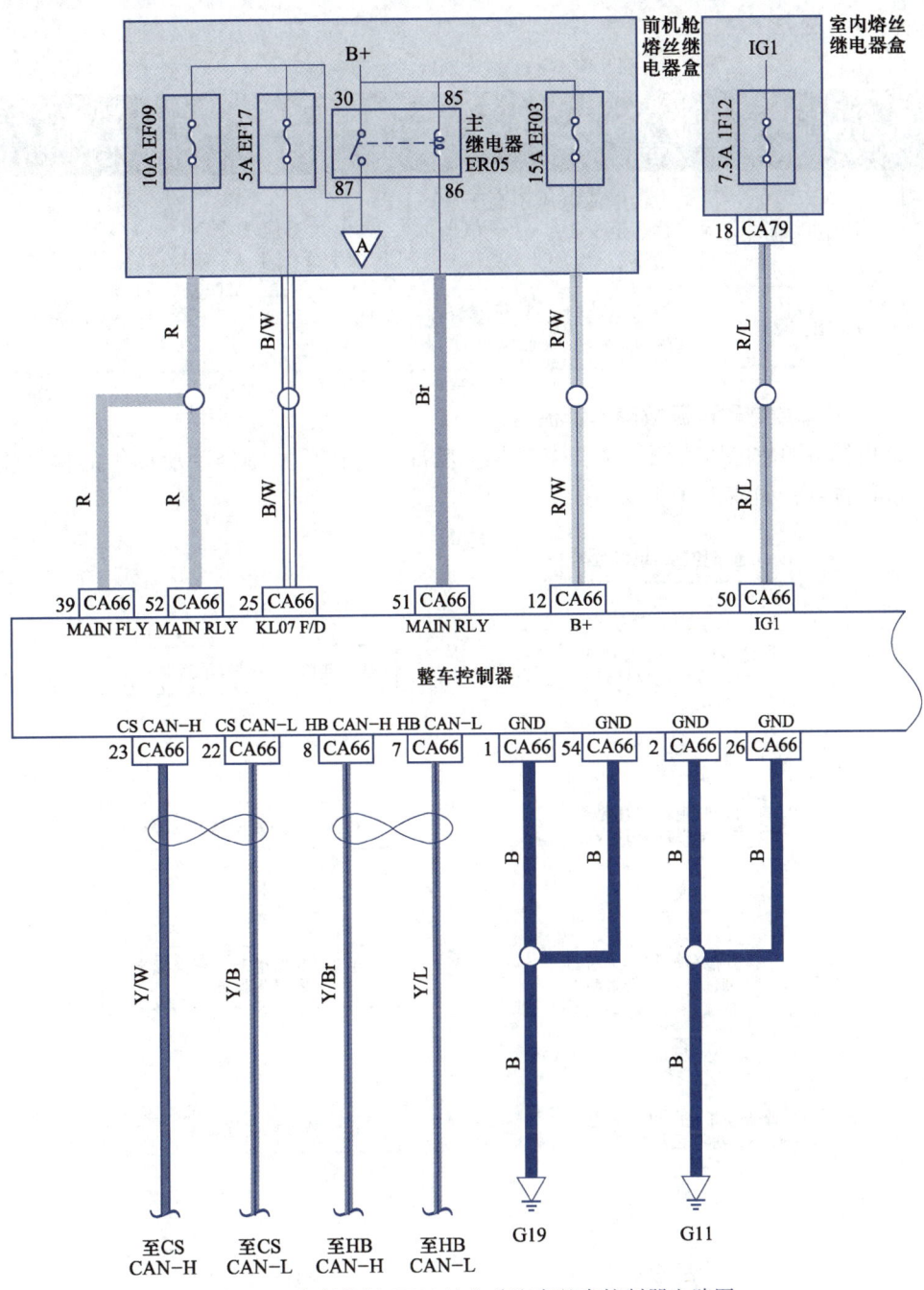

图 2-3　吉利几何 GE11 纯电动汽车整车控制器电路图

五、查询整车控制器电源故障码和整车控制器电源故障诊断流程

1. 查询整车控制器电源故障码

当车辆整车控制器电源出现故障，一般可以通过故障诊断仪连接车机 OBD 诊断座，获取整车控制系统关于电源的故障码，以吉利几何 GE11 纯电动汽车为

例，见表 2-2。

表 2-2   吉利几何 GE11 纯电动汽车故障码说明

故障码	说明	故障码触发条件	故障码检测条件（控制策略）	故障部位
U300616	供电电压低	动力蓄电池电压不高于 9 V，保持状态至少 1 s。主继电器不报告错误	点火状态应为 IGN ON 大于或等于 1 s 或在 500 ms 后由 CAN 总线唤醒	1）蓄电池。2）电路。3）熔断器。4）整车控制器
U300617	供电电压高	动力蓄电池电压不低于 16 V，并保持状态至少 1 s		

2. 整车控制器电源故障诊断流程

根据电源故障码说明，结合车辆故障状况，可按厂家维修手册提供的检修流程进行排查，如图 2-4 所示。

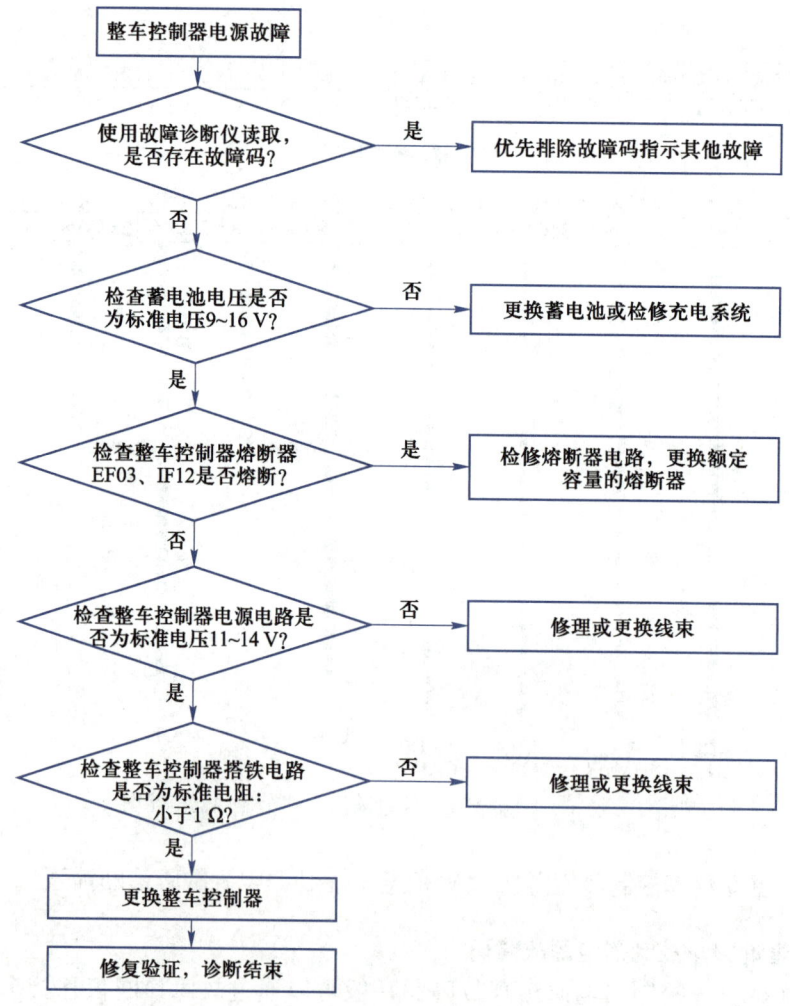

图 2-4   吉利几何 GE11 纯电动汽车整车控制器电源故障诊断流程

任务实施

一、任务准备

安全防护：做好车辆安全防护与隔离（车辆挡块、警示隔离带、高压危险警示牌）。

工具准备：数字万用表、示波器、故障诊断仪。

台架车辆：吉利几何 GE11 纯电动汽车。

辅助资料：任务工单、维修手册等。

二、实施步骤

1. 故障现象观察

踩下制动踏板并保持，打开点火开关，指示小灯能点亮，仪表上 READY 灯不亮，无法高压上电，车辆系统进入防盗锁止状态。转向警告灯点亮，防盗喇叭触发后鸣响，提醒防盗认证失败（组合仪表中间位置），蓄电池指示灯点亮，车辆模式指示灯显示正常；整车系统故障警告灯未点亮；车辆主正、主负继电器未发出"咔嗒"的正常工作声，制动踏板高度未变化，高压上电失败。

2. 读取故障码

连接诊断仪器至 OBD 诊断接口后，踩下制动踏板并保持，打开点火开关。通过诊断仪器与参与防盗系统的整车控制器和 BCM 进行通信，在整车控制器和 BCM 内均未读取到故障码。此时再读取 BMS、MCU 等都未读取到故障码。

现象分析：踩住制动踏板，打开点火开关时，整车控制器没有故障码，组合仪表也没有点亮其他系统故障警告灯，说明其他系统在点火开关打开后自检正常；蓄电池指示灯点亮，但组合仪表上整车控制器故障灯没有点亮，DC/DC 变换器工作后充电指示灯熄灭。结合以上信号，说明整车控制器没有被点火开关信号激活启动，而造成以上现象可能由于以下一项或多项原因：

1）整车控制器的 CA66（50）号端子供电电路断路、短路、虚接故障。

2）整车控制器自身故障。

3. 整车控制器 IG 电源电路测试

1）检查蓄电池电压。

① 操作点火开关，使其置于 ON 状态。

② 使用万用表测量蓄电池两端的电压为 12.6 V，符合标准电压：9~16 V。

2）检查整车控制器熔断器 IF12 是否熔断。

① 操作点火开关，使其置于 OFF 状态。

② 拔下室内熔断器继电器盒熔断器 IF12，并检查熔断器是否熔断（熔断器额定容量为 7.5 A），如图 2-5 所示。

3）检查整车控制器 IG 电源电路电压。

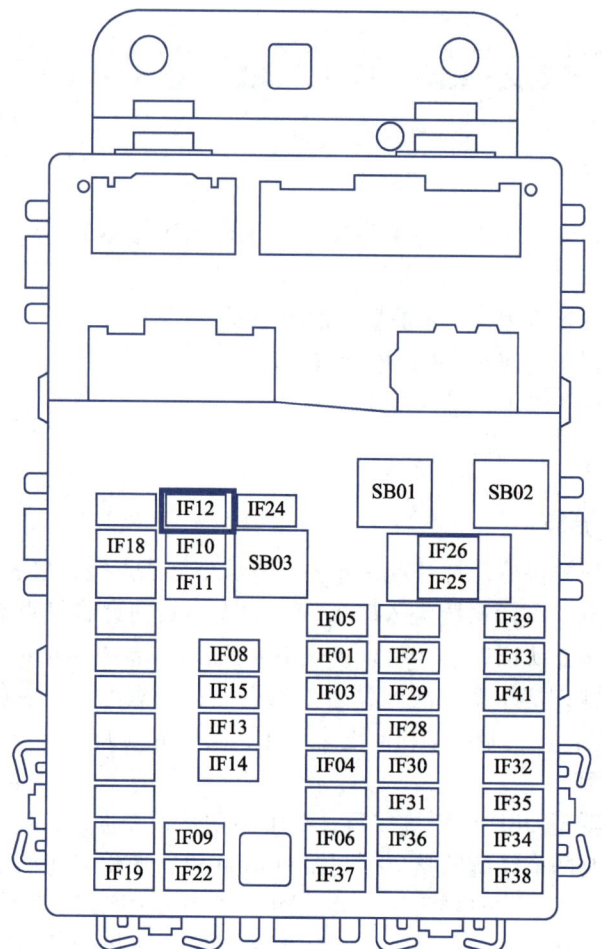

图 2-5　室内熔断器继电器盒熔断器 IF12

① 操作点火开关，使其置于 OFF 状态。

② 断开整车控制器线束插接器 CA66。

③ 操作点火开关，使其置于 ON 状态。

④ 使用万用表测量图 2-6 中 CA66（50）与车身搭铁之间的电压，为 0（标准电压为 11~14 V），电路之间可能存在断路。

⑤ 关闭点火开关，拔下 IF12 熔断器，断开整车控制器的插接器，检查整车控制器 CA66（50）至 IF12 熔断器座之间电路的电阻值，为无穷大（标准值近似 0），则确认 CA66（50）至 IF12 电路存在断路。

4）修理或更换 CA66（50）至 IF12 线束。

4. 诊断结论验证

1）将点火开关置于 OFF 状态。

2）安装所有诊断时拆下或更换的部件及插接器。

3）将点火开关置于 ON 状态。

4）读取并清除故障码。

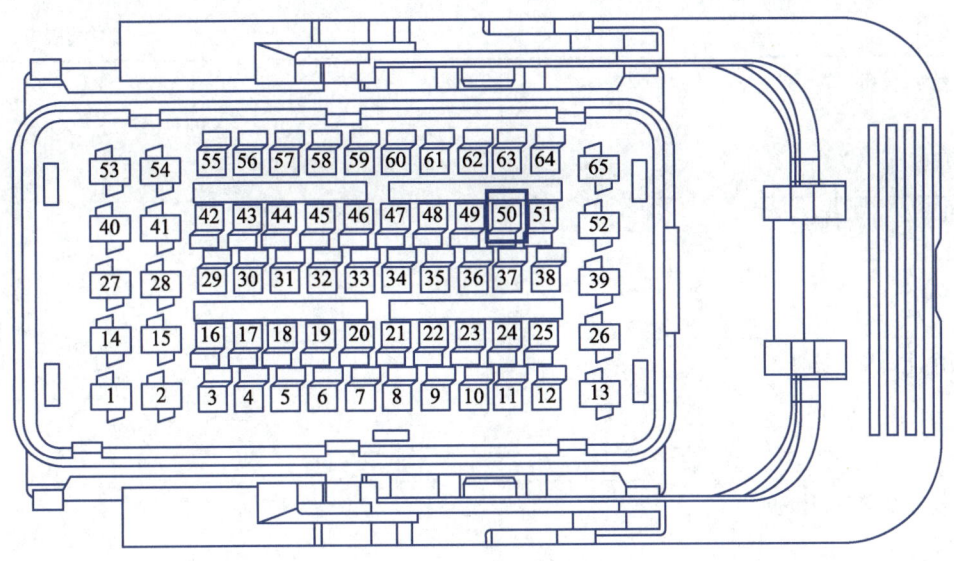

图 2-6 CA66（50）整车控制器模块线束插接器 A

5）关闭点火开关 60 s。

6）踩下制动踏板，打开点火开关，车辆组合仪表显示正常，高压上电正常，维修结束。

> 注意：完成诊断修理后，某些故障码需要将点火开关切至 OFF（关闭）状态，然后切至 ON（打开）状态之后，诊断仪器才会清除故障码。

5. 故障机理分析

IG 电源是整车控制器判断点火开关状态的主信号，如果此信号异常，将导致整车控制器无法准确判定当前车辆状态。此时整车控制器通过总线接收到点火开关激活信号后，将认为点火开关信号不合理，随即激活防盗系统，高压上电条件无法满足，车辆不能正常运行。

 任务工单

项目二 整车控制系统故障诊断与排除		小组人员：	
班级：		日期：	指导教师签字：
工作任务一 整车控制器电源故障诊断与排除			
VIN：		年次：	动力蓄电池总电压：

任务要求：
1）做好实训场地安全防护，检查绝缘手套、安全帽等防护装备。
2）准备实训操作所需工具及诊断设备。
3）按规范要求断电后再插拔整车控制器线束插接器。
4）按规范要求使用万用表检测整车控制器电源电路

续表

1. 工具、诊断设备

2. 维修资料及辅助材料

3. 制订工作计划及人员分工

4. 工作现场安全准备、检查

5. 本工作任务的结果

6. 现场整理、清洁

7. 本工作任务存在的问题及解决方法

习题

一、填空题

1. _____是新能源汽车各动力系统的总成控制器。

2. _____通过采集加速踏板、挡位开关、制动踏板等信号来判断驾驶人的驾驶意图。

3. 整车控制器根据_____、_____和动力蓄电池组状态〔（如动力蓄电池荷电状态（SOC）值〕进行综合判断后，对制动能量回馈进行控制。

4. _____和处理功能通过连续监视整车电控系统，进行故障诊断，并及时进行相应的安全保护处理。

5. 整车控制系统根据电机、_____、EPS、_____、整车 CAN 网络及整车控制器等出现的故障进行综合判断，确定故障的等级并进行相应的控制处理。

二、判断题

1. 新能源汽车中比较重要的开关信号和模拟信号由传感器直接传递给整车控制器，而不通过 CAN 总线。　　　　　　　　　　　　　　　　　　（　　）

2. 新能源汽车上 BCM、BMS、EPS 等控制管理模块，一般通过共用 CAN 总线的方式进行信息传递。　　　　　　　　　　　　　　　　　　　　（　　）

3. 当驾驶人踩下加速踏板时，整车控制器向电机控制器发送电机输出转矩信号，电机控制器控制电机按照驾驶人的意图输出转矩。　　　　　　　　（　　）

 高压互锁故障诊断与排除

 任务引入

　　吉利几何车主反映踩下制动踏板并保持，点火开关上指示灯正常点亮，可组合仪表"READY"灯不亮，同时组合仪表整车故障警告灯点亮，经 4S 店检查发现车辆高压互锁报警，请你对该车无法高压上电的故障进行诊断与排除。

任务目标

知识目标：

1. 掌握高压互锁的作用及组成。
2. 掌握新能源汽车高压互锁的工作原理。

技能目标：

1. 能规范拆装整车高压插接器。
2. 会分析整车高压互锁控制电路。
3. 能根据故障现象进行整车高压互锁电路故障检修。

职业素养目标：

1. 严格按规范执行高压防护，培养安全意识。
2. 总结训练成果，培养团队协作精神。
3. 严格遵守相关法规制度和国家标准。

相关知识

一、高压互锁的概述

　　根据国际标准《电动道路车辆　安全规范　第 3 部分：人身防电击保护》（ISO 6469-3：2011）中规定，新能源汽车上的高压部件应配备高压互锁装置。

高压互锁（High Voltage Inter-Lock，HVIL）是指通过低压电信号监测整个高压系统完整性及连续性的高压互锁回路。新能源汽车高压电路由于插接器松脱、固定螺栓松动等原因可能造成高压电路断路或短路，从而发生触电、失去动力等危险情况，因此必须对高压电路进行监测。高压互锁是检查新能源汽车高压电路完整性的一种安全保护设计，并在高压电路断开之前给整车控制器提供报警信息，提示车辆故障，预留驾驶人对整车系统采取措施的时间。

新能源汽车上高压互锁装置的作用主要有以下五个方面：

1）在整车高压上电前确保整个高压系统的完整性，使高压在一个封闭的环境下工作，提高安全性。

2）当整车在运行过程中，高压系统回路断开或者完整性受到破坏时，需要启动安全防护。

3）防止带电拔插高压插接器给高压端子造成的拉弧损坏。

4）车辆发生碰撞时，触发高压互锁，断开高压接触器，切断动力蓄电池输出。

5）车辆在充电过程中，或者插上充电枪时，限制车辆上电，防止可能发生的线束拖拽或安全事故。

二、高压互锁的组成与工作原理

1. 高压互锁的组成

高压互锁一般由整车控制器高压互锁控制器及信号源、低压插接器互锁端子（HVIL-IN 和 HVIL-OUT）、高压插接器互锁端子和互锁电路等组成，部分车型在电机控制器（PEU）保护盖上安装有盒盖开关，BMS 对动力蓄电池输出母线插接器高压互锁回路进行独立检测，如图 2-7 所示。

在高压插接器上有互锁接口和高压接口，且两接口的端子长度有差异，如图 2-8 所示。高压插接器中的互锁接口与高压大电流接口在插入或拔出时有个时间差，确保高压端子已经可靠连接或提前预判其意外断开。当高压插接器插入时，高压端子先接触，高压互锁端子后接触；当高压插接器拔出时，高压互锁端子先断开，高压端子后断开。高压互锁系统完整及连续是高压上电的必要条件，所以在设计高压插接器时，不同长度的高压互锁端子和高压端子可以提高整车上电的安全性，避免带电插拔高压插接器所引起的一些安全问题。

2. 高压互锁的工作原理

新能源汽车的低压监测互锁电路一般由车辆整车控制单元的 HVIL-OUT 端子发送恒压或 PWM 检测信号源，通过串联方式实现对 PEU、车载充电机、空调压缩机、PTC（正温度系数热敏电阻）加热器等高压电气回路的检测（高压插接器插头侧的高压互锁端子是 U 形线，插座侧的高压互锁端子分别与低压插接器的 HVIL-IN 和 HVIL-OUT 端子连接，如果高压线束的高压插接器连接，高压部件端插座的两个插孔被线束端两个插脚短路接通），整车控制单元的 HVIL-IN 检测到发送电压或波形状态，来确认高压插接器连接状态，以判断高压电路的完整性。

以吉利几何 GE11 纯电动汽车高压互锁工作原理为例，由整车控制器通过

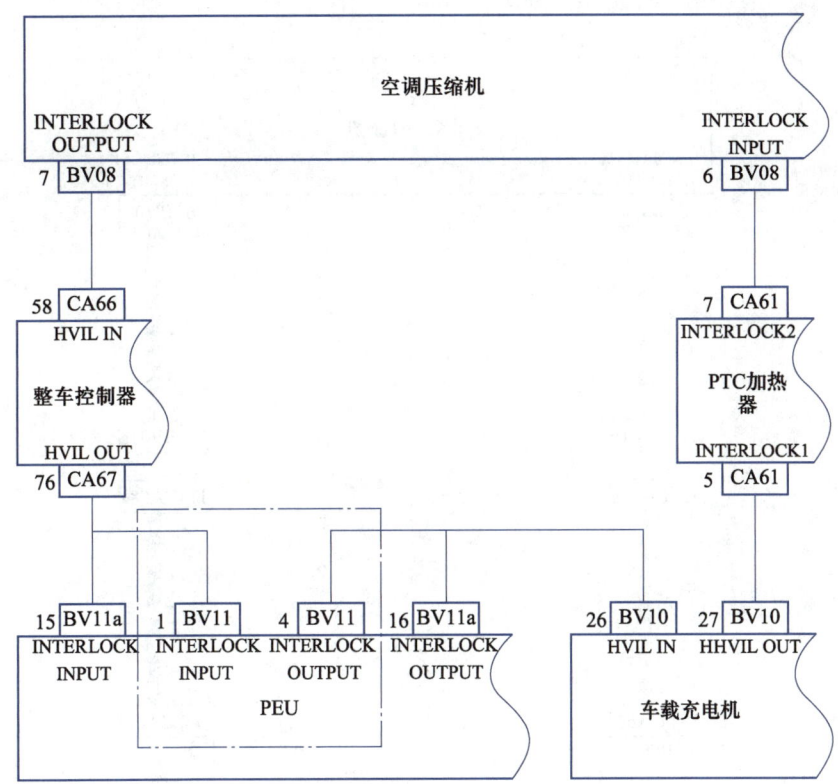

图 2-7　吉利几何 GE11 纯电动汽车高压互锁电路组成图

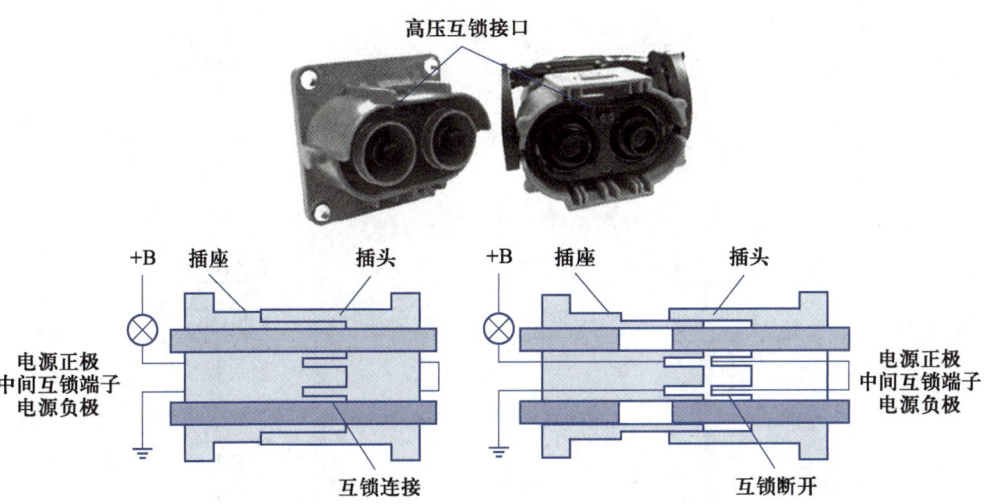

图 2-8　高压插接器的高压互锁端子

HVIL-OUT 输出一个幅值约为 3.3 V 的 PWM 占空比信号，波形信号通过高压互锁导线依次进入电机控制器（PEU）、车载充电机（OBC）、PTC 加热器、空调压缩机，并最终回到整车控制器的 CA66(58)端子 HVIL-IN，整车控制器通过内部上拉电路将输出幅值约为 3.3 V 的 PWM 占空比信号拉至幅值约为 12 V 的 PWM 占空比信号，形成高压互锁监测回路，如图 2-9 所示。

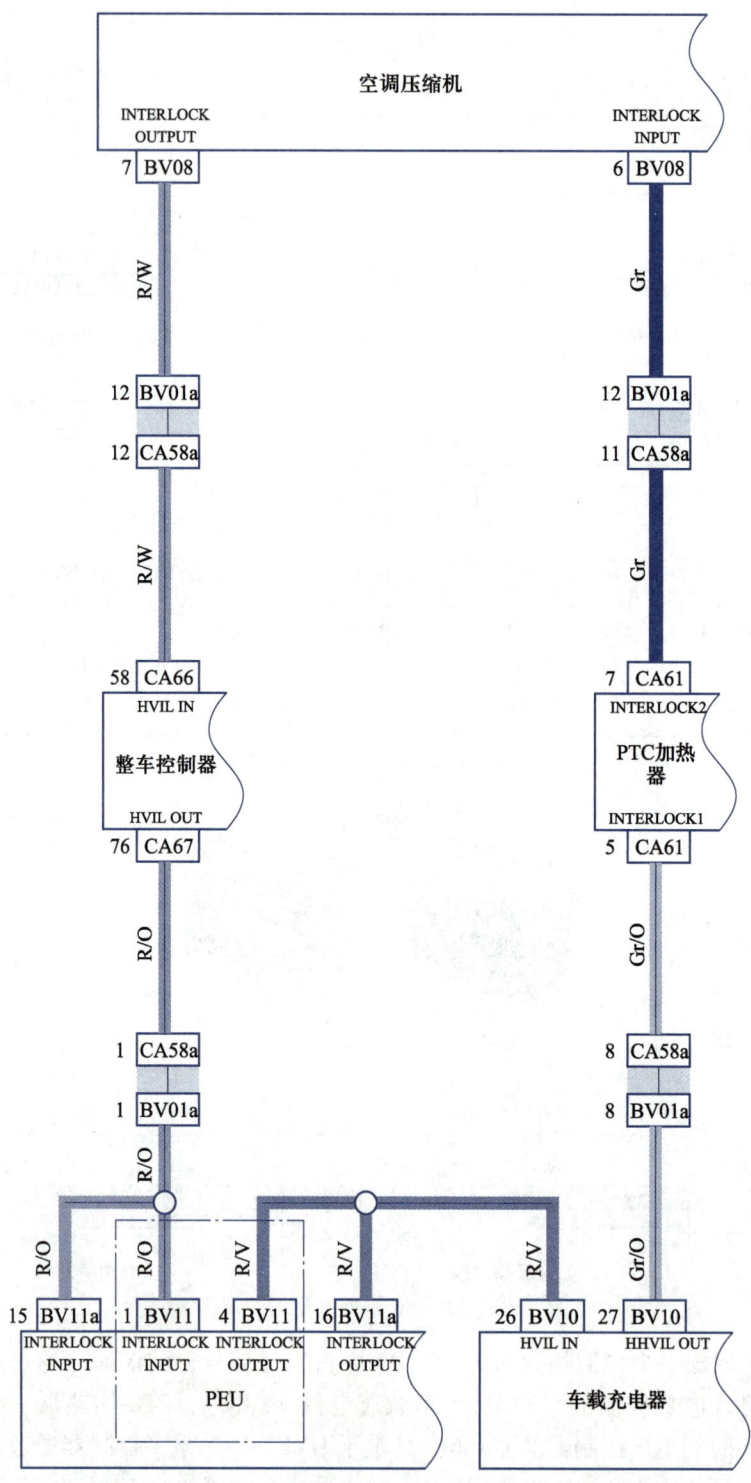

图 2-9 吉利几何 GE11 纯电动汽车高压互锁电路原理图

高压互锁系统在识别到危险时，整个控制器应根据危险时的行车状态及危险程度采用合理的安全控制策略。

1）故障报警：无论新能源汽车在何种状态，高压互锁系统在识别到危险时，车辆应该对危险情况做出报警提示，需要组合仪表或指示器以声或光报警的形式提醒驾驶人，让驾驶人注意车辆的异常情况，以便及时处理，避免发生安全事故。

2）切断高压电源：当新能源汽车在停止状态时，高压互锁系统在识别到严重危险情况时，除了进行故障报警，还应通知系统控制器断开接触器，使高压源被彻底切断，避免可能发生的高压危险情况，确保财产和人身安全。

3）降功率运行：新能源汽车在高速行车过程中，高压互锁系统在识别到危险情况时，不能马上切断高压源，应首先通过报警提示驾驶人，然后让控制系统降低电机的运行功率，使车辆速度降下来，以使整车高压系统在负荷小的情况下运行，尽量降低发生高压危险情况的可能性，同时允许驾驶人能够将车辆停到安全地方。

三、高压互锁故障诊断流程

1. 查询高压互锁故障码

当车辆高压互锁电路出现故障，一般可以通过故障诊断仪连接车机 OBD 诊断座，获取整车控制系统高压互锁故障码，以吉利几何 GE11 纯电动汽车为例，其高压互锁故障码见表 2-3。

表 2-3　吉利几何 GE11 车型高压互锁故障码说明

故障码	说明	故障码触发条件	故障码检测条件（控制策略）	故障部位
P1C4096	高压互锁故障	BMSH（0x0B0）的高压互锁信号和整车控制器指示。 高压互锁不良。 整车控制器故障检测时间：500 ms。 主继电器不报告错误	符合下列条件之一： 1）AC 充电模式。 2）DC 充电模式。 3）V2G 放电模式。 4）远程 A/C 模式。 5）智能充电模式。 6）没有以上任何模式的车辆就绪状态（TKL15YON>3 s）。 7）没有以上任何模式的 IG 启动（TKL15YON>3 s）	1）电路。 2）空调压缩机。 3）PTC 加热器。 4）整车控制器。 5）车载充电机。 6）电机控制器
P1C8D04	高压互锁PWM 输出信号对电源短路	VCC 短路	IG15 断开->开启延迟 1000 ms	
P1C8E04	高压互锁PWM 输出信号搭铁短路	GND 短路	IG15 断开->开启延迟 1000 ms	
P1C8E04	高压互锁PWM 输出信号断路	断路	1）IG15 断开->开启延迟 1000 ms。 2）主继电器无故障	

2. 高压互锁故障诊断流程

根据高压互锁故障码说明，结合车辆故障症状，可按生产厂商维修手册提供的诊断流程进行排查，如图 2-10 所示。

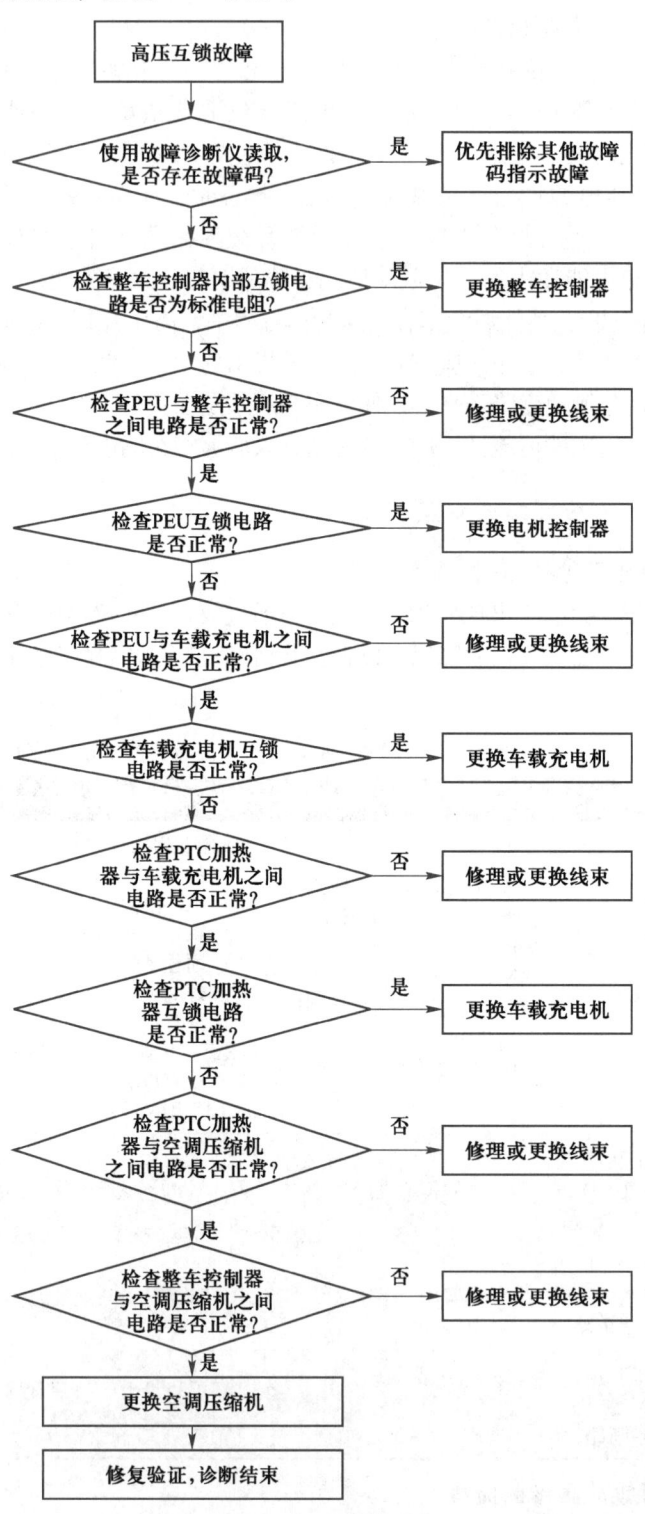

图 2-10　高压互锁故障诊断流程

任务实施

一、任务准备

安全防护：做好车辆安全防护与隔离（车辆挡块、警示隔离带、高压危险警示牌）。

工具准备：数字万用表、故障诊断仪。

台架车辆：吉利几何 2.3 版本车型。

辅助资料：说明书、维修手册等。

二、实施步骤

1. 故障现象观察

踩下制动踏板数次并保持，点火开关上的绿色指示灯正常点亮；打开点火开关后，仪表点亮正常，但"READY"灯无法正常点亮；蓄电池指示灯、整车系统故障警告灯点亮。

2. 读取故障码

连接故障诊断仪器至 OBD 诊断接口后，踩下制动踏板并保持，切换点火开关至 ON 状态。通过诊断仪器访问整车控制器，读取到故障码为 P1C8E04 高压互锁 PWM 输出信号断路、P1C4096 高压互锁故障。

现象分析：如果整车控制器内部检测出 PWM 占空比信号异常，说明互锁电路出现故障，导致波形幅值没有变化或变化异常，存储此故障码。此时可通过诊断仪器的数据流来查看功能，对当前故障做进一步解析，此时数据流显示未连接，结合故障现象、故障码、数据流，说明高压互锁信号电路存在断路、虚接、短路故障，故障部位可能是电路、空调压缩机、高低压充电系统、PTC 加热器、整车控制器等。

3. 电路测试

1）检查蓄电池电压。

① 操作点火开关，使其置于 ON 状态。

② 使用万用表测量蓄电池两端电压为 12.8 V，符合标准电压：9～16 V。

2）检测线束插接器 CA66(58)端至 CA67(76)端之间的电阻。

① 操作点火开关，使其置于 OFF 状态。

② 断开整车控制器线束插接器 CA66、CA67。

③ 使用万用表测量图 2-11 中整车控制器线束插接器 CA66(58)端与整车控制器线束插接器 CA67(76)端的阻值。

标准值：小于 1 Ω。

测量值：无穷大。

结果：异常。

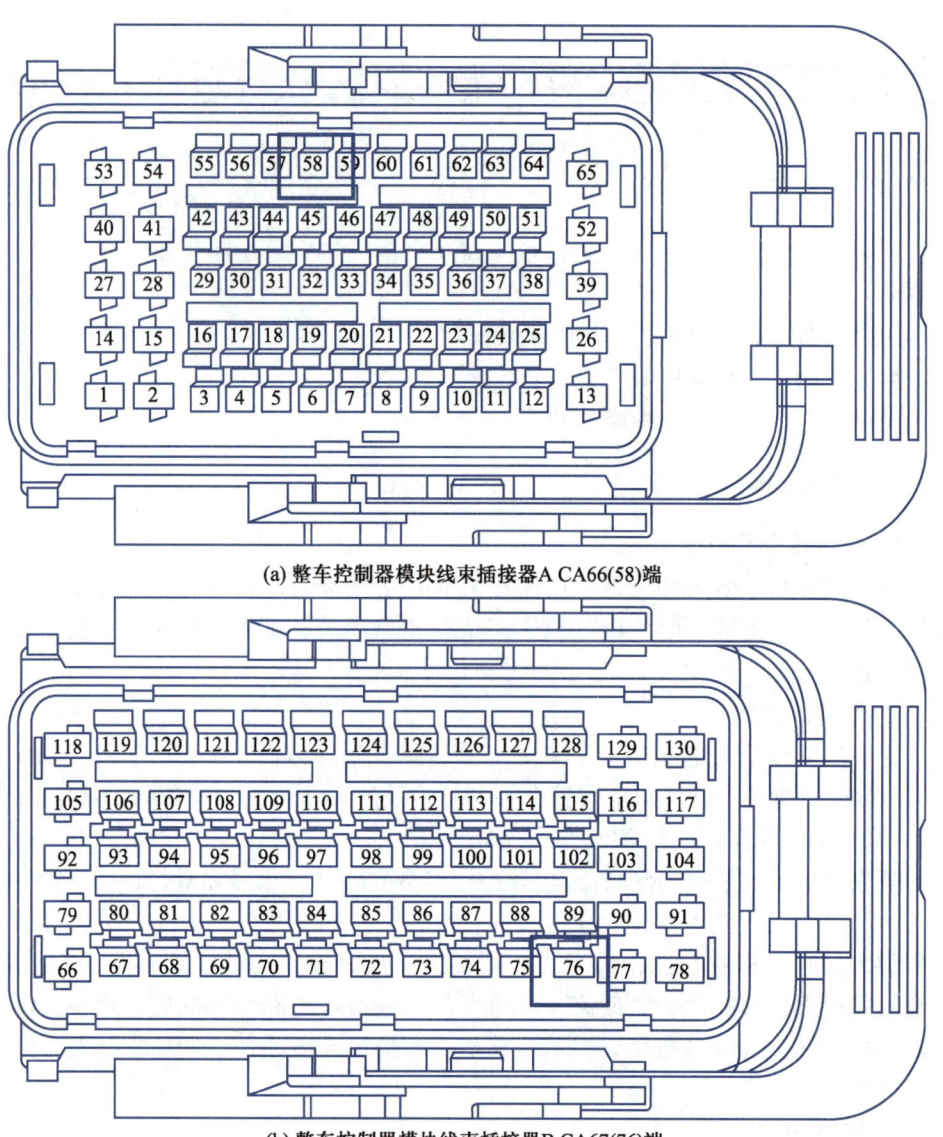

(a) 整车控制器模块线束插接器A CA66(58)端

(b) 整车控制器模块线束插接器B CA67(76)端

图 2-11　整车控制器线束插接器

分析原因：整车控制器线束插接器 CA66(58)端与整车控制器线束插接器 CA67(76)端之间电路可能存在断路。

3）检查车载充电机控制器与整车控制器连接线束之间电路。

① 操作点火开关，使其置于 OFF 状态。

② 断开车载充电机控制器线束插接器 BV10。

③ 使用万用表测量图 2-12 中整车控制器线束插接器 CA67(76)端与车载充电机控制器 BV10(26)端之间的阻值，标准值小于 1Ω。

测量值：小于 1Ω。

结果：正常。

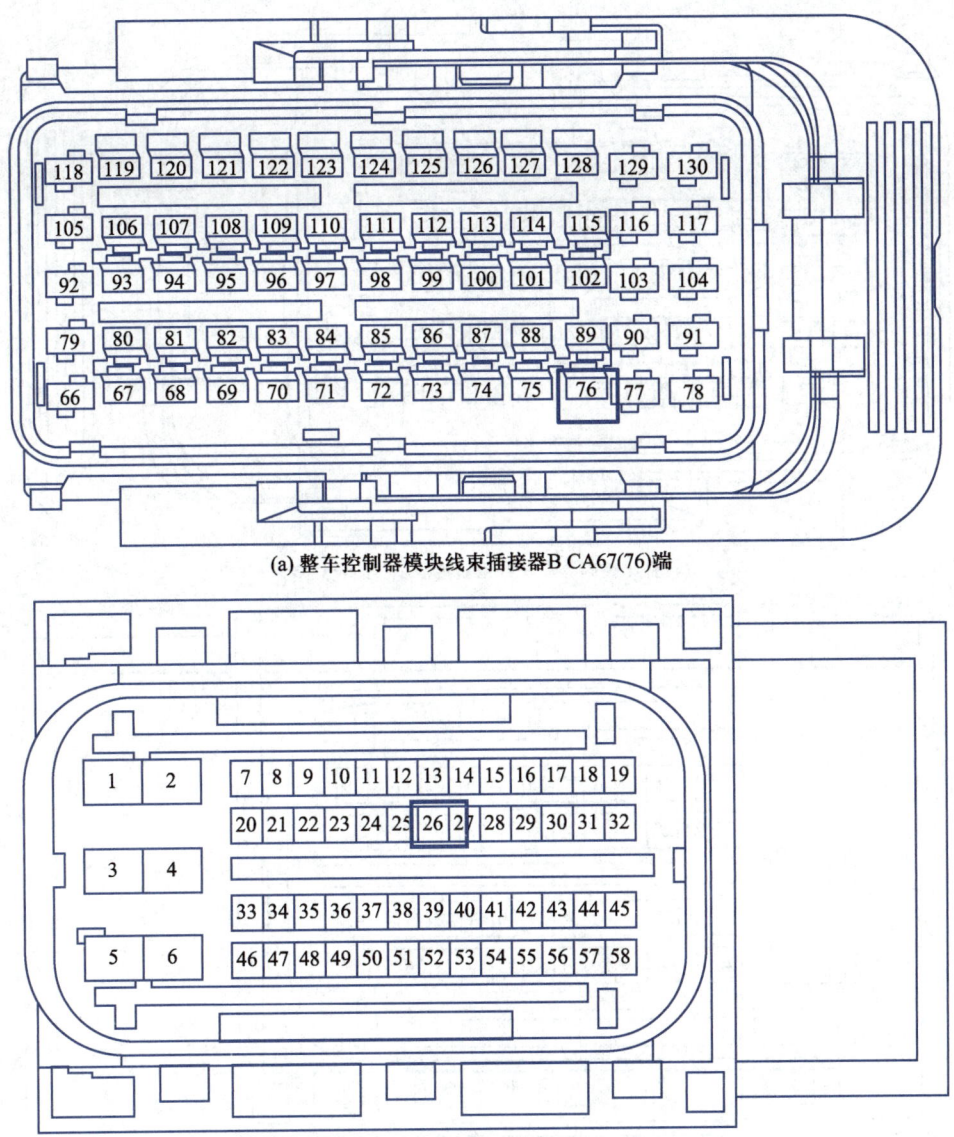

(a) 整车控制器模块线束插接器B CA67(76)端

(b) 车载充电机控制器线束插接器B BV10(26)端

图 2-12 整车控制器和车载充电机线束插接器

测量图 2-13 中整车控制器线束插接器 CA66(58)端与车载充电机控制器 BV10 (27)端之间的阻值，标准值小于 $1\,\Omega$。

测量值：无穷大。

结果：异常。

分析原因：整车控制器线束插接器 CA66(58)端与车载充电机控制器 BV10(27)端之间电路可能存在断路。

4）检查空调压缩机控制器连接线束与整车控制器连接线束之间的电路。

① 操作点火开关，使其置于 OFF 状态。

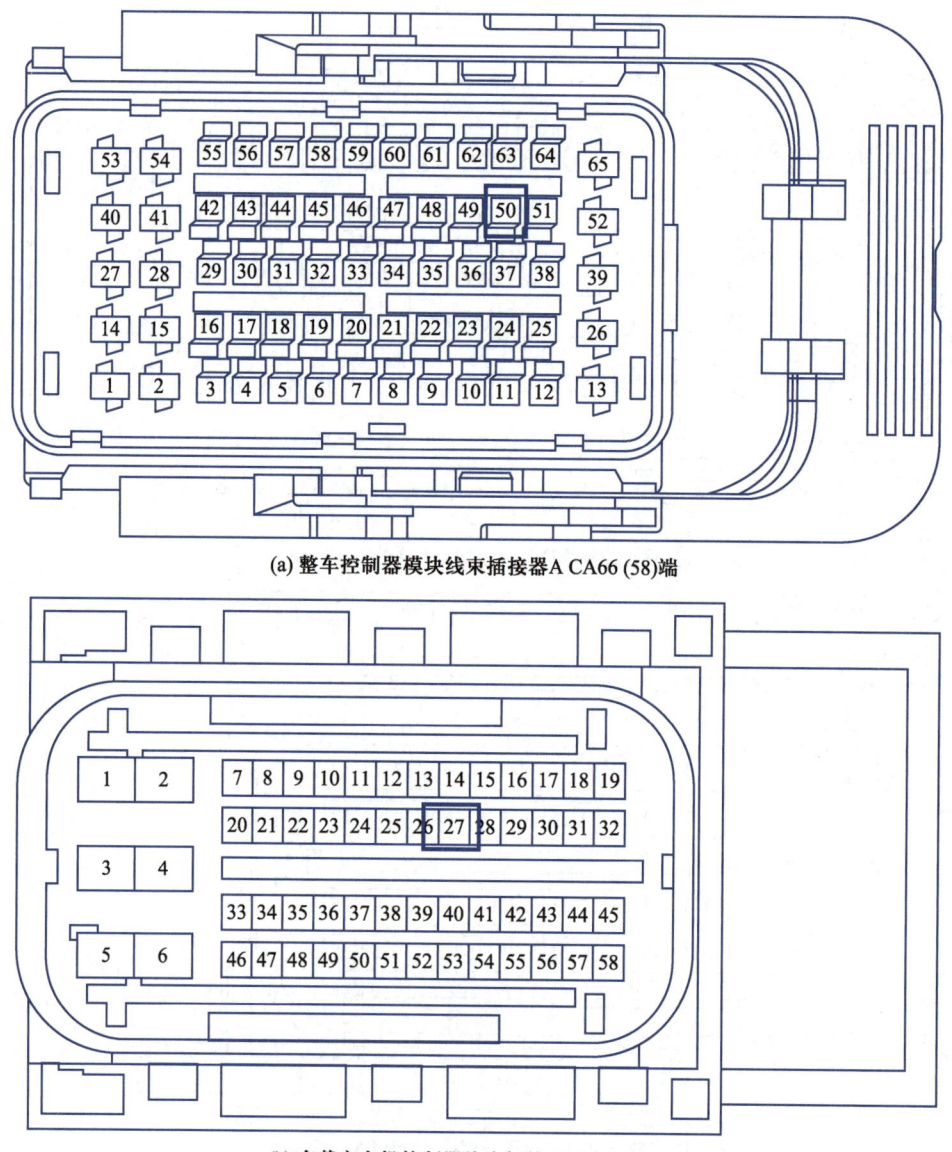

(a) 整车控制器模块线束插接器A CA66 (58)端

(b) 车载充电机控制器线束插接器BV10 (27)端

图 2-13　整车控制器和车载充电机线束插接器

　　② 连接车载充电机控制器线束插接器 BV10，断开空调压缩机控制器线束插接器 BV08。

　　③ 使用万用表测量图 2-14 中整车控制器线束插接器 CA67(76) 端与空调压缩机控制器线束插接器 BV08(6) 端之间的阻值，标准值小于 1 Ω。

　　测量值：小于 1 Ω。

　　结果：正常。

　　④ 使用万用表测量图 2-15 中整车控制器线束插接器 CA66(58) 端与空调压缩机控制器线束插接器 BV08(7) 端之间的阻值，标准值小于 1 Ω。

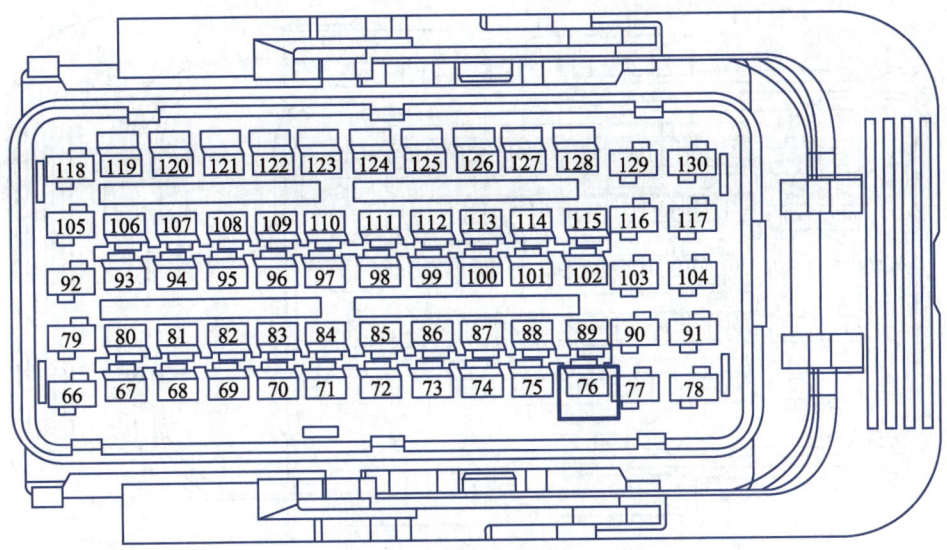

(a) 整车控制器模块线束插接器 B CA67(76)端

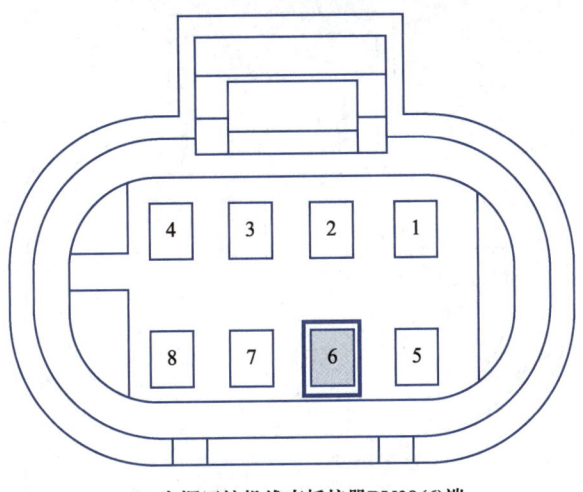

(b) 空调压缩机线束插接器BV08(6)端

图 2-14　整车控制器和空调压缩机线束插接器

测量值：无穷大。

结果：异常。

分析原因：整车控制器线束插接器 CA66(58)端与空调压缩机控制器线束插接器 BV08(7)端之间电路存在断路。

⑤ 修复整车控制器线束插接器 CA66(58)端与空调压缩机控制器线束插接器 BV08(7)端之间电路。

⑥ 操作点火开关，使其置于 ON 状态。

⑦ 使用万用表测量整车控制器线束插接器 CA66(58)端与车身搭铁之间的电压。

标准电压：0。

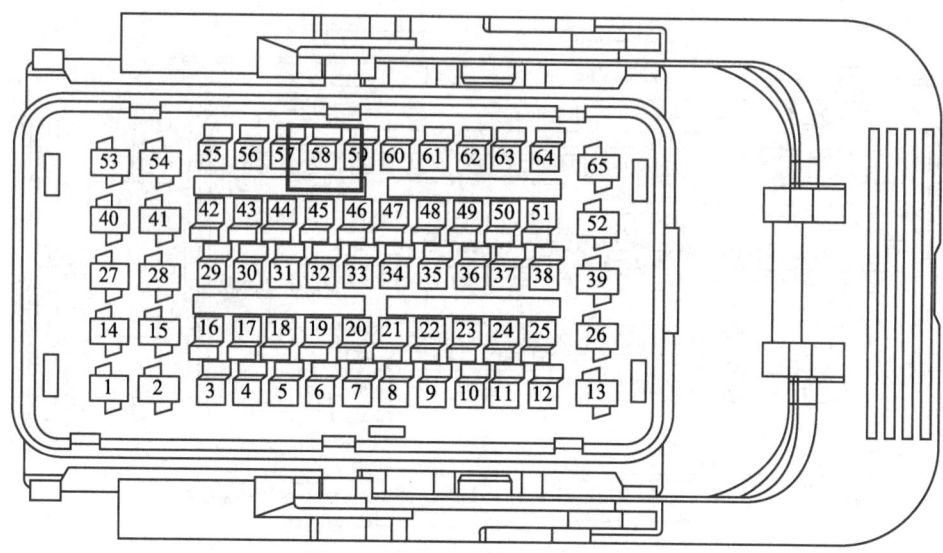

(a) 整车控制器模块线束插接器CA66 (58)端

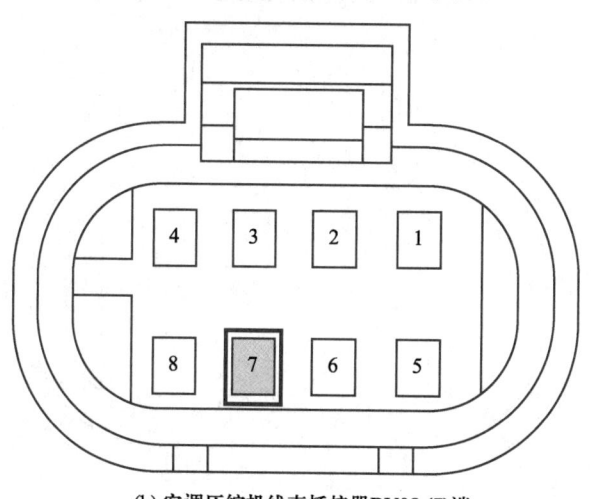

(b) 空调压缩机线束插接器BV08 (7)端

图 2-15　整车控制器和空调压缩机线束插接器

测量值：0。

结果：正常。

5）修复后验证。

① 操作点火开关，使其置于 OFF 状态。

② 正确连接所有高压线束插接器。

③ 操作点火开关，使其置于 ON 状态。

④ 读取并清除故障码，关闭点火开关 60 s。

⑤ 踩下制动踏板，打开点火开关，车辆仪表显示正常无故障码，车辆正常上电。

4. 故障机理分析

整车控制器通过高压互锁电路判断高压系统连接的完整性，保证高压上电后整车安全使用。如果高压互锁电路出现故障，整车控制器即确认高压电路连接不正常，有断路现象，为了防止安全事故发生，控制车辆高压不上电。

 任务工单

项目二　整车控制系统故障诊断与排除	小组人员：	
班级：	日期：	指导教师签字：

工作任务二　高压互锁故障诊断与排除

VIN：	年次：	动力蓄电池总电压：

任务要求：
1）做好实训场地安全防护，检查绝缘手套、安全帽等防护装备。
2）准备实训操作所需工具及诊断设备。
3）按规范要求插拔高压插接器。
4）按规范要求使用万用表检测高压互锁电路

1. 工具、诊断设备

2. 维修资料及辅助材料

3. 制订工作计划及人员分工

4. 工作现场安全准备、检查

5. 本工作任务的结果

6. 现场整理、清洁

7. 本工作任务存在的问题及解决方法

习题

一、单选题

1. 吉利几何纯电动汽车高压互锁采用的信号方式有（　　　）。

A. PWM 占空比信号 　　　　　　　　　B. 直流电流信号

C. 电压信号 　　　　　　　　　　　　　D. 磁场信号

2. 吉利几何纯电动汽车高压互锁系统包含（　　　）。

A. 整车控制器 　　　　　　　　　　　　B. 车载充电机

C. 电机控制器 　　　　　　　　　　　　D. 压缩机与加热器

3. 高压互锁系统控制策略有（　　　）。

A. 故障报警 　　　　　　　　　　　　　B. 切断高压电源

C. 降功率运行 　　　　　　　　　　　　D. 切断低压电源

二、判断题

1. 新能源汽车高压电路由于插接器松脱、固定螺栓松动等原因可能造成高压电路断路或短路，从而发生触电、失去动力等危险情况，因此必须对高压电路进行监测。（　　　）

2. 高压互锁是检查新能源汽车高压电路完整性的一种安全保护设计，并在高压电路断开之前给整车控制器提供报警信息，提示车辆故障，预留驾驶人对整车系统采取措施的时间。（　　　）

3. 高压互锁一般由整车控制器高压互锁控制器及信号源、低压插接器互锁端子、高压插接器互锁端子（HVIL-IN 和 HVIL-OUT）和互锁电路等组成，通过并联方式实现对整个高压电气回路的检测。（　　　）

项目三 ▶▶▶
··

车载网络系统故障诊断与排除

▶ 背景拓展

新能源汽车的车载网络系统随着网络技术的发展而不断进化。目前，车载网络系统主要采用 CAN、LIN、MOST、FlexRay 等通信协议，随着 5G、V2X 等技术的发展，未来车载网络系统有望实现更高的传输速率、更低的时延、更高的可靠性，从而为新能源汽车的智能化和网联化提供更强大的支持。

随着车联网、大数据等技术的发展，车载网络系统也将在数据处理、信息服务和智能控制等方面展现出更大的潜力。未来，车载网络系统将不仅是新能源汽车的"大脑"，更将成为新能源汽车的"神经系统"，实现全车的智能化和网联化。

新能源汽车的车载网络系统正经历一场深刻的变革，这种变革不仅推动着新能源汽车的技术进步，也为新能源汽车的智能化和网联化提供强大的技术支持。随着科技的不断进步，新能源汽车的车载网络系统将展现出更加强大的潜力，为新能源汽车的发展开辟更广阔的前景。

▶ 项目描述

本项目共三个学习任务，分别是：

任务一 车载网络控制和网关测量

任务二 CAN 总线故障诊断与排除

任务三 LIN 总线故障诊断与排除

通过三个任务的学习，熟悉车载网络系统特点，熟悉网关控制单元端子定义并进行相关信号测量，能独立完成 CAN 总线、LIN 总线的测量与故障诊断，能够独立完成车载总线系统的故障诊断工作。

 任务一　车载网络控制和网关测量

 任务引入

　　一辆吉利几何 C 纯电动汽车，车主反映车辆在行驶中仪表报出 TPMS 故障，熄火后车辆无法起动，"READY" 灯不亮，车辆无法上电；经维修技师的诊断，初步怀疑故障范围在网关通信线路、网关供电、网关本身。如果你是一名新能源汽车维修技师，网关出现故障你会如何进行排查？通过本任务的学习，正确使用诊断设备对车辆网关的故障进行排查，建立有效、合理、安全的诊断思路，并规范实施车辆故障检测作业。

 任务目标

　　知识目标：
　　1. 掌握车载网络拓扑结构。
　　2. 了解网关的功能。
　　技能目标：
　　1. 能够通过维修手册查找网关端子的定义。
　　2. 能够根据维修手册的要求进行网关信号的测量。
　　职业素养目标：
　　1. 严格执行汽车检修规范，养成严谨科学的工作态度。
　　2. 尊重他人劳动，不窃取他人成果。
　　3. 养成总结训练结果的习惯，为下次训练积累经验。
　　4. 养成团结协作精神。
　　5. 严格执行 5S 现场管理。

 相关知识

　　一、车载网络

　　车载网络是一种连接汽车内部各种电子控制单元（ECU）的系统，它使汽车能够实现更高效、更可靠的数据传输，从而提高汽车的性能和安全性。车载网络的工作原理是通过使用专门的通信协议，将各种 ECU 连接到一起，从而实现数据共享和信息交换。
　　车载网络的优点不仅体现在提高汽车的性能和安全性上，也体现在改善汽车

的舒适性和便利性上。同时，也使汽车制造商能够收集和分析车辆数据，从而改进车辆的设计和制造，提高车辆的质量和可靠性。

以吉利几何 C 纯电动汽车为例（见图 3-1），该车有四条 CAN 通信总线，它们各自承担着不同的功能，以网关、低速报警控制器、热管理控制模块、电子转向柱锁、BCM、座椅模块组成了 CF-CAN 总线；以网关、转向盘转角传感器、前单目摄像头、整车控制器、毫米波雷达探头、EPS、智能助力器、ESC、安全气囊控制模块、自动泊车模块组成了 CS-CAN 总线；以网关、电子换挡器、整车控制器、T-BOX、BMS、高低压充电系统、集成动力控制器组成了 HB-CAN 总线；以网关、诊断接口、组合仪表控制器、抬头显示、音响主机组成了 IF-CAN 总线。四条 CAN 总线构成了整车的主通信总线，并通过网关实现四条主总线间的数据交换。

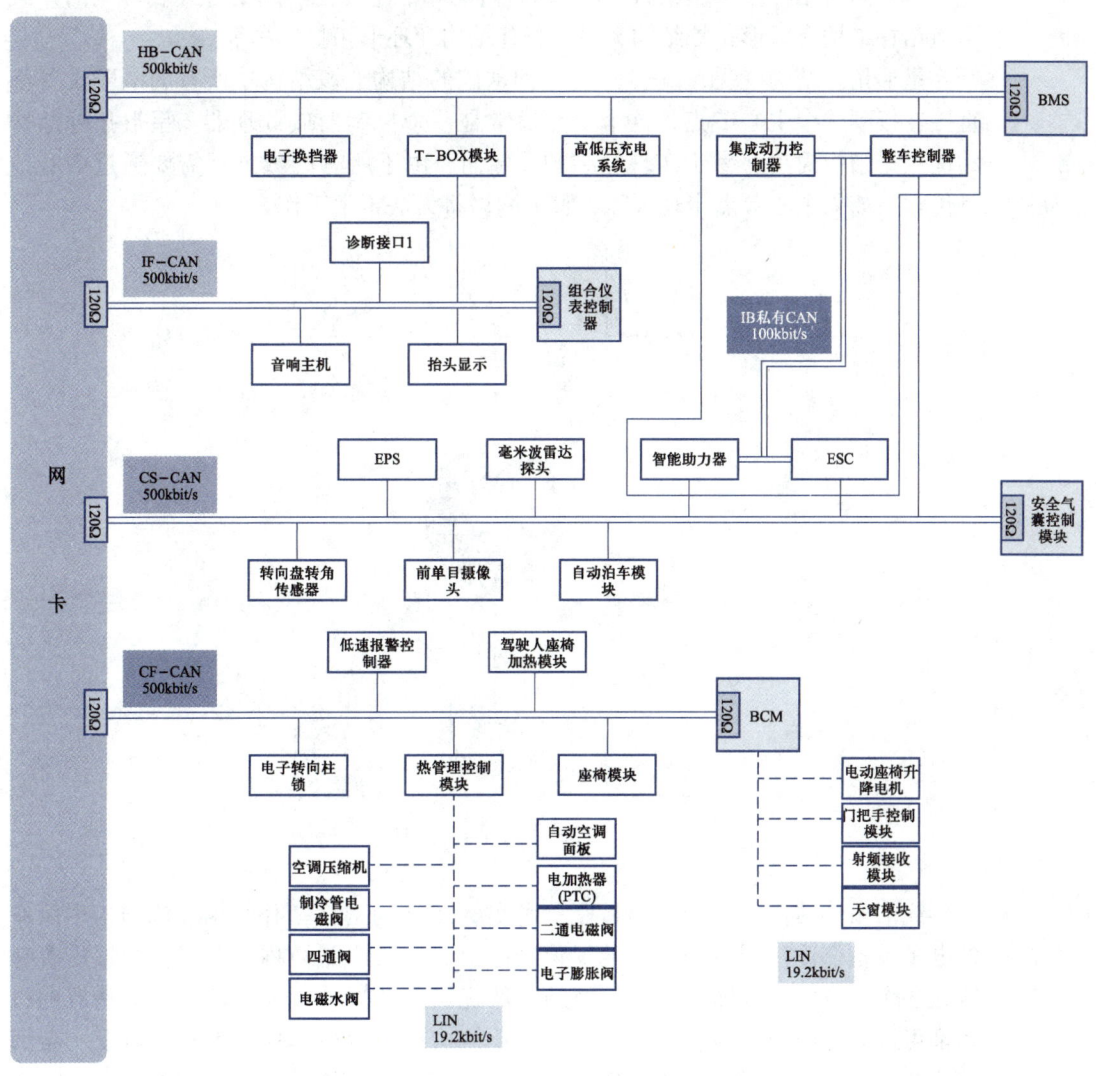

图 3-1 吉利几何 C 车型车载网络概览

该车还应用了两条 LIN 总线，BCM 使用 LIN 总线与电动窗升降电机、门把手控制模块、射频接收模块、天窗模块进行数据通信。热管理控制模块使用 LIN 总线与自动空调面板、空调压缩机、PTC 加热器、制冷管电磁阀、三通电磁阀、四通阀、电子膨胀阀、电磁水阀进行数据通信。LIN 总线作为 CAN 总线的补充通信总线，被称作子总线系统，实现功能系统内部控制单元数据交换，或控制单元下部件控制。

随着车载网络的发展，需要注意其安全性和可靠性。未来的汽车将更加智能化，这也将为汽车制造商和相关产业带来新的挑战和机遇。

二、车载网络拓扑结构

车载网络拓扑结构是指将汽车内部各种 ECU 连接在一起的方式。常见的车载网络拓扑结构有星形拓扑结构、线形拓扑结构和环形拓扑结构等。

星形拓扑结构（见图 3-2）是一种基础的结构。该结构中所有的电子设备都直接连接到一个中心节点，这个节点通常是一个控制器或处理器。星形拓扑结构的优点是结构简单，易于实现和维护。然而，由于所有的数据都需要通过中心节点传输，如果中心节点出现故障，整个网络将无法正常工作。

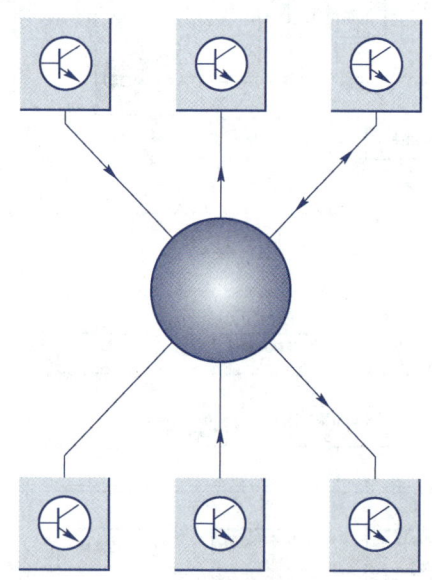

图 3-2 星形拓扑结构

线形拓扑结构（见图 3-3）是一种更为复杂的网络拓扑结构。该结构中所有的电子设备都连接到一条共享的通信线路上，这条线路被称为总线。数据沿着总线在各个设备之间传输。线形拓扑结构的优点是数据传输速率高，因为所有的设备都可以同时访问总线。此外，线形拓扑结构也比较简单，因为它只需要一条通信线路。但是，由于所有的设备都共享同一条总线，如果总线出现故障，整个网络将无法正常工作。

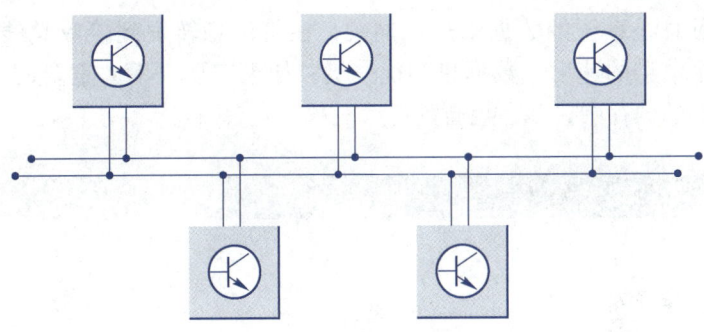

图 3-3　线形拓扑结构

环形拓扑结构（见图 3-4）是一种常见的车载网络拓扑结构。该结构中 ECU 按照一定的顺序排列，形成一个环状的结构。数据在环中的每个设备之间循环传输。环形拓扑结构的优点是每个设备都有相同的机会访问数据，因此数据的传输更加公平。然而，环形拓扑结构的复杂性较高，因为数据必需沿着环路在各个设备之间传输。此外，如果环路中的任何一个设备出现故障，都可能导致整个网络无法正常工作。

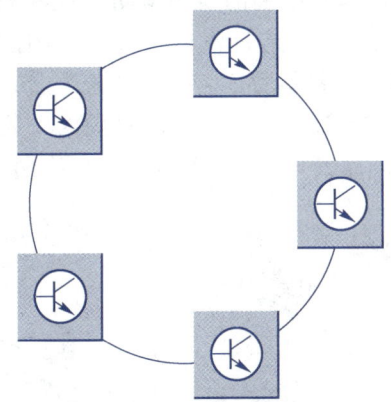

图 3-4　环形拓扑结构

星形、线形和环形是三种常见的车载网络拓扑结构。每种拓扑结构都有其优点和缺点，适用于不同的应用场景。在实际应用中，汽车制造商会根据具体的需求和条件，选择合适的车载网络拓扑结构。随着汽车电子技术的发展，可以期待未来会出现更多创新的车载网络拓扑结构，以满足汽车性能、安全性和可靠性不断提高的要求。

三、网关

网关是不同总线系统之间的接口，车辆中使用网关可以使不同总线系统之间的数据进行交换，还可以通过网关访问个别控制单元，以执行诊断目的。

当交换不同总线系统之间的数据时，网关执行双重功能，它从各种总线系统中收集信息，然后将这些信息发送到需要它们的总线系统中。

来自各种总线系统的数据都进入网关，在将消息转发到接收总线系统之前，首先过滤每个消息的速度、数据量和优先级；如果需要，不太重要的消息将被存储到没有冲突的内存中，并在短暂延迟后发送。

 任务实施

一、任务准备

安全防护：做好车辆高压安全防护与隔离，做好人员安全防护。
工具准备：数字万用表、绝缘防护用品、绝缘工具套装、常规工具套装。
台架车辆：吉利几何 C 纯电动汽车。
辅助资料：说明书、维修手册等。

二、实施步骤

1. 网关控制器的更换

通过专业的故障诊断仪以及必要的线路检测确定网关控制器发生故障时，需要对其进行更换。以吉利几何 C 纯电动汽车为例，网关控制器的安装位置如图 3-5 所示，当确定需要更换网关控制器后，应查阅维修手册并明确拆装步骤；准备相应的配件，包括新的网关控制器和安装工具等；同时，还应对新网关控制器的型号和接口等进行确认，以确保其与原车系统匹配，更换网关具体步骤如下。

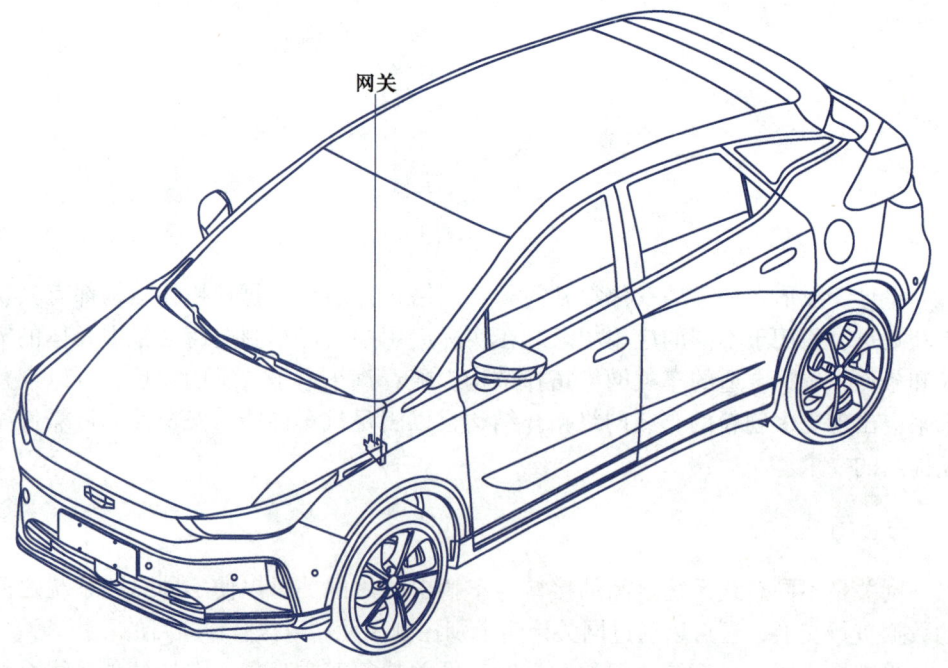

图 3-5　吉利几何 C 纯电动汽车网关控制器的安装位置

1）断开蓄电池负极电缆。关闭汽车的起动开关，然后找到蓄电池的负极电缆，通常它位于发动机舱的一侧。使用合适的工具将电缆螺钉拧松，然后将电缆轻轻拉出。在这个过程中，需要注意避免让电缆接触到金属部件，以防止短路。

2）拆装仪表板左下护板总成。拆卸仪表板左下护板总成需要准备的工具有螺钉旋具、扳手、塑料撬棍等。然后，找到左下护板总成上的固定螺钉，这些固定螺钉通常位于左下护板总成的四个角落。使用螺钉旋具或扳手拧下这些固定螺钉，注意不要用力过猛，以免损坏固定螺钉。拆卸完固定螺钉后，能够轻易地拉出，说明已经成功地拆卸了护板。如果左下护板总成仍然紧紧地固定在原位，需要使用塑料撬棍轻轻地撬动左下护板的边缘，以使其松动。

3）断开网关线束插接器。用手指按压插接器解锁键，拔出插接器，如图 3-6 中①所示，在拔出插接器的过程中，应避免因为用力过猛损坏插接器；不可摇晃插接器，不可拉拽线束，避免插头端子脱落、变形。

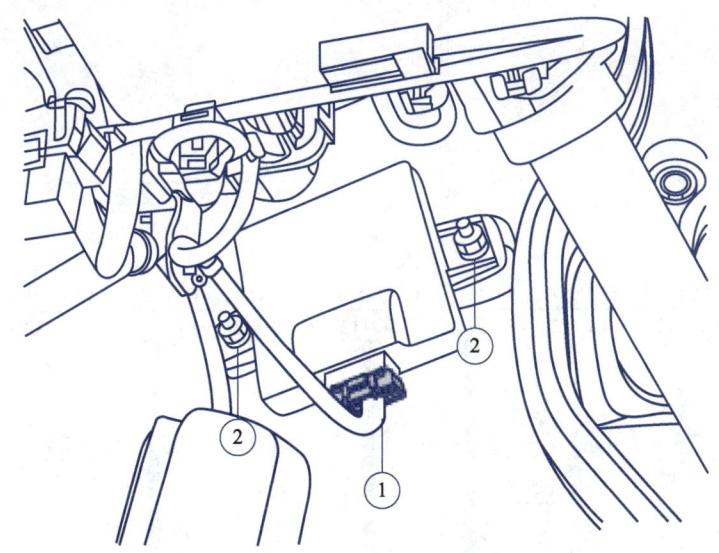

图 3-6　网关控制器的安装位置

4）拆装固定螺栓并更换网关控制器。使用棘轮扳手拆卸网关控制器两颗固定螺栓，新旧网关控制器外观、型号及端子布置保持一致；注意新网关控制器的静电防护，手指不可触及网关控制器线束端子；网关控制器固定螺栓拧紧扭矩为6 N·m。

2. 网关控制器电路的检测

在车辆中，网关控制器扮演着集成各种总线系统的角色，协调不同总线系统的信息共享。网关控制器外部电路一般包括供电回路线束和各类总线电路。进行网关控制器电路检测时，需要掌握其电路原理，如图 3-7 所示。吉利几何 C 纯电动汽车的网关控制器有两路供电，其中，插接器 IP112 的 19 号端子是常供电，而插接器 IP112 的 18 号端子是其二挡供电，插接器 IP112 的 20 号端子则是搭铁。供电回路的正常运作是确保网关控制器正常工作的前提；同时，对网关控制器进行各路 CAN 总线的完整性检测也是必要的，吉利几何 C 车型网关线束插接器 IP112 各接线端定义见表 3-1。

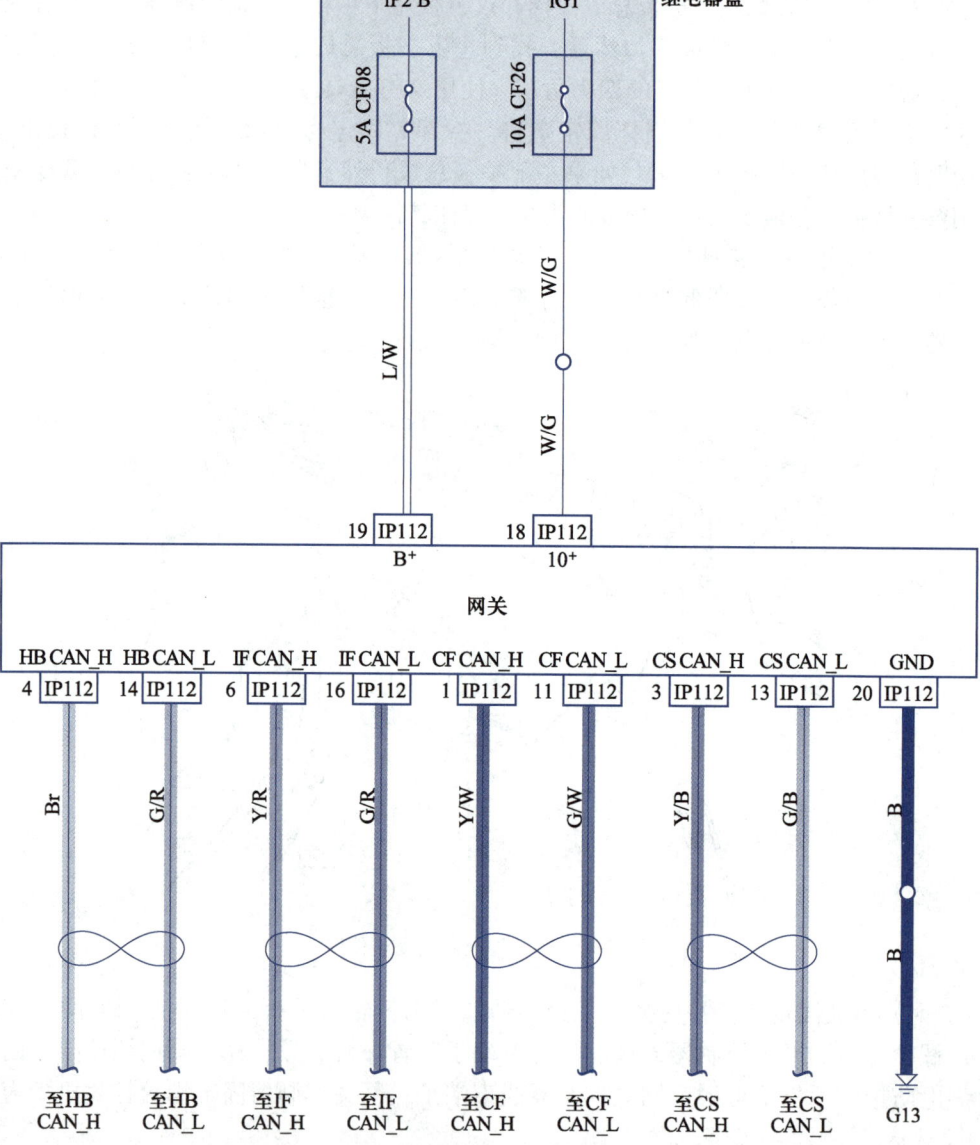

图 3-7　吉利几何 C 纯电动汽车网关外部电路图

　　1）网关控制器电源故障检测。吉利几何 C 纯电动汽车网关控制器电源包括两条正极线束和一条负极线束，其中，IP112 的 19 号端子是网关控制器的常电正极，IP112 的 18 号端子是其二挡供电正极，IP112 的 20 号端子是其负极，所以，网关控制器电源检测包括正、负极线束检测和正极线束熔丝检测，具体检测步骤如下。

表 3-1　吉利几何 C 车型网关线束插接器 IP112 各接线端定义

端子号	端子名称	端子说明	端子号	端子名称	端子说明
1	CF CAN_H	舒适 CAN 高位线	11	CF CAN_L	舒适 CAN 低位线
2	—	—	12	—	—
3	CS CAN_H	底盘 CAN 高位线	13	CS CAN_L	底盘 CAN 低位线
4	HB CAN_H	混动 CAN 高位线	14	HB CAN_L	混动 CAN 低位线
5			15		
6	IF CAN_H	信息娱乐 CAN 高位线	16	IF CAN_L	信息娱乐 CAN 低位线
7			17		
8			18	IG1 电源	ACC/ON/START 电源
9			19	B+电源	蓄电池电源
10	—	—	20	搭铁	网关搭铁电路

步骤 1：利用故障诊断仪确认故障码是否再次存储，将故障诊断仪与诊断测试接口进行连接，操作起动开关，使整车进入 READY 上电状态，对控制系统执行故障码读取操作，以确认系统是否存在与此诊断相关的故障码，如有故障码，故障码设置及故障位置见表 3-2，应优先排查故障码指示的故障。

表 3-2　故障码设置及故障位置

故障码编号	故障码触发条件	故障码检测条件（控制策略）	故障位置
U300616	内部局部电压<9 V，KL15 开	1）诊断服务 $85 未激活。 2）IG15 关->开延时 3000 ms	1）蓄电池。 2）电路。 3）熔丝。 4）网关控制器
U300617	内部局部电压>16 V，KL15 开		

步骤 2：初步检查，对网关控制器线束插接器进行检查，以确认是否存在损坏、接触不良、老化或松脱等问题，如果存在以上故障，应修理或更换部件。

步骤 3：检查网关控制器熔丝，操作点火开关，将其切换至"OFF"状态。拔下室内熔丝继电器盒内的熔丝 CF08，使用万用表检测熔丝 CF08 是否熔断，该熔丝的规格为 5 A；接着，拔下室内熔丝继电器盒内的熔丝 CF26，对其是否熔断进行检查，此熔丝的规格为 10 A；如果熔丝已熔断，应更换相同规格的熔丝。

步骤 4：检查网关控制器电源电路是否开路，操作点火开关，将其切换至"OFF"状态。然后断开 IP112 网关控制器线束插接器。接着，通过操作点火开关使整车处于"READY"上电状态。最后，使用万用表检测 IP112 的 18 号端子、IP112 的 19 号端子（见图 3-8）与车身之间的电压，测得数据参照表 3-3，如果不符合标准，应进行相关电路检测。

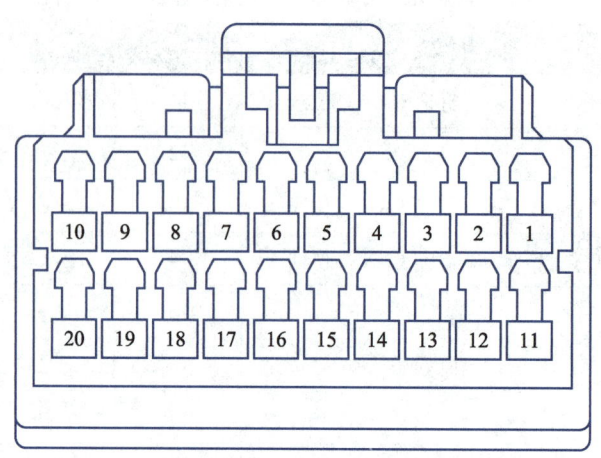

图 3-8   IP112 网关线束插接器

表 3-3   网关控制器电源电路检测标准值

测量端子 1	测量端子 2	端子说明	标准值
IP112（18）	车身搭铁	网关 B+供电	11~14 V
IP112（19）	车身搭铁	网关 IG1 供电	

步骤 5：检查网关控制器搭铁电路是否开路，操作点火开关，将其切换至 "OFF" 状态，断开网关控制器线束插接器 IP112，利用万用表检测 IP112 的 20 号端子与车身之间电阻，测得数据参照表 3-4，如果不符合标准，说明网关控制器搭铁线开路，应进行线束修理或更换。

表 3-4   网关控制器负极电路检测标准值

测量端子 1	测量端子 2	端子说明	标准值
IP112（20）	车身搭铁	网关负极	小于 1 Ω

2）CAN 总线网络完整性检测。在进行 CAN 总线故障排查时，通常会检测同一条 CAN 总线的 CAN_H 和 CAN_L 之间的电阻值，以判断整条 CAN 总线是否存在断路、CAN_H 和 CAN_L 短路或 CAN_H 和 CAN_L 之间存在连接电阻等故障。如果发现故障，可以断开 CAN 总线的中间插头，并继续测量 CAN_H 和 CAN_L 之间的电阻，以缩小故障范围。具体的检测步骤如下。

步骤 1：操作点火开关，将其切换至 "OFF" 状态，并断开蓄电池负极。如果需要，等待 5 min 以上，以确保全车线束无电压，这是进行电阻检测的前提条件。

步骤 2：保持网关控制器线束插接器 IP112 的连接，确保各路 CAN 总线在网关控制器处保持完整连接。使用背插针检测插接器 IP112 中 HB-CAN、IF-CAN、CF-

CAN、CS-CAN 总线的 CAN_H 与 CAN_L 之间的电阻，检测的标准值见表 3-5。

表 3-5 网关控制器各路 CAN 总线 CAN_H 与 CAN_L 之间检测的标准值

测量端子 1	测量端子 2	端子说明	检测的标准值/Ω
IP112(1)	IP112(11)	舒适 CAN_H 与 CAN_L 之间电阻	
IP112(3)	IP112(13)	底盘 CAN_H 与 CAN_L 之间电阻	55~63
IP112(4)	IP112(14)	混动 CAN_H 与 CAN_L 之间电阻	
IP112(6)	IP112(16)	信息娱乐 CAN_H 与 CAN_L 之间电阻	

步骤 3：若万用表的电阻读数在 110~125 Ω 范围内（见图 3-9），或显示为无穷大，则表明对应的 CAN 总线存在断路故障；反之，若万用表的电阻读数小于 55 Ω 或为 0，则暗示该条 CAN 总线在 CAN_H 与 CAN_L 之间存在虚接电阻或 CAN_H 与 CAN_L 之间存在短路故障。应按照顺序断开此条 CAN 总线的中间插头，并继续测量其 CAN_H 与 CAN_L 之间的电阻。以 120 Ω 的终端电阻为参考，逐渐缩小故障范围，直至找到故障的具体位置。

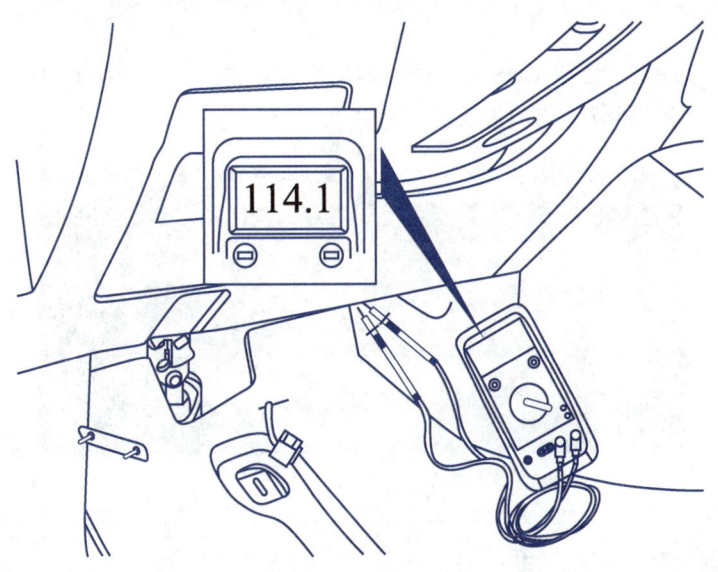

图 3-9 CAN 总线断路时电阻数值

 拓展案例

一、故障现象

一辆吉利几何 A Pro 纯电动汽车行驶了 83462 km，车主反映车辆在行驶中组合仪表报出 TPMS 故障，熄火后车辆无法起动。

二、故障诊断

1）车辆进 4S 店后用故障诊断仪诊断，打开双闪的情况下故障诊断仪无法连入；短接 IG1 继电器，整车强制上电，故障诊断仪连入整车后发现 CF-CAN 为灰色，如图 3-10 所示。

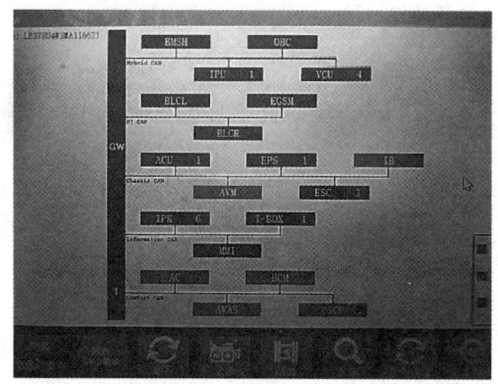

图 3-10　CF-CAN 通信故障

2）读取故障码为 U016487：与空调控制器丢失通信，U014087：与车身控制器通信丢失，U014687：与网关丢失通信，如图 3-11 所示。

故障码	描述	
U016487	与空调控制器丢失通信	当前故障
U014087	与车身控制器通信丢失	当前故障
U014687	与网关丢失通信	当前故障
P1C1E00	IMMO(防盗系统)认证失败导致启动失败	历史故障
P1C2C04	充电机故障等级3(OBCDiagcFailLvl3)	历史故障

图 3-11　故障码

3）根据故障诊断仪读取结果，确定 CF-CAN 存在故障。

4）断开网关插头，使用万用表分别测量网关线束 CA172(1) 号、CA172(11) 号两端子搭铁电压，数值均为 2.5 V，两端子间电阻值为 14 Ω，正常电阻值为 60 Ω，分析为 CF-CAN_H 与 CF-CAN_L 存在虚接。

5）分析电路（见图 3-12），断开 CA01h 插头，再次测量网关 CA172(1) 号、CA172(11) 号电阻为 10 Ω 左右，说明故障在 CA01h 插头上部电路或部件。

6）断开插头 CA84f，测量网关 CA172/1 号、CA172/11 号电阻为无穷大，说明故障在 CA84f 插头至低速报警控制器之间的线束或部件。

7）拆卸前保险杠，发现低速报警控制器线束断裂，CAN_H 和 CAN_L 搭接在一起（见图 3-13），处理线束后故障排除。

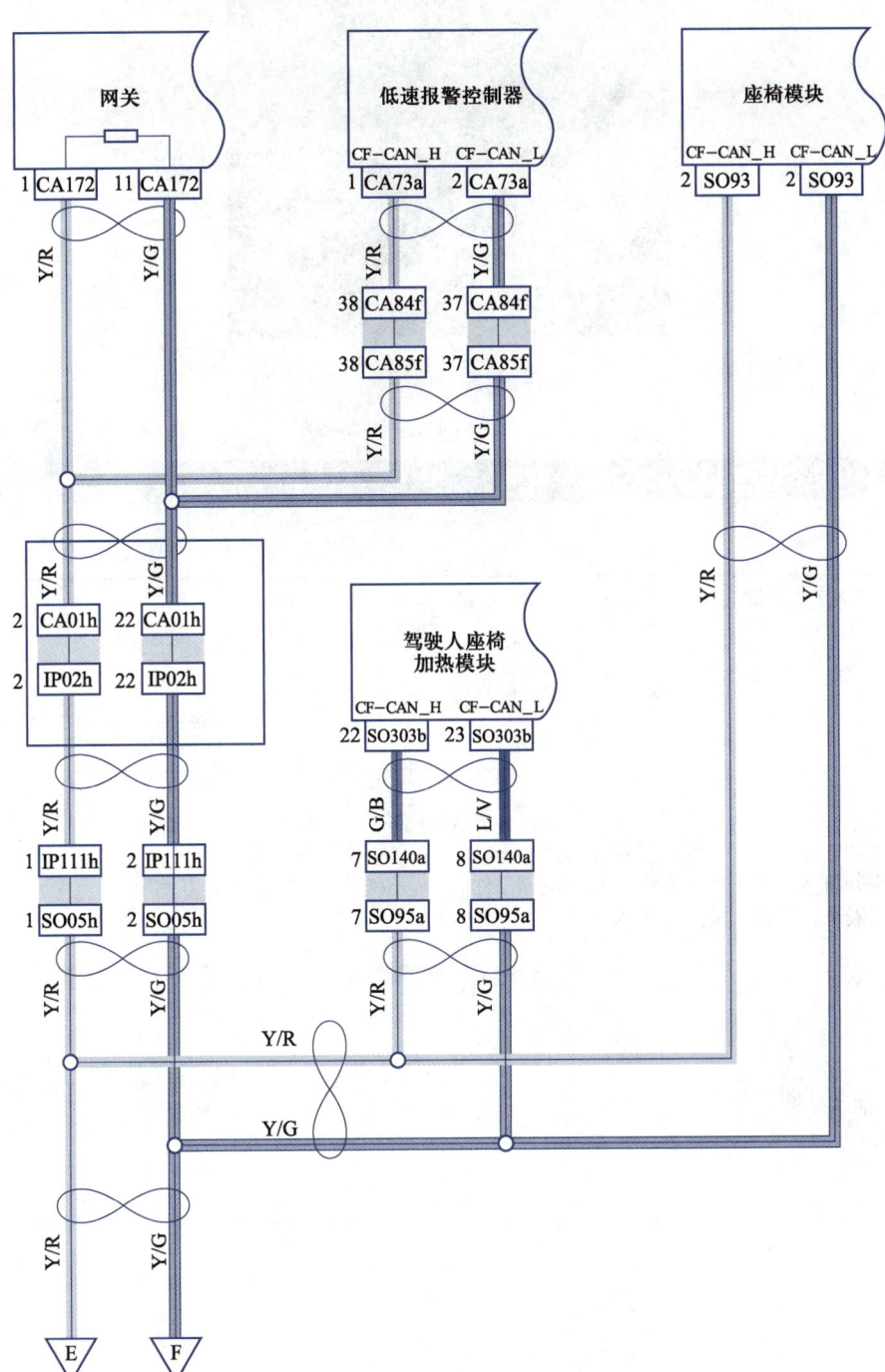

图 3-12　CF-CAN 电路图

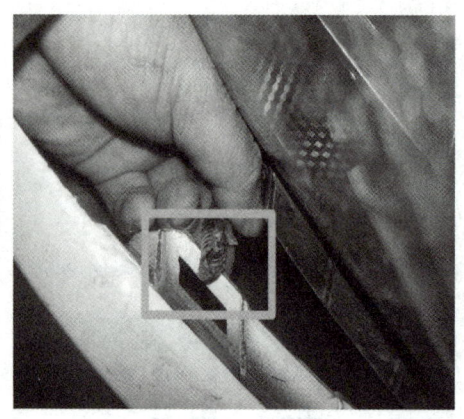

图 3-13　故障点

 任务工单

项目三　车载网络系统故障诊断与排除	小组人员：	
班级：	日期：	指导教师签字：
工作任务一　车载网络控制和网关测量		
VIN：	年次：	12 V 电源系统电压：

任务要求：
1）在实训过程中，不要上电，最好能断开负极，且等待 10 min。
2）在认识各部件安装位置时，禁止插拔插接件。
3）车辆停在举升机上，在车底观察电池和电机等部件时，必须戴好安全帽。
4）设备、工位隔离，禁止无关人员进入

1. 工具、量具

2. 维修资料及辅助材料

3. 制订工作计划及人员分工

4. 工作现场安全准备、检查

续表

5. 本工作任务的结果

6. 现场整理、清洁

7. 本工作任务存在的问题及解决方法

习题

一、单选题

1. 以下选项中（　　）不是车载网络系统的组成。

A. 传输媒体　　　B. 拓扑结构　　　C. 通信协议　　　D. 数据总线

2. 通过一个转发器将每台入网计算机接入网络，每台转发器与相邻两台转发器用物理链路相连，此为（　　）。

A. 环形拓扑结构　　　　　　　B. 星形拓扑结构

C. 线形拓扑结构　　　　　　　D. 三角形拓扑结构

3. 以一台中心处理机为主组成的网络，各种类型的入网机均与该中心处理机有物理链路直接相连，此为（　　）。

A. 环形拓扑结构　　　　　　　B. 星形拓扑结构

C. 线形拓扑结构　　　　　　　D. 三角形拓扑结构

4. 将所有的入网计算机通过分接头接入一条载波传输线上，此为（　　）。

A. 环形拓扑结构　　　　　　　B. 星形拓扑结构

C. 线形拓扑结构　　　　　　　D. 三角形拓扑结构

5. 站在车企的角度，汽车上采用数据总线的原因是（　　）。

A. 提高技术含量　　　　　　　B. 降低生产成本

C. 降低维修难度　　　　　　　D. 便于用户使用

二、判断题

1. 汽车上的总线传输系统（车载网络）是一种局域网。　　　　　　（　　）

2. 局域网一般的数据传输速度为 105 Mbit/s~1 Gbit/s，传输距离在 250 m 范围内，误码率低。　　　　　　　　　　　　　　　　　　　　　　　　（　　）

3. 当采用两条导线时，将它们绞在一起成为双绞线，是为了使传输信号更可靠。

　　　　　　　　　　　　　　　　　　　　　　　　　　　　　　（　　）

4. 比特率越高，单位时间传送的数据量（位数）越少。　　　　　（　　）

5. 星形拓扑结构的一个节点出现故障可能会全网终止运行，因此可靠性较差。
　　　　　　　　　　　　　　　　　　　　　　　　　　　　　（　　）

任务二　CAN 总线故障诊断与排除

 任务引入

一辆吉利几何 C 型纯电动汽车行驶中突然下电，12V 电气系统工作正常，"READY" 灯无法点亮。如果你是一名新能源汽车维修技师，你会如何诊断此故障呢？通过本任务的学习，能使用示波器规范测量高速 CAN 总线波形，能识别高速 CAN 总线正常波形、故障波形，能检测高速 CAN 总线电路故障；建立 CAN 总线诊断思路，并规范实施车辆故障检测作业。

 任务目标

知识目标：

1. 掌握高速 CAN 总线波形特征。

2. 能正确识读高速 CAN 总线电路图。

技能目标：

1. 能够使用示波器规范测量高速 CAN 总线波形。

2. 能够根据维修手册的要求进行高速 CAN 总线电路测量。

职业素养目标：

1. 严格执行汽车检修规范，养成严谨科学的工作态度。

2. 尊重他人劳动，不窃取他人成果。

3. 养成总结训练结果的习惯，为下次训练积累经验。

4. 养成团结协作精神。

5. 严格执行 5S 现场管理。

 相关知识

一、CAN 总线的结构

CAN 总线系统中每个控制单元内部都有一个 CAN 控制器、一个 CAN 收发器，有些模块内还安装有终端电阻，其组成如图 3-14 所示。

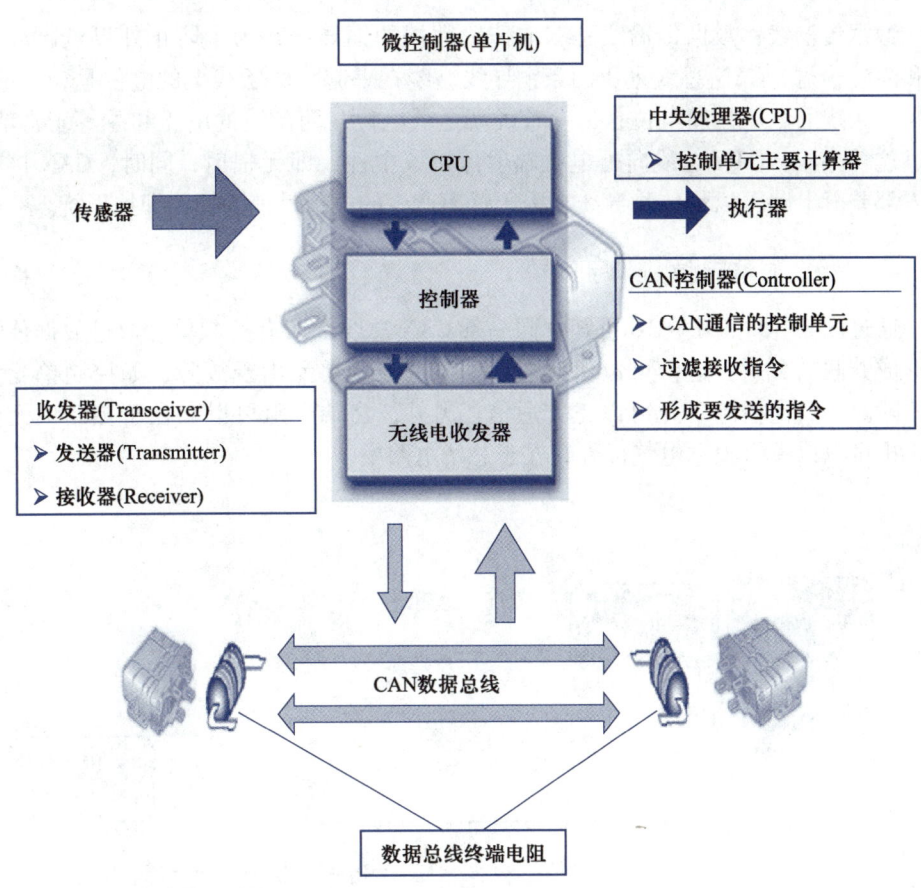

图 3-14　CAN 总线系统的组成

CAN 控制器：CAN 控制器的作用是接收控制单元中微处理器发出的数据，处理数据并传送给 CAN 收发器。同时，CAN 控制器也接收来自收发器的数据，处理数据并传送给微处理器。通过 CAN 总线进行的所有通信都要由控制单元进行监控，控制单元根据预先给定的时间节拍发出数据并且对接收到的数据进行检测。

CAN 收发器：CAN 收发器是一个接收器和发送器的组合，接收器采集数据总线上电压信号，转换成数据传送给 CAN 控制器；发送器接收 CAN 控制器数据，通过自身电路改变数据总线上的电压信号，从而将数据发送给其他控制单元。

终端电阻：数据传输线的终端存在一个电阻，电阻两端分别连接数据传输线 CAN_H 与 CAN_L，其作用是数据传输中避免电信号到达终了产生反射波而使数据发生错乱。在低速 CAN 总线中，每个模块内部都存在终端电阻，阻值大小并未统一，不利于电路故障排查阻值进行参照；而在高速 CAN 总线中，控制单元内部的终端电阻通过电路隔离的方法仅保留两个终端电阻可以被检测到，每个终端电阻的阻值均为 120 Ω，所以在总线电路完好的情况下可以测得高速 CAN 总线的 CAN_H 与 CAN_L 之间的电阻为 60 Ω。

数据传输线：数据传输线是双向传输数据的铜导线，为了防止外界电磁波干扰和向外辐射，CAN 总线采用两条铜导线缠绕在一起，两条线上的电位是相反的，如果一条线的电压是高电位，另一条线就是低电位，两条线的电压和总等于常值。通过这种办法，CAN 总线向外电磁辐射保持了中性，即无辐射；同时，CAN 接收器内部差分电路可以将传输导线上因干扰而产生的电信号消除掉，即抗干扰。

二、CAN 总线电路的特点

通过图 3-15 和图 3-16 可知，同一条 CAN 总线上所有控制单元通过数据传输线形成并联的关系，这样可以保证总线中某一控制单元出现故障，如控制单元供电故障时，其他控制单元可以正常通信。另外，终端电阻可以存在于控制单元内部，也可以以一个独立电气部件存在于总线电路中。

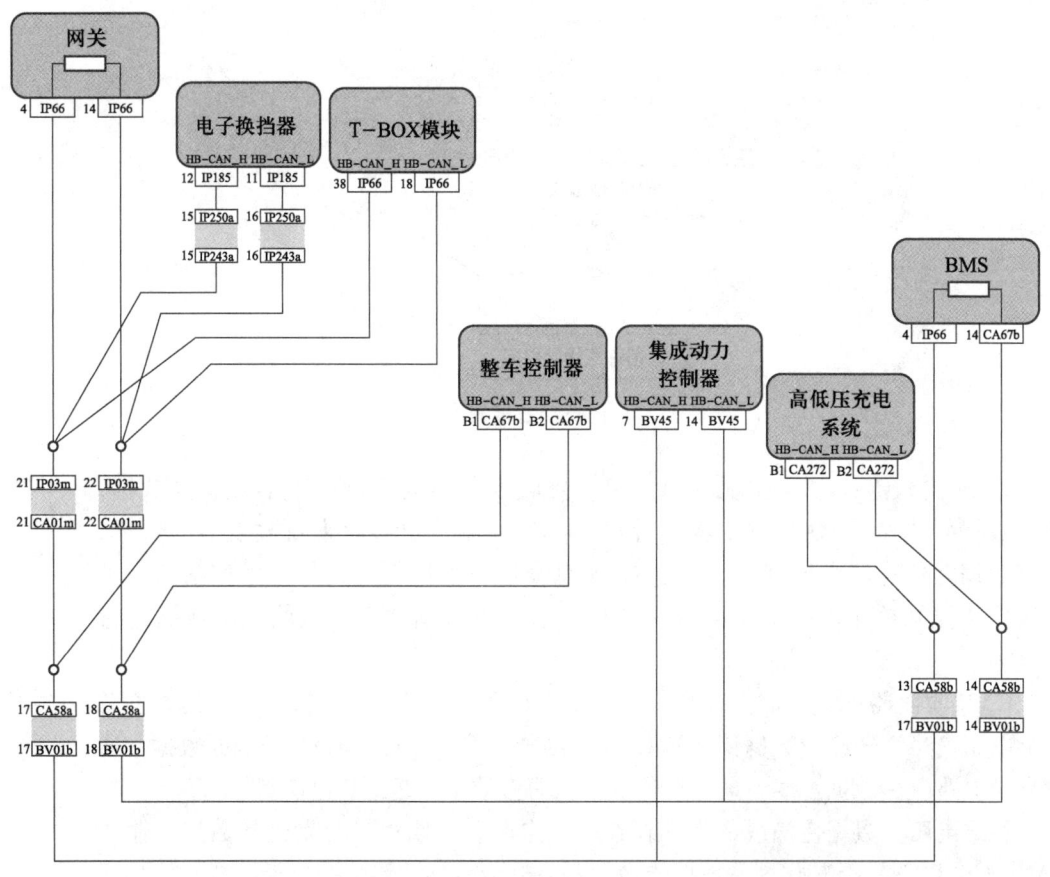

图 3-15　吉利几何 C 型汽车 HB-CAN 电路图

因高速 CAN 总线有两个明确的终端电阻，且阻值均为 120 Ω，在排查高速 CAN 总线常见故障时可采用电阻法，常见故障与电阻的关系见表 3-6。

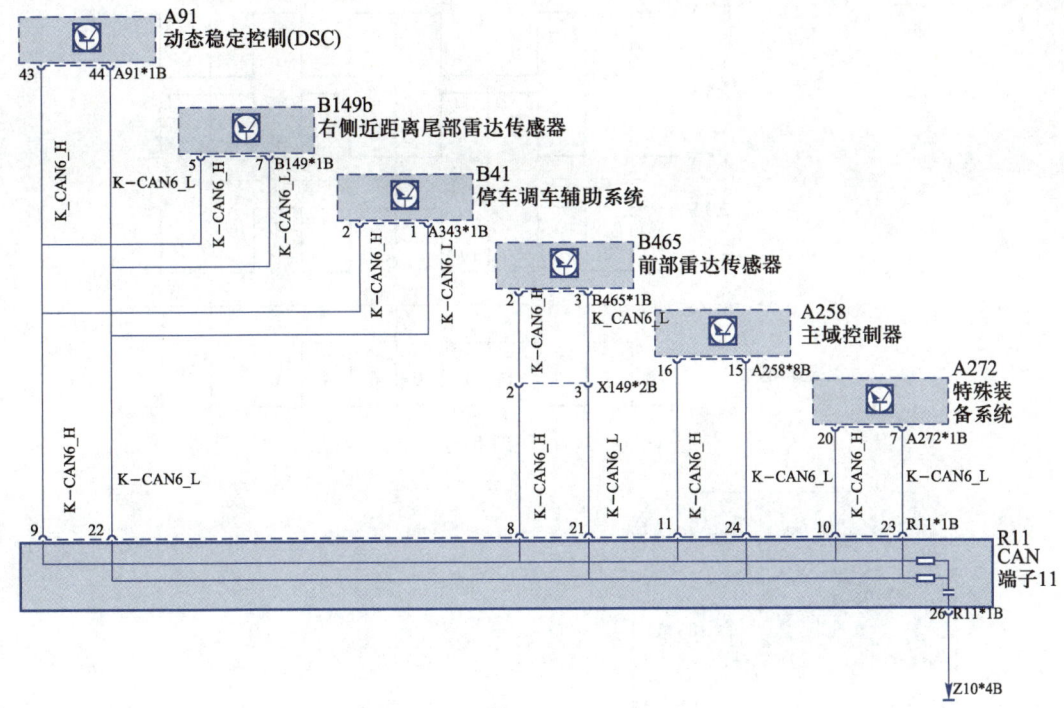

图 3-16　宝马 G38 汽车 K-CAN6 电路图

表 3-6　CAN 总线常见故障与电阻的关系

故障类型	CAN_H 与 CAN_L 间电阻/Ω	CAN_H 与搭铁间电阻/Ω	CAN_L 与搭铁间电阻/Ω
正常	60	无穷大	无穷大
CAN_H 或 CAN_L 断路	120 或无穷大	无穷大	无穷大
CAN_H 与 CAN_L 之间短路	0	无穷大	无穷大
CAN_H 与搭铁短路	60	0	60
CAN_L 与搭铁短路	60	60	0

三、CAN 总线的波形

CAN 总线分为 CAN 高（CAN_H）和 CAN 低（CAN_L）数据线，搭铁电压分别用 U_{CAN_H} 和 U_{CAN_L} 表示，它们之间的差值称为差分电压 U_{diff}，即 $U_{diff} = U_{CAN\_H} - U_{CAN\_L}$。当 $0.9\,V < U_{diff} < 5.0\,V$ 时，表示逻辑数字"0"，当前传送的数据位被称为"显性"位；当 $-0.1\,V < U_{diff} < 0.5\,V$ 时，表示逻辑数字"1"，当前传送的数据位被称为"隐性"位，电压波形与逻辑电平定义如图 3-17 所示。

在总线系统维修中，U_{CAN_H} 和 U_{CAN_L} 对地电压波形常使用示波器进行测量，正常电压变化是由 CAN 控制器内部发送器电路实现的，电路原理图如图 3-18 所示。

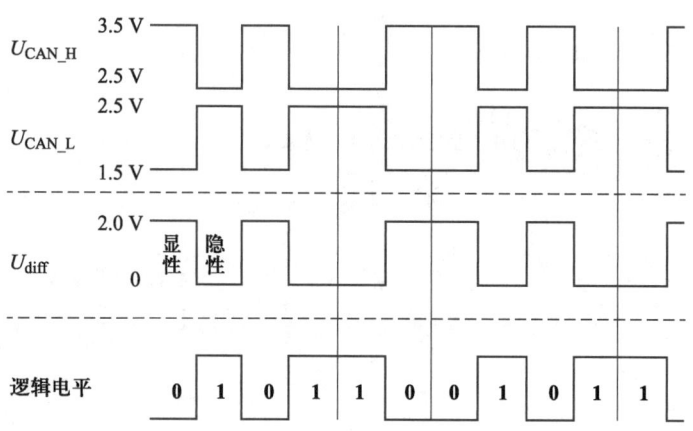

图 3-17　电压波形与逻辑电平定义

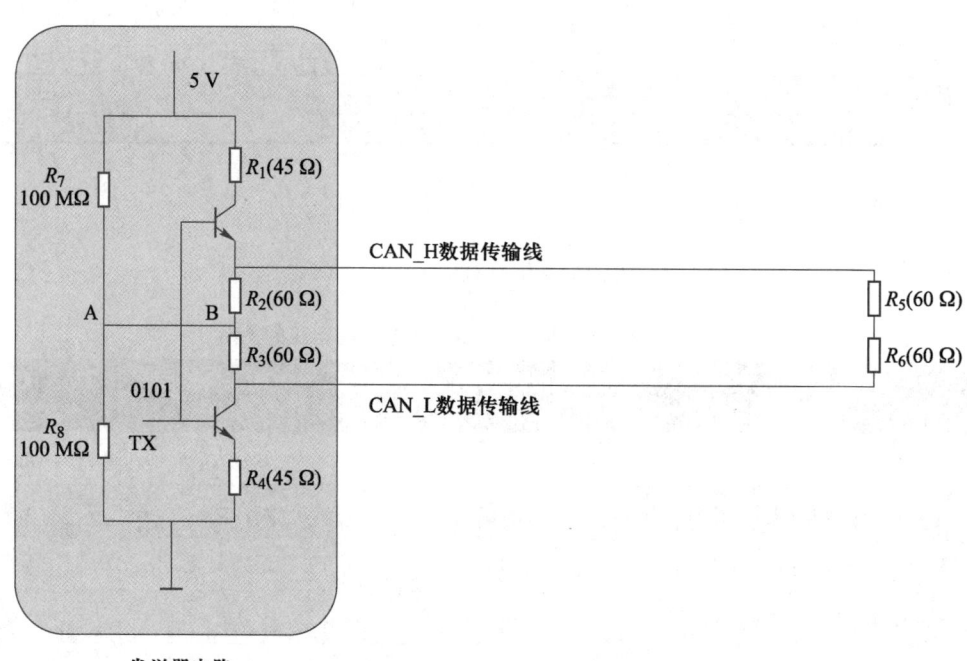

图 3-18　发射器电路原理图

在图 3-18 所示中，R_7 和 R_8 串联，共同分担 5 V 的电压，由于 R_7 和 R_8 的存在，当数据传输线出现短路故障时，不会损坏控制单元内部电路。R_1、R_2、R_3、R_4 串联，与 R_7、R_8 的电路形成并联，所以，R_1、R_2、R_3、R_4 共同分担 5 V 的电压。电路中点 A 对地电压为 2.5 V。当晶体导通时，点 B 对地电压也为 2.5 V，晶体管到同时 A、B 连点电势相同。

R_2 与 R_3 之和为控制单元内部的终端电阻，而 R_5 与 R_6 之和是另一个终端电阻。理论上，所有控制单元都具备发送电路，并都配备了终端电阻，为了方便电路检测，并便于排查电路故障，通过电路隔离的技术，使其他控制单元内部 CAN_H 和 CAN_L 之间的电阻值变为无穷大，一条高速 CAN 总线系统中仅保留两个终端电阻可被检测到。

两个晶体管由控制器同时控制，需要发送"**0**"时，晶体管导通，需要发送"**1**"时，晶体管截止，从而改变 CAN_H 和 CAN_L 数据传输线上的电压。

当发送"0"时，控制器为 TX 号端子提供电压，两个晶体管同时导通。此时，CAN_H 对地的电压实际是终端电阻并联后与 R_4 串联的电路分得的电压：$5\div(45+60+45)\times(60+45)\,V=3.5\,V$；CAN_L 对地的电压则为 R_4 分得的电压：$5\div(45+60+45)\times45\,V=1.5\,V$。

发送"1"时，控制器停止为 TX 号端子供电，两个晶体管同时截止，R_1、R_2、R_3、R_4 中无电流，无电压降，整体形成一个等势体。由于中间导线连接点 A 和点 B，等势体对地的电压实际是 R_8 分得的电压，即 $2.5\,V$。因此，CAN_H 和 CAN_L 对地电压均为 $2.5\,V$。

终端电阻的阻值以及 CAN_H、CAN_L 数据传输线的阻值会影响 CAN_H 对搭铁、CAN_L 对搭铁的实际电压。因此，可以通过 CAN 总线的波形判断故障类型。

四、CAN 总线的诊断与维修

1. CAN 总线诊断步骤

进行 CAN 总线故障诊断时，一般会结合故障现象、电气原理、故障诊断仪故障码提示分析可能故障原因，借用示波器和万用表进行电路检测，锁定故障范围，直至找到故障点，具体操作步骤如下。

步骤 1：确认故障现象，分析故障现象在电气控制原理、电路、总线通信上的联系，判断是否存在 CAN 总线故障的可能。

步骤 2：利用故障诊断仪进行车辆检测，故障诊断仪不仅可以获取故障码，还可以读取数据流以及进行动作测试，通过故障诊断仪可以直接或间接地判断全车控制单元通信是否正常。

当全车所有控制单元均无法通信时，应优先排查故障诊断仪与车辆诊断接口的连接、故障诊断仪软件版本；如以上排查均无法排除故障，应排查网关故障。

当只有一个控制单元无法通信时，应优先排查此控制单元的供电回路。

当同一条 CAN 总线所有控制单元均无法通信时，应优先排查此 CAN 总线数据传输线路故障。

当多个控制单元无法通信，且不在同一条 CAN 总线上时，应优先排查无法通信的控制单元的公共供电和公共搭铁。

步骤 3：使用示波器测量 CAN 总线波形，示波器采集实车总线波形，与标准波形对比可以确定 CAN 总线是否存在故障，如果存在故障，还可以确定故障类型；因为常见 CAN 总线故障（如数据传输线断路、高速 CAN_H 与 CAN_L 相互短路、高速 CAN_H 或 CAN_L 对搭铁短路、高速 CAN_H 或 CAN_L 对电源短路）总线波形均有明显的特征。

步骤 4：使用万用表进行总线电路检测，依据总线故障类型，结合总线电路、终端电阻的特点，使用电阻法缩小故障范围，直至确定故障点。

步骤5：按照维修手册的技术规范进行总线电路维修或控制单元更换编程等。

步骤6：核实故障恢复情况，确认车辆功能恢复正常后，删除故障码，如有必要，对控制单元进行编程或设码，对电气功能进行初始化。

2. CAN 总线故障预防与修理规范

为确保 CAN 总线的正常运行和延长使用寿命，应遵守一系列故障预防和修理规范。在对 CAN 总线线束进行检查和测量时，切勿拉伸 CAN 总线线束，以避免损坏导线和插接器。同时，在进行线束连接或拆卸时，应避免将 CAN 总线 CAN_H、CAN_L 双绞线拆开超过 4 cm，以防止干扰和信号传输错误。在进行故障诊断时，建议使用厂家推荐的故障诊断仪，以确保诊断结果的准确。

当需要修复 CAN 总线断路故障时，务必采用铰接的方式进行连接，以确保连接的稳定性和可靠性。如果 CAN 总线发生断路故障，导线连接部位的长度不能超过 50 mm，以避免连接不牢固或信号传输衰减和中断等问题。此外，断路部位有两处以上且两处断路点之间的距离超过 100 mm 才允许修理；否则，需要更换 CAN 总线导线。

任务实施

一、任务准备

安全防护：做好车辆高压安全防护与隔离，做好人员防护。

工具准备：数字万用表、示波器、绝缘防护用品、绝缘工具套装、常规工具套装。

台架车辆：吉利几何 C 型纯电动汽车。

辅助资料：说明书、维修手册等。

二、实施步骤

1. 高速 CAN 总线实车波形测量

通过实车检测 CAN 总线的实时波形，可以分析 CAN_H 和 CAN_L 的高低电位以及它们之间的相对关系，以判断 CAN 总线是否存在故障。如果存在故障，还可以确定故障的类型。为此，需要准备一台双通道示波器。将两个通道的红表笔分别连接到 CAN 总线的 CAN_H 和 CAN_L 数据线上，同时将黑表笔连接到车身搭铁。示波器的幅值设置为 1 V/格，周期设置为 20 μs/格。确保车辆通电使总线系统工作后，可以获得图 3-19 所示的总线波形。

2. 高速 CAN 总线波形分析

使用双通道示波器测得高速 CAN 总线波形后，应着重观察 CAN_H、CAN_L 电压变化的同步关系，以及各自高低电位的具体电压值，因为 CAN 总线的故障会导致电路发生变化，因此每种电路故障将有独特的波形特征，以下是高速 CAN 总线正常波形以及常见六种故障波形特征。

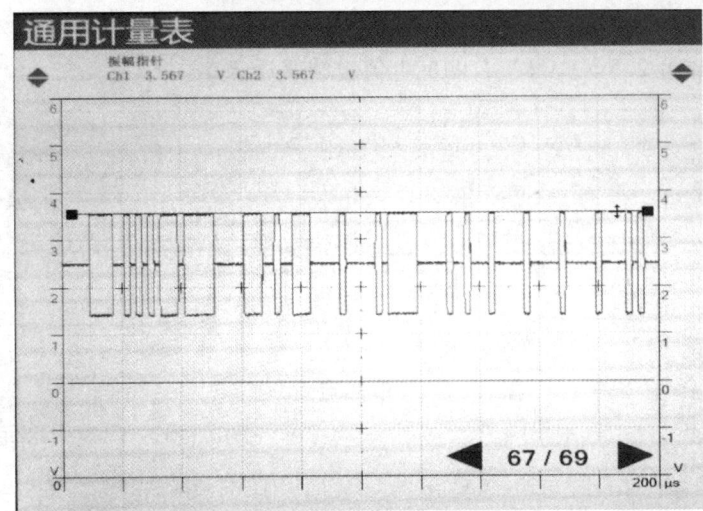

图 3-19　高速 CAN 总线实测波形

正常波形（见图 3-20）：当 CAN_H 为高电位时，CAN_L 为低电位；当 CAN_H 为低电位时，CAN_L 为高电位。CAN_H 的高电位在 3.5 V 左右，低电位为 2.5 V；CAN_L 的高电位为 2.5 V，低电位在 1.5 V 左右。

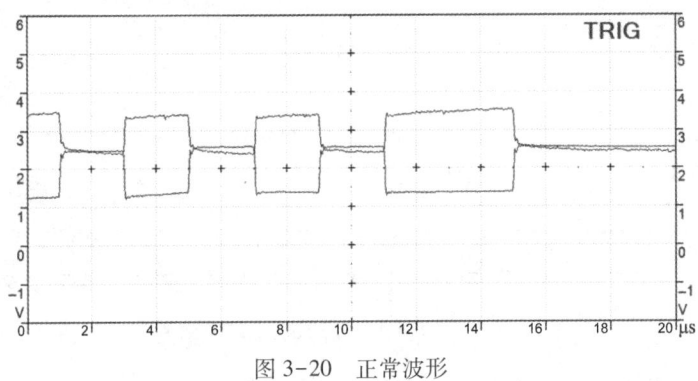

图 3-20　正常波形

CAN_H 与 CAN_L 相互短路故障波形（见图 3-21）：CAN_H 与 CAN_L 波形电压始终一样，伴有波动，电压值趋于 2.5 V。

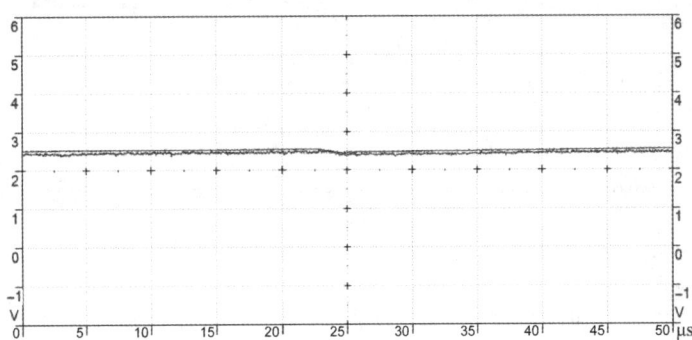

图 3-21　CAN_H 与 CAN_L 相互短路故障波形

CAN_H 与 CAN_L 之间虚接故障波形（见图 3-22）：虚接电阻越小，CAN_H 的高电位越靠近 2.5 V，CAN_L 的低电位也越靠近 2.5 V。

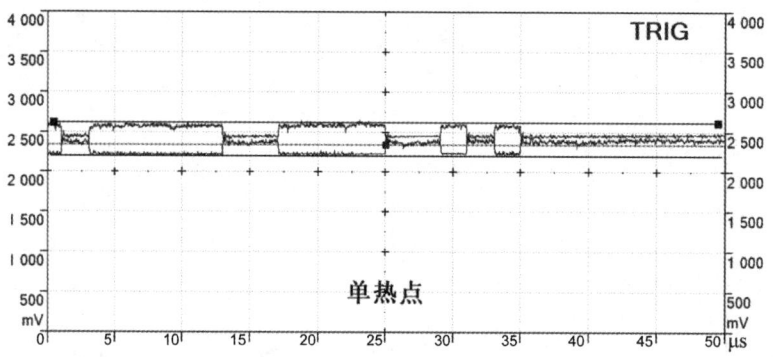

图 3-22 CAN_H 与 CAN_L 之间虚接故障波形

CAN_L 对搭铁短路故障波形（见图 3-23）：CAN_L 电压始终为 0，CAN_H 电压在 0 的基础上偶有上拉。

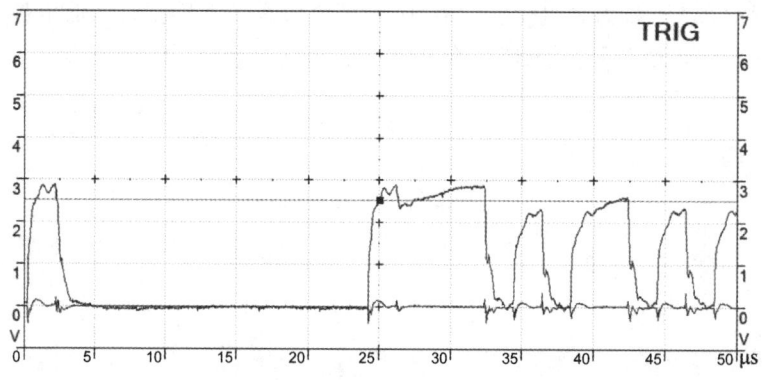

图 3-23 CAN_L 对搭铁短路故障波形

CAN_H 对搭铁短路故障波形（见图 3-24）：CAN_H 电压始终为 0，CAN_L 电压在 0 的基础上偶有下拉。

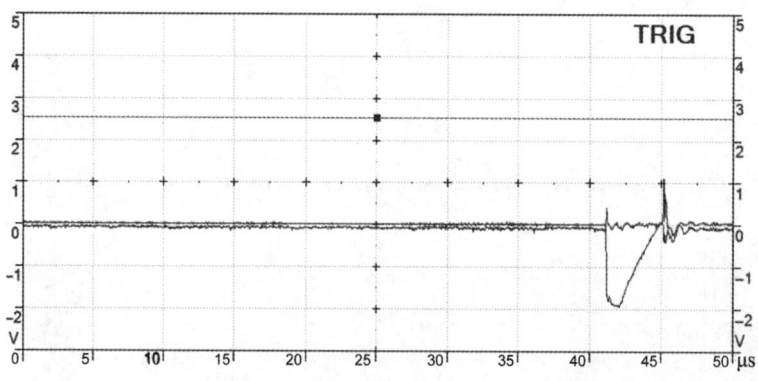

图 3-24 CAN_H 对搭铁短路故障波形

CAN_H 对正极短路故障波形（见图 3-25）：CAN_H 电压始终为 12 V，CAN_L 电压在 12 V 的基础上偶有下拉。

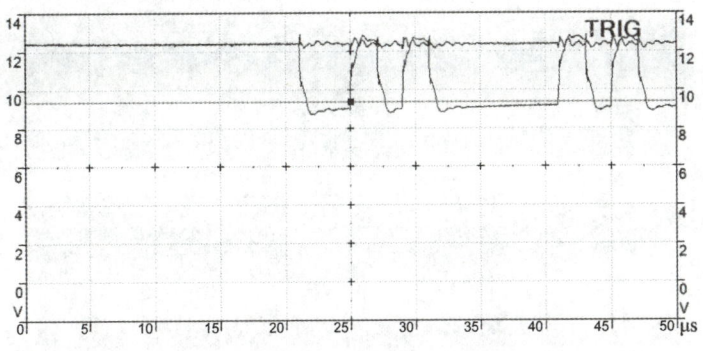

图 3-25　CAN_H 对正极短路故障波形

CAN_L 对正极短路故障波形（见图 3-26）：CAN_L 电压始终为 12 V，由于电路中低电位部分与电源短路，所以 CAN_H 电压也维持在 12 V 左右。

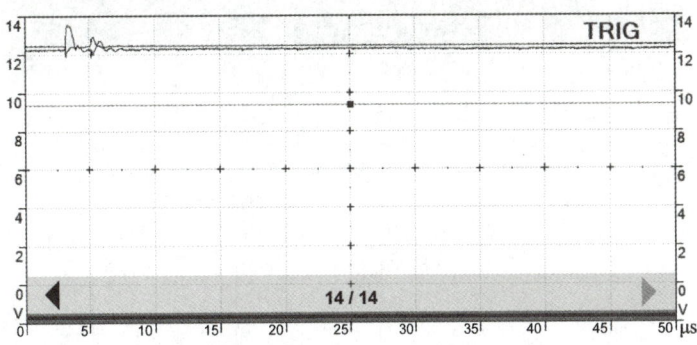

图 3-26　CAN_L 对正极短路故障波形

 拓展案例

一、故障现象

一辆吉利几何 C 型纯电动汽车行驶中突然下电，仪表点亮正常、动力蓄电池电路无显示、续驶里程无显示，"READY" 灯无法点亮，车辆无法再次上电，12 V 电气系统工作正常。

二、故障诊断

1）连接故障诊断仪读取系统故障信息，IPU 故障码为 U111487，与整车控制器通信丢失；BCM 故障码为 U111487，与整车控制模块通信丢失；整车控制器故障码为 U006488，新能源 CAN 总线关闭故障（见图 3-27）。根据故障码，初步判断为 HB-CAN 总线故障。

2）使用双通道示波器，在网关处检测 HB-CAN 总线波形，波形图如图 3-28

所示，通过波形图可知，HB-CAN_H 与 HB-CAN_L 电压相同，电压值为 2.5 V，此波形符合 HB-CAN_H 与 HB-CAN_L 相互短路的特征。

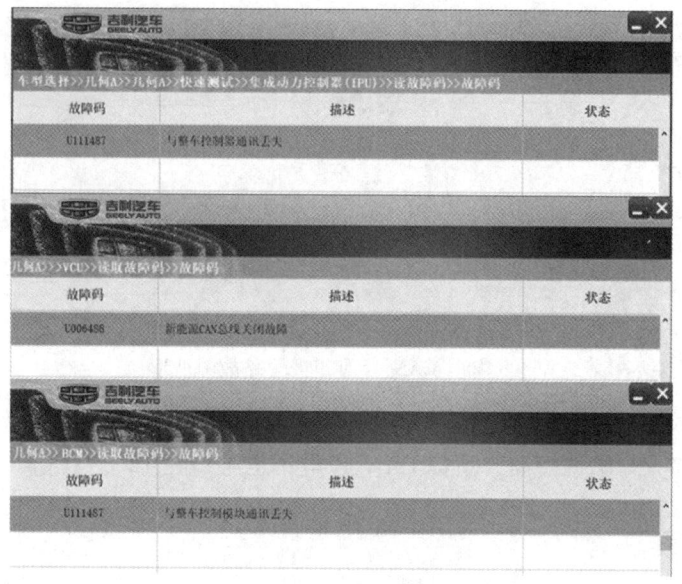

图 3-27　故障码

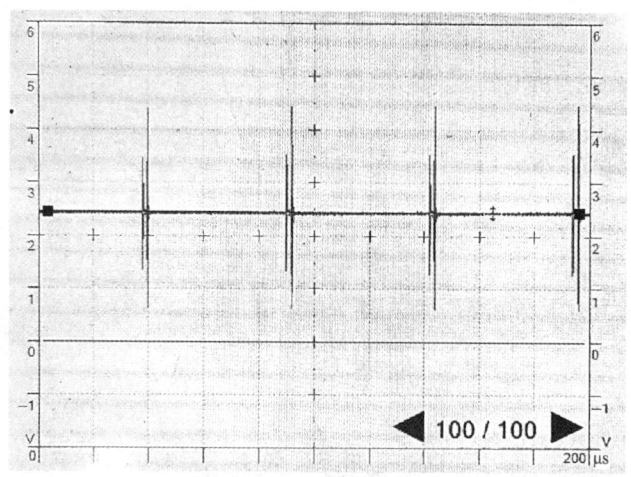

图 3-28　HB-CAN 总线故障波形

3）使用万用表在网关处检测 HB-CAN_H 与 HB-CAN_L 间电阻为 0.6 Ω，确定 HB-CAN_H 与 HB-CAN_L 存在相互短路。

4）分析电路图 3-29，由于 HB-CAN 总线涉及三大线束（仪表线束、前舱线束和动力线束）和七个模块，故障范围很广，采用逐一断开 HB-CAN 总线线束插头或模块的方法进行排查；当断开 CA01m 与 IP03m 时，测得 CA01m(21) 与 CA01m(22) 之间的电阻为 120 Ω，正常；测得 IP03m(21) 与 IP03m(22) 之间的电阻为 0.3 Ω，说明故障在网关、电子换挡器和 T-BOX 及其相关电路上。

5）依据电路图，继续断开线束中间插头，当断开 IP250a 与 IP243a 的连接时，发现端子有明显发霉、氧化（见图 3-30），清洁 IP250a 与 IP243a 的插接器及端子后，测量 IP03m（21）与 IP03m（22）之间的电阻为 120 Ω，故障排除。

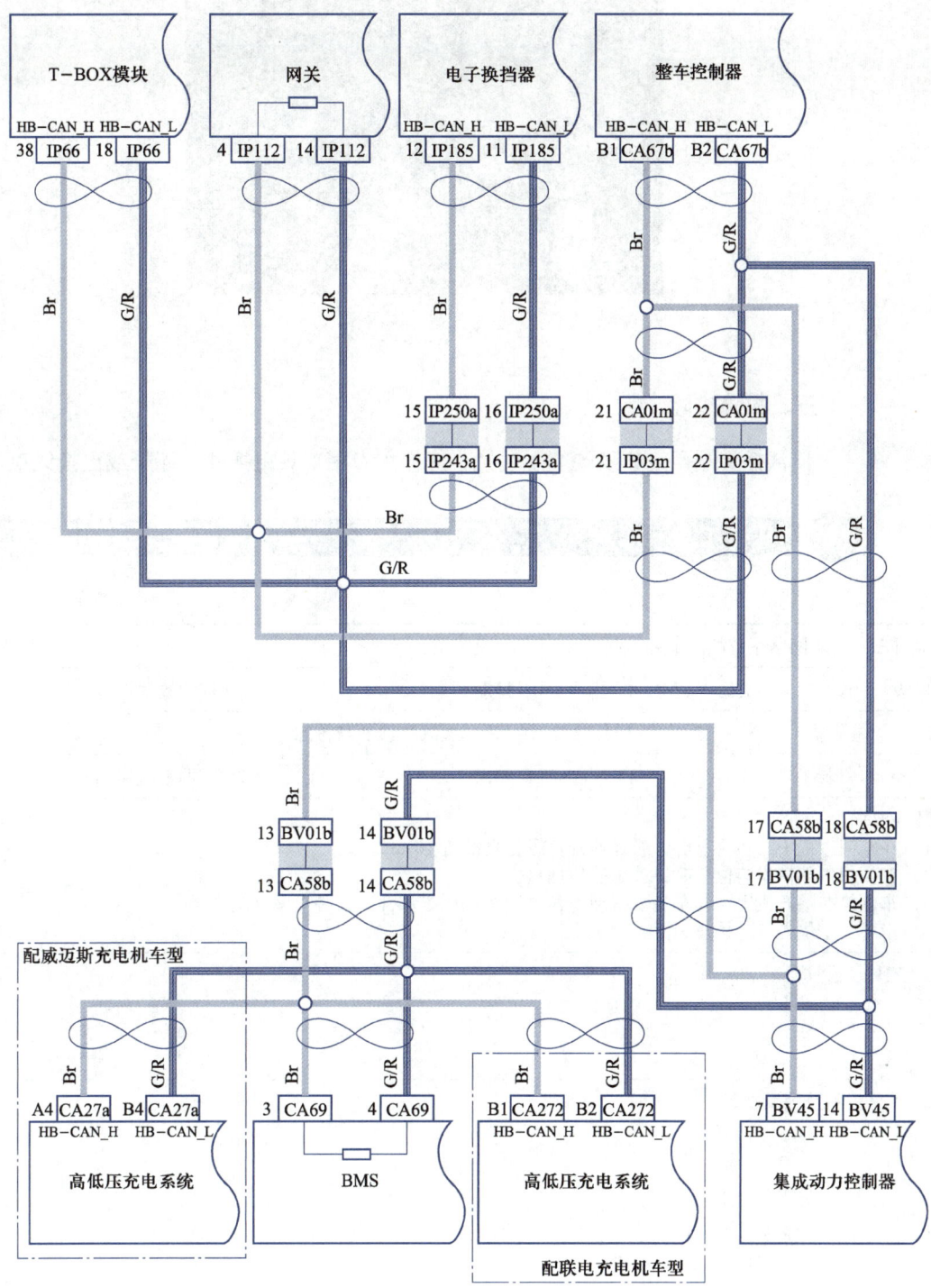

图 3-29　HB-CAN 电路图

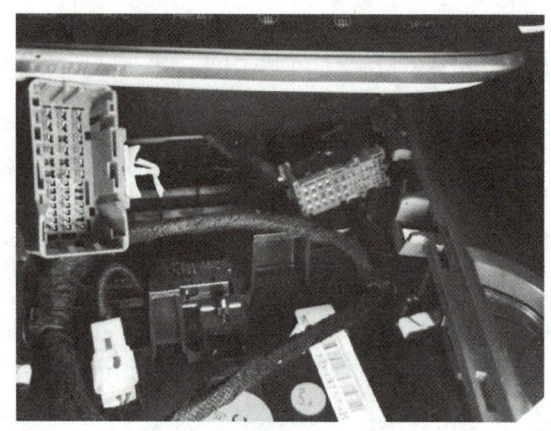

图 3-30　故障位置

三、故障排除

清洁插头端子，如发现端子锈蚀，应使用专用工具更换插头端子或更换线束。

 任务工单

项目三　车载网络系统故障诊断与排除	小组人员：	
班级：	日期：	指导教师签字：
工作任务二　CAN 总线故障诊断与排除		
VIN：	年次：	12 V 电源系统电压：

任务要求：
1）在实训过程中，不要上电，最好断开负极，且等待 10 min。
2）在认识各部件安装位置时，禁止插拔插接件。
3）车辆停在举升机上，在车底观察动力蓄电池和电机等部件时，必须戴好安全帽。
4）设备、工位隔离，禁止无关人员进入

1. 工具、量具

2. 维修资料及辅助材料

3. 制订工作计划及人员分工

续表

4. 工作现场安全准备、检查

5. 本工作任务的结果

6. 现场整理、清洁

7. 本工作任务存在的问题及解决方法

习题

一、填空题

1. 高速 CAN 总线 CAN_H 的高电位为_____V，低电位为_____V；CAN_L 的高电位为_____V，低电位为_____V；CAN_H 与 CAN_L 在任何时候电压之和均为_____V。

2. 高速 CAN 总线有_____个终端电阻，每个终端电阻为_____Ω，正常情况下，使用万用表检测 CAN_H 与 CAN_L 之间的电阻为_____Ω。

3. 使用示波器检测波形时，当波形太低，应调节_____，并且将数值往_____（大/小）调；当波形太密集，应调节_____，并且将数值往_____（大/小）调。

二、单选题

1. 在 CAN 总线中，为了防止数据在高速传输终了时产生反射波，需要在网络中配置（　　）。

　　A. 终端电阻　　　　B. CAN 发送器　　　　C. CAN 接收器　　　　D. 网关

2. 每个终端电阻的阻值是（　　）。

　　A. 120 Ω　　　　B. 100 Ω　　　　C. 80 Ω　　　　D. 60 Ω

3. 高速 CAN 总线和低速 CAN 总线之间由于传输速率不同，它们之间需要通过（　　）进行转换。

　　A. 控制单元　　　　B. 终端电阻　　　　C. 收发器　　　　D. 网关

4. CAN 总线是（　　）拓扑结构。

　　A. 星形网络　　　　B. 环形网络　　　　C. 网形网络　　　　D. 线形网络

5. 关于终端电阻，下列说法正确的是（　　）。

A. 高速 CAN 总线每个模块都有终端电阻

B. 低速 CAN 总线每个模块都有终端电阻，并且每个都是 120 Ω

C. 高速 CAN 总线只有两个终端电阻并联，并且每个都是 120 Ω

D. 低速 CAN 总线只有两个终端电阻并联，并且每个都是 120 Ω

 **LIN 总线故障诊断与排除**

 任务引入

　　一辆吉利几何 C 型纯电动汽车，主驾驶人侧组合开关无法控制左后门玻璃升降器动作。作为一名新能源汽车维修技师，你会使用专用设备、工具进行诊断与排查吗？通过本任务的学习能够了解 LIN 总线的技术特征、结构、数据传输原理，能够掌握 LIN 总线故障检测与诊断。

 任务目标

知识目标：

1. 了解 LIN 总线的技术特征。

2. 掌握 LIN 总线数据传输原理。

技能目标：

1. 能够掌握 LIN 总线波形测量和分析。

2. 能够进行 LIN 总线电路检测。

职业素养目标：

1. 严格执行汽车检修规范，养成严谨科学的工作态度。

2. 尊重他人劳动，不窃取他人成果。

3. 养成总结训练结果的习惯，为下次训练积累经验。

4. 养成团结协作精神。

5. 严格执行 5S 现场管理。

 相关知识

　　LIN 总线采用低成本的单线连接，传输速度最高可达 20 kbit/s，它的媒体访问采用单主多从的机制，不需要进行仲裁，在从节点中不需要晶体振荡器而能进行自同步，其采用 8 位单片机，这极大地减少了硬件平台的成本。LIN 总线主要目的是为现有汽车网络的 CAN 总线提供辅助。

一、LIN 主控单元

由于一个 LIN 总线通常由一个主控单元、一个或多个从控单元组成，所以 LIN 总线是主从式控制结构。各个 LIN 主控单元是 CAN 总线上的节点，并具有 CAN/ LIN 网关的作用，LIN 主控单元的具体作用如下：

1）LIN 主控单元监控数据传递情况及数据传递速率，发送信息标题。

2）在 LIN 主控单元的软件内已设定了一个周期，这个周期用于决定何时将哪些信息发送到 LIN 总线上多少次。

3）LIN 主控单元在 LIN 总线与 CAN 总线之间起沟通作用，它是 LIN 总线中唯一与 CAN 数据总线相连的控制单元。

4）通过 LIN 主控单元进行与之相连的 LIN 从控单元自诊断。

二、LIN 从控单元

在 LIN 总线内，单个控制单元（如鼓风机控制器）或传感器及执行元件（空调通风风门电机）都可以看作 LIN 从控单元。

传感器内集成有一个电子装置，该装置对测量值进行分析。数值以数字信号通过 LIN 总线传递的。有些传感器和执行元件只使用 LIN 主控单元插口上的一个端子。

LIN 执行元件都是智能型的电子或机电部件，这些部件通过 LIN 主控单元的 LIN 数字信号接收任务。

LIN 主控单元通过集成的传感器来获知执行元件的实际状态，然后就可以进行规定状态和实际状态的对比。

三、LIN 总线数据传输原理

LIN 总线传输数据线是单线，最长可达 40 m。在主控单元内配置 1 kΩ 电阻，由车载电源系统提供 12 V 电源，每个控制单元都可以通过内部发送器拉低总线电压。LIN 总线驱动器电路原理图如图 3-31 所示。

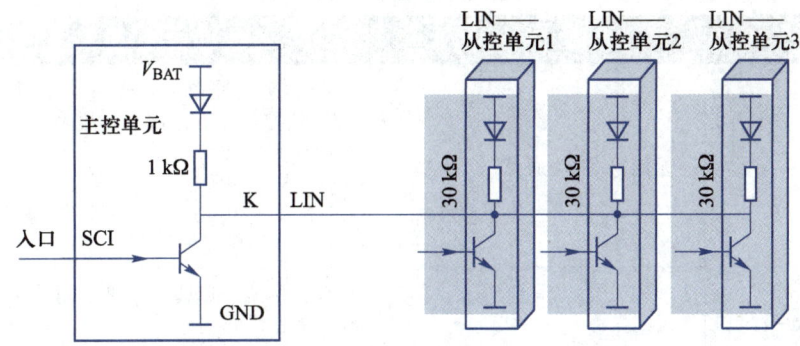

图 3-31　LIN 总线驱动器电路原理图

1）每个从控单元内部提供一个 12 V 的车载电压，经过一个保护电阻连接一个晶体管搭铁，在晶体管上游引出一根导线，这个就是 LIN 总线。

2）当有控制单元需要发送信息时，控制单元内部将驱动晶体管，使驱动电路与搭铁形成回路，因为晶体管 PN 节的电压降只有 0.7 V 左右，所以所有控制单元检测到 LIN 总线上的电压均为 0.7 V 左右。

3）当所有控制单元都不发送信息时，LIN 总线上的电压将一直维持在 12 V 车载电压，LIN 总线正常波形如图 3-32 所示。

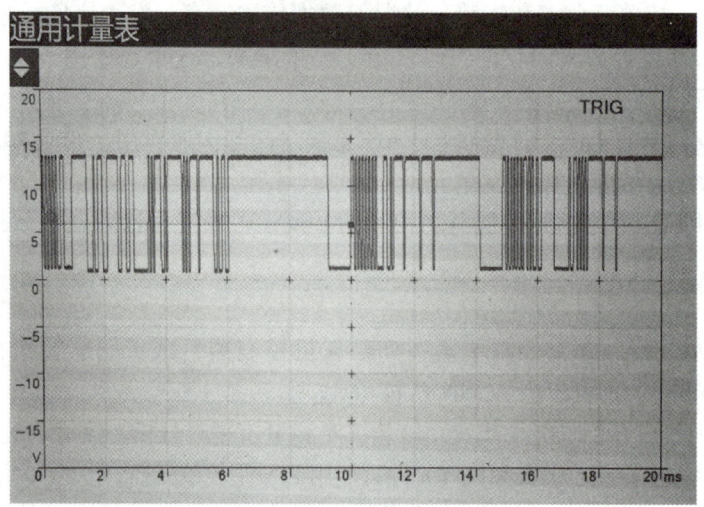

图 3-32　LIN 总线正常波形

四、LIN 总线诊断

当 LIN 总线出现故障时，可使用示波器和故障诊断仪等进行波形分析和故障码诊断。LIN 总线进行自诊断，需要使用 LIN 主控单元的地址码，自诊断数据经 LIN 总线由 LIN 从控单元传至 LIN 主控单元，在 LIN 从控单元内可以完成所有的自诊断功能，LIN 总线故障位置、内容及原因见表 3-7。

表 3-7　LIN 总线系统故障位置、内容及原因

故障位置	故障内容	故障原因
LIN 主控单元	无信号/无法通信	1）在 LIN 主控单元已规定好的时间间隔内，LIN 从控单元数据传递有故障。 2）电路断路或短路。 3）LIN 从控单元供电有故障。 4）LIN 从控单元或 LIN 主控单元型号错误。 5）LIN 从控单元损坏
LIN 从控单元（如鼓风机调节器）	不可靠信号	1）校验出错，传递的信息不完整。 2）LIN 总线受到电磁干扰。 3）LIN 总线的电容和电阻值改变（如插头壳体潮湿或脏污）

LIN 总线故障原因有以下四类：

1）节点故障，LIN 主控单元或 LIN 从控单元故障造成 LIN 总线通信故障。

2）LIN 数据线出现与电源短路或与搭铁短路，造成 LIN 总线通信故障。

3）LIN 数据线出现断路，造成某些节点无法通信的故障。

4）LIN 数据线存在连接电阻，导致 LIN 从控单元无法将信息发送至 LIN 主控单元的通信故障。

任务实施

一、任务准备

安全防护：做好车辆高压安全防护与隔离，做好人员安全防护。

工具准备：数字万用表、示波器、绝缘防护用品、绝缘工具套装、常规工具套装。

台架车辆：吉利几何 C 型纯电动汽车。

辅助资料：说明书、维修手册等。

二、实施步骤

1. LIN 总线通信原理验证

LIN 总线是单线双向数据传输总线，无论是主控单元还是从控单元发送信息时，都是通过改变公共 LIN 数据线上的电压来实现；通过波形判断 LIN 总线故障时，检测位置不同、检测条件不同，测得波形也会不一样，图 3-33 所示为在主控单元处测得的连接从控单元和断开从控单元时 LIN 总线波形的区别。

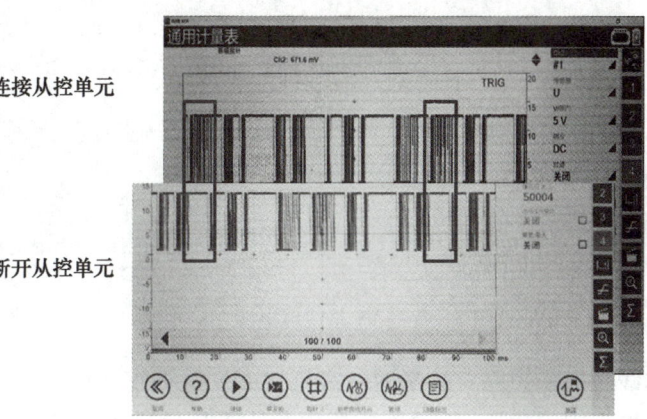

图 3-33　LIN 总线断路波形区别

1）主控单元有最高权限，大多时候都在发送信息。

2）从控单元大多时候都在接收信息，发送信息时需要请求。

3）LIN 总线上任何时刻只可能有一个模块发送信息。

2. LIN 总线对搭铁、电源正极短路故障检测

当 LIN 数据通信线对搭铁或电源正极短路时，将导致整条 LIN 总线无法通信，测得故障波形如图 3-34 和图 3-35 所示。

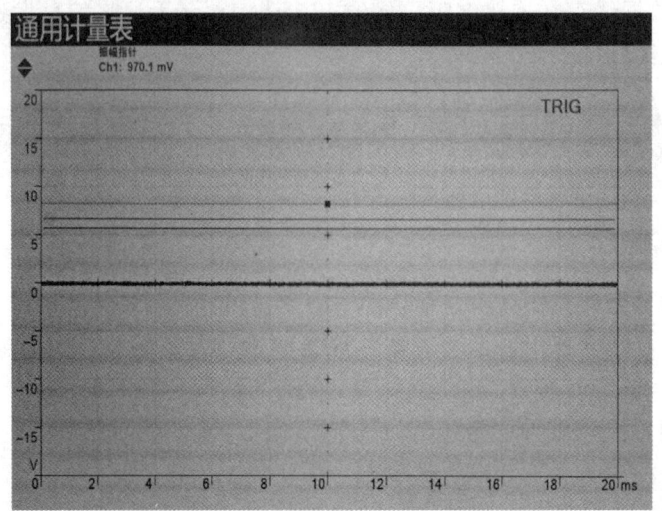

图 3-34 LIN 总线对搭铁短路

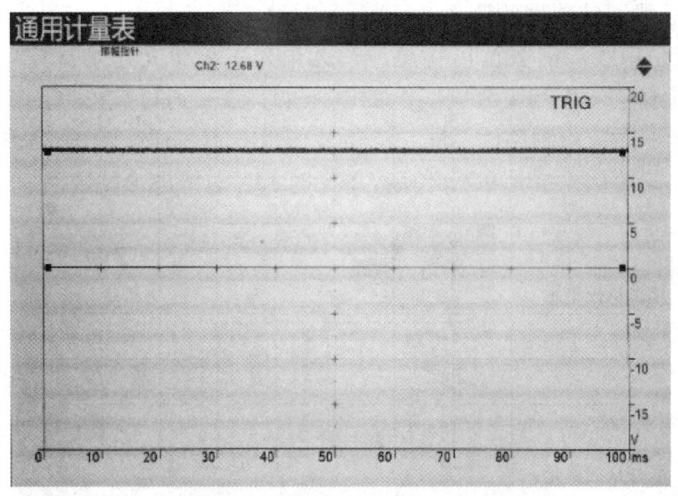

图 3-35 LIN 总线对电源正极短路

当 LIN 总线对搭铁短路：测量时红表笔接 LIN 数据线，相当于接的"地"；黑表笔接车身，也接的"地"，无论发送器内晶体管是导通还是截止，红黑表笔之间的电压降都是 0。

当 LIN 总线对电源正极短路：测量时红表笔接 LIN 数据线，相当接的 12 V 电源正极；黑表笔接车身，相当于接的 12 V 电源负极，当发送器内晶体管截止时，红黑表笔之间测得的是空载电压 12 V，当晶体管导通时，红黑表笔之间测得的是负载电压 12 V。

LIN 总线对搭铁或电源正极短路，在 LIN 总线任何位置测出的波形都是一样的。

3. LIN 数据线连接电阻故障检测

LIN 数据线连接电阻故障电路原理图如图 3-36 所示。

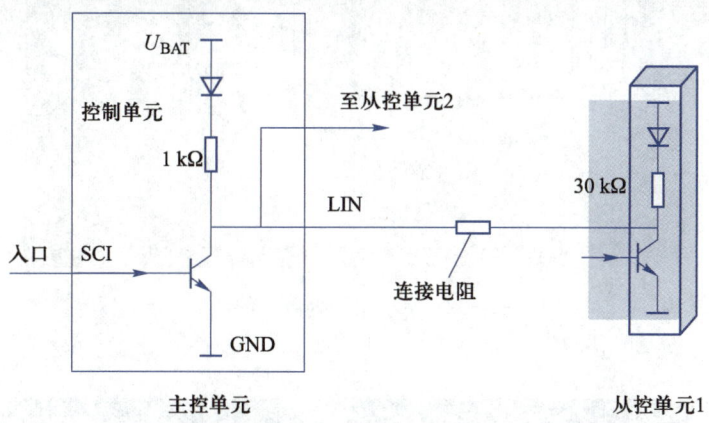

图 3-36 LIN 数据线连接电阻故障电路原理图

当 LIN 数据线出现连接电阻故障，会导致 LIN 总线只能单向传递信息，LIN 数据线连接电阻故障测出的 LIN 总线波形如图 3-37 和图 3-38 所示。

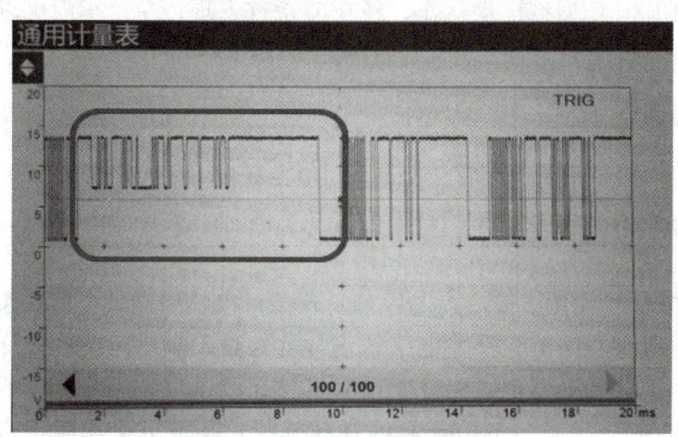

图 3-37 主控单元处测出的波形

1）LIN 总线上电压变化也遵循基本的电路原理。

2）不同位置检测，表笔并联对象不一样，故障波形也不一样。

3）LIN 总线通信的"1""0"由模块检测的电压范围确定，模块实际检测的电压值如果超出了识别范围就会导致通信失败。

4）若主控单元与从控单元之间 LIN 数据线电路连接的电阻为 600 Ω 以上，将导致主控单元接收不到从控单元的信息，但是从控单元依然能够接收到主控单元的信息。

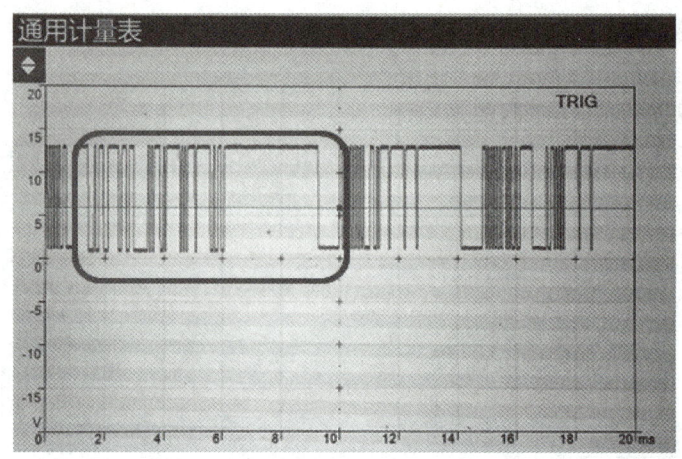

图 3-38　从控单元处测出的波形

 拓展案例

一、故障现象

一辆吉利几何 C 型纯电动汽车，经功能检查发现，左后车门可以单独控制玻璃升降器升降，但主驾组合开关无法控制左后车门玻璃升降器动作。

二、故障诊断

1）使用故障诊断仪，读取故障码为 U022487：与左后车窗防夹模块通信丢失；使用诊断计算机对左后车门玻璃升降执行开启、关闭动作测试，玻璃无升降动作。

2）电路分析（见图 3-39），左后车门开关可以控制玻璃升降，说明左后车门玻璃升降器电机供电回路、开关电路均正常；驾驶人侧车门玻璃升降器开关无法控制左后车门玻璃升降器电机，诊断计算机动作测试也无动作，说明左后车门玻璃升降器电机与 BCM 之间的 LIN 总线存在故障。其他电机均能正常工作，说明 LIN 总线不可能是短路故障。

3）使用背插针在左后车门玻璃升降器电机处检测 DR25a（4）号端子的 LIN 总线波形，操作驾驶人侧车门玻璃升降器开关时测得 LIN 总线波形为 0 线上的直线；操作左后车门玻璃升降器开关，玻璃动作时测得 LIN 总线波形如图 3-40 所示，通过波形可知，左后车门玻璃升降器电机能产生发送 LIN 信息的请求，故障在于左后车门玻璃升降器电机无法接收到 BCM 发送的信息。

4）检测左后车门玻璃升降器电机的 DR25（4）号端子与 BCM 的 IP22b（29）号端子之间电阻值为无穷大，检测左后车门玻璃升降器电机的 DR25a（4）号端子与插接器 DR21c/15 号端子间电阻值依然为无穷大，如图 3-41 所示。

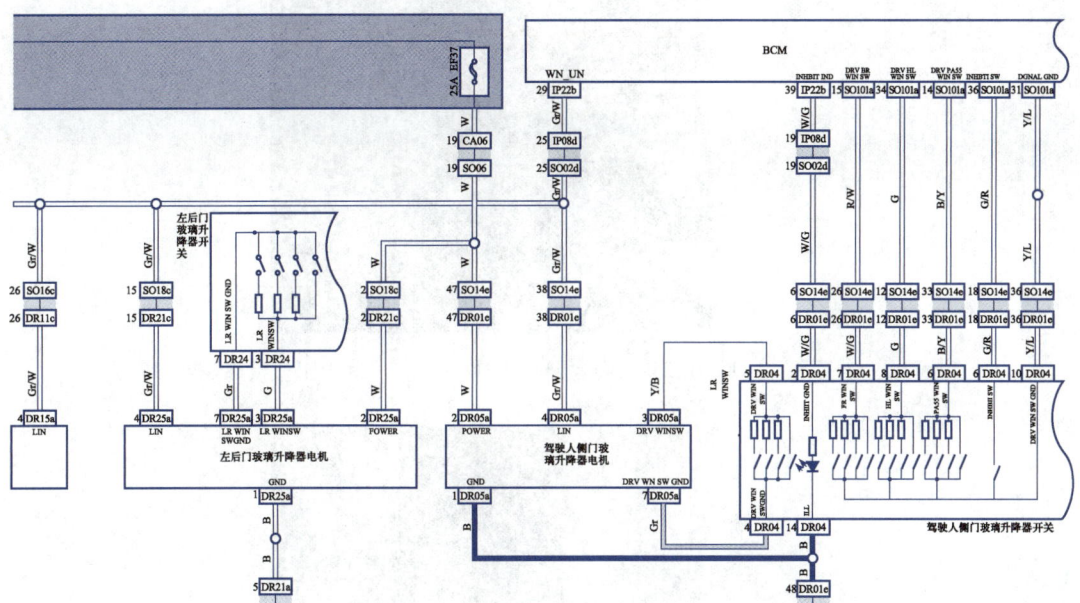

图 3-39　左后车窗升降电路原理图

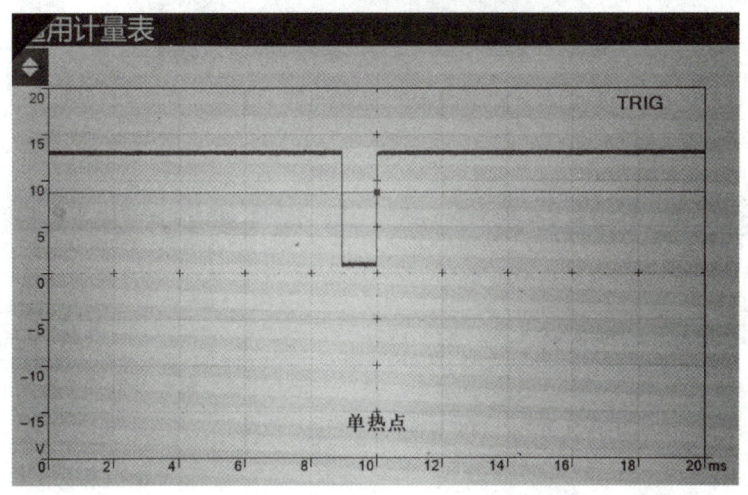

图 3-40　玻璃动作时 LIN 总线波形

5）拆检车门内线束，发现 DR25a（4）号与 DR21c（15）号间线束磨断，如图 3-42 所示。

三、故障排除

规范维修线束，车窗初始化，检查玻璃升降功能。

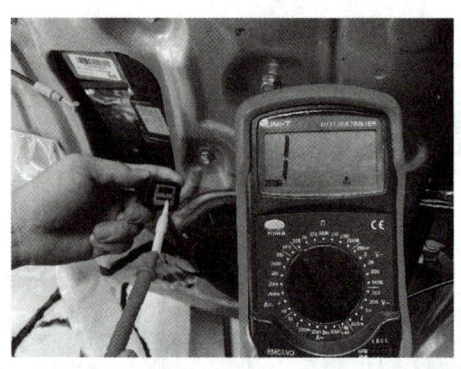

图 3-41   DR25a（4）号与 DR21c（15）号间电阻值检测结果

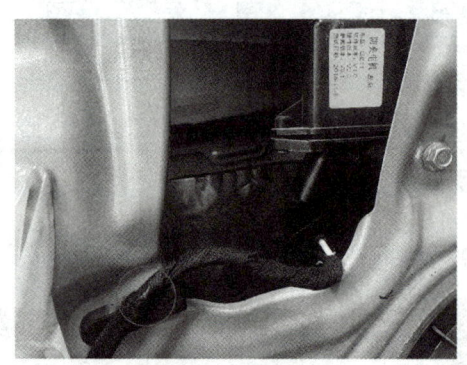

图 3-42   故障位置

 任务工单

项目三　车载网络系统故障诊断与排除	小组人员：	
班级：	日期：	指导教师签字：
工作任务三　LIN 总线故障诊断与排除		
VIN：	年次：	12 V 电源系统电压：

任务要求：

1）在实训过程中，不要上电，最好能断开负极，且等待 10 min。

2）在认识各部件安装位置时，禁止插拔插接件。

3）车辆停在举升机上，在车底观察动力蓄电池和电机等部件时，必须戴好安全帽。

4）设备、工位隔离，禁止无关人员进入

1. 工具、量具

2. 维修资料及辅助材料

3. 制订工作计划及人员分工

4. 工作现场安全准备、检查

5. 本工作任务的结果

6. 现场整理、清洁

7. 本工作任务存在的问题及解决方法

习题

一、单选题

1. 下列选项中（　　）不是 LIN 主控单元的作用。

A. 监控数据传递和数据传递的速率　　　　B. 发送信息标题

C. 在 LIN 总线与 CAN 总线之间起"翻译"作用　　D. 连接执行器

2. 关于 LIN 总线的描述错误的是（　　）。

A. LIN 是一种串行通信协议

B. 一般情况下 LIN 网络中节点数量不超过 16 个

C. 最大传输距离为 40 m

D. 从控单元必须使用高精度晶振

3. 以下对于 LIN 总线特点相关描述中，不正确的是（　　）。

A. LIN 总线空闲时，主控和从控单元均可以开始发送报文

B. LIN 是主从式通信总线

C. LIN 是一种基于调度的通信总线

D. 吉利几何 C 型纯电动汽车 LIN 总线通信速率通常是 19.2 kbit/s

4. 使用万用表测量实车上正在通信的 LIN 总线电压，（   ）是正确的。

A. 0　　　　　　　B. 2.5 V　　　　　　C. 9.5 V　　　　　　D. 14.5 V

5. CAN 总线与 LIN 总线对比，CAN 总线传输距离最长为 10 km，LIN 总线传输距离最长为（   ）。

　　A. 10 km　　　　　B. 20 km　　　　　C. 30 km　　　　　D. 40 km

二、判断题

1. LIN 总线的应用成本较低，传输速率较低，适合应用在一些对时间要求不是那么严格的场合，目前主要应用于舒适娱乐系统。　　　　　　　　　　（   ）

2. 只有当 LIN 主控单元发送出带有相应识别码的信息标题后，数据才会传至 LIN 总线。　　　　　　　　　　　　　　　　　　　　　　　　　　（   ）

3. 在 LIN 总线中，LIN 主控单元与从控单元均能进行独立的数据传输。

（   ）

4. LIN 总线上的控制单元分为主控和从控单元，主控单元与 CAN 总线连接，控制着 LIN 总线上的其他从控单元。　　　　　　　　　　　　　　（   ）

5. 无论 LIN 总线对电源正极短路还是对电源负极短路，LIN 总线都会关闭，无法正常工作。　　　　　　　　　　　　　　　　　　　　　　　　（   ）

项目四 ▶▶▶

··

动力蓄电池系统故障
诊断与排除

▶ 背景拓展

　　动力蓄电池是新能源汽车的核心部件之一，是汽车产业电动化转型的主要引擎。近年来，我国高度重视新能源汽车产业的发展，动力蓄电池产业核心技术持续突破，创新能力大幅增强。

　　2024年，我国动力蓄电池装车量达548.4 GW·h，同比增长41.4%。2025年1~3月，我国动力蓄电池产业延续高速增长态势，装车量累计达130.2 GW·h，同比增长52.8%。

　　2024年，全球动力蓄电池企业销量前10强中，中国动力蓄电池企业占据6席，市场份额达67.1%。

　　中国新能源汽车产业之所以能实现弯道超车，除自主品牌车企集体发力外，在电池核心技术上，离不开中国动力蓄电池企业的辛苦耕耘、创新发展。

▶ 项目描述

本项目共三个学习任务，分别是：

任务一　电池管理系统故障诊断与排除
任务二　动力蓄电池绝缘故障诊断与排除
任务三　动力蓄电池采样信号异常故障诊断与排除

通过三个任务的学习，熟悉动力蓄电池系统典型故障的诊断思路，能独立完成动力蓄电池系统的故障诊断与排除工作。

任务一　电池管理系统故障诊断与排除

任务引入

一辆吉利几何 C 型纯电动汽车出现无法上电、漏电的故障现象。经维修技师查看发现 BMS 出现故障，你是否知道 BMS 的控制策略以及 BMS 常见故障诊断与排除流程。

通过本任务的学习，正确地使用诊断设备对 BMS 进行故障排查，建立有效、合理、安全的诊断思路，并规范地实施车辆故障检测作业。

任务目标

知识目标：

1. 掌握 BMS 的结构和功能。
2. 掌握 BMS 的诊断方法。

技能目标：

1. 能够借助诊断设备完成 BMS 的故障排查。
2. 能够建立 BMS 故障诊断思路。

职业素养目标：

1. 严格执行汽车检修规范，养成严谨科学的工作态度。
2. 养成总结训练结果的习惯，为下次训练积累经验。
3. 养成团结协作精神。
4. 严格执行 5S 现场管理。

相关知识

一、BMS 认知

电池管理系统（Battery Management System，BMS）作为纯电动汽车的核心部件之一，不但要有动力蓄电池蓄电压、电流以及温度等相关指标性能的自诊断功能，而且是维护和管理动力蓄电池的常用系统。一旦 BMS 发生故障，必将对纯电动汽车的安全以及动力蓄电池的使用寿命产生不利的影响。

BMS 通过对电压、电流、温度以及 SOC 等参数进行采集、计算，进而控制动力蓄电池的充放电过程，实现对动力蓄电池的保护，提升动力蓄电池综合性能。同时，将动力蓄电池相关参数上报整车控制器，由整车控制器控制动力蓄电池的充电和放电功率。

　　吉利几何纯电动汽车 BMS 集成于动力蓄电池总成内部，其内部结构如图 4-1 所示，BMS 实物如图 4-2 所示。

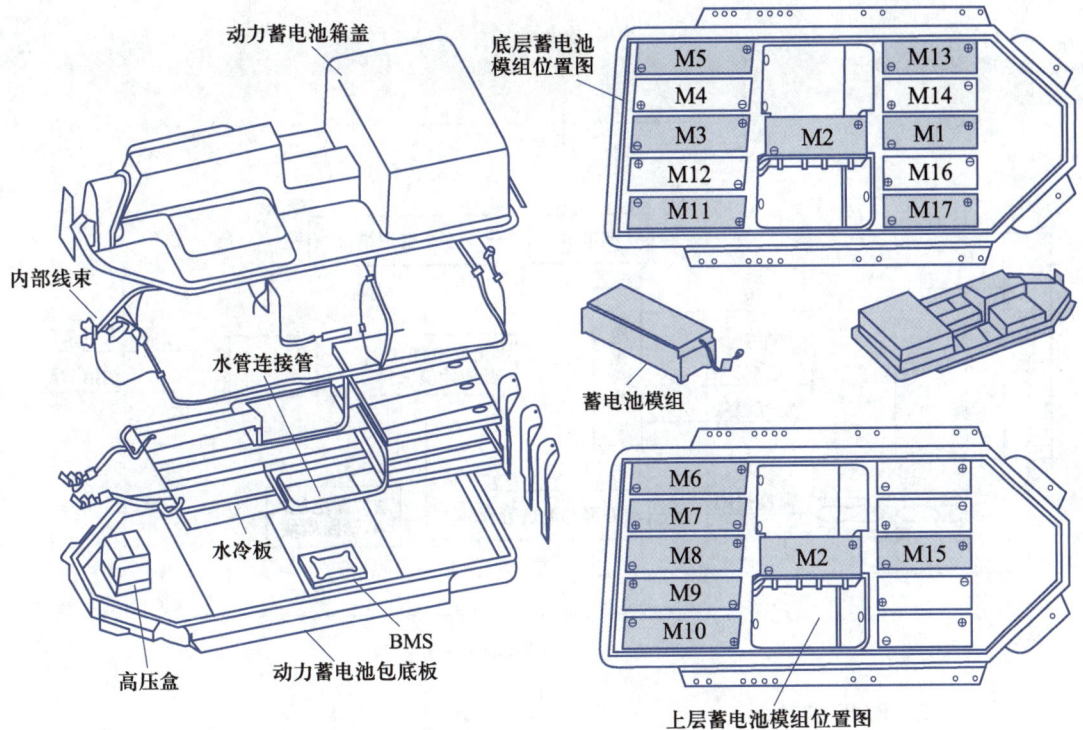

图 4-1　动力蓄电池总成内部结构

图 4-2　BMS 实物

二、BMS 的结构与功能

1. BMS 的结构

BMS 主要由数据监测模块、控制模块（包括继电器、均衡模块和动力蓄电池热管理）、状态估计模块、故障诊断模块和通信模块等组成，其结构分布如图 4-3 所示。

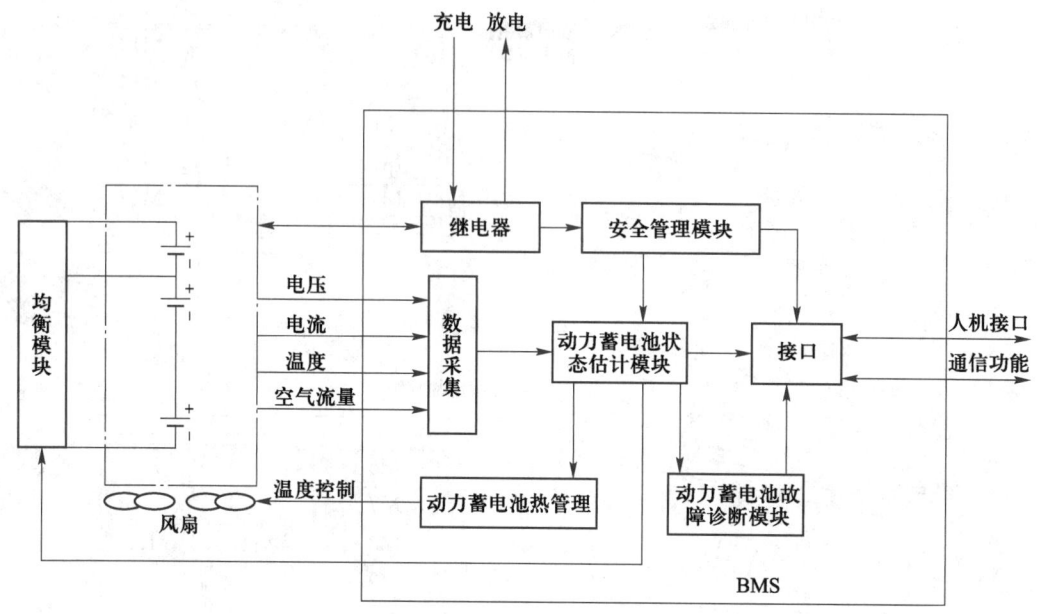

图 4-3　BMS 的结构分布

2. BMS 的功能

1）监测功能。BMS 实时监测单体电池的温度、电压，动力蓄电池的总电压、电流，动力蓄电池包的绝缘状态等数据。

① 监测电压。监测单体电池电压是为了防止出现过充电或过放电。

② 监测温度。采用温度传感器监测动力蓄电池的温度。借助动力蓄电池的温度来识别是否过载或者存在电器故障。如果出现温度异常情况，立即降低电流强度或关闭高压系统，以免动力蓄电池进一步损坏。同时，温度监测还用于控制冷却系统，确保动力蓄电池始终在适宜的温度范围内运行。

③ 监测电流。监测动力蓄电池总电压、电流，一是实时显示动力蓄电池状态，二是计算动力蓄电池的状态，如剩余容量、最大充放电功率等。

④ 监测绝缘。由于纯电动汽车上使用的动力蓄电池电压高达几百伏，一旦出现绝缘薄弱，造成漏电，十分危险，所以需要实时监测动力蓄电池的绝缘状态。

根据国家标准 GB 18384—2020《电动汽车安全要求》规定，绝缘电阻应满足：直流电路绝缘电阻>100 Ω/V，交流电路绝缘电阻>500 Ω/V。

2）状态计算功能。实时计算动力蓄电池的剩余电量（SOC），一是告诉驾驶人车辆的剩余里程，二是作为其他决策的输入变量。

实时计算最大充放电功率（SOP）。SOP 体现了动力蓄电池功率能力，整车控制器会根据这一参数来限制电机的功率。如果不进行限制，动力蓄电池会被过充或过放，影响其使用寿命。

实时计算动力蓄电池组健康状态（SOH）。SOH 体现了动力蓄电池剩余使用寿命。一般认为，对于纯电动汽车，当动力蓄电池的实际容量下降到额定容量的 80% 之后，SOH 就下降为 0，此时的动力蓄电池已不适合作为车载动力蓄电池。

3）控制功能。BMS 的控制功能主要包括继电器控制、均衡控制和热管理等，这些控制功能往往会与整车控制系统和其他相关系统联合使用。

① 继电器控制。动力蓄电池内通常有多个接触器，包括充电接触器和预充接触器等，BMS 负责对接触器进行状态监测和驱动控制，以启动或关闭相应功能。

② 热管理。热管理包括在动力蓄电池工作温度过高时进行冷却，低于适宜工作温度下限时进行动力蓄电池加热，使动力蓄电池处于适宜的温度范围内，并在动力蓄电池工作过程中保持动力蓄电池单体电池间温度均衡。对于大功率放电和高温条件下使用的动力蓄电池，动力蓄电池的热管理尤为必要。

③ 均衡控制。由于单体电池存在制造不一致性和使用不一致性的问题，而不一致性会显著降低动力蓄电池的使用效率。在动力蓄电池各单体电池之间设置均衡电路，实施均衡控制，是为了使各单体电池充放电的工作情况尽量一致，提高动力蓄电池的工作性能。

4）故障诊断功能。动力蓄电池故障主要包括欠电压、过电压、高温、低温、过电流、SOC 低、绝缘漏电、继电器故障、BMS 硬件故障、通信故障等。较低等级的故障 BMS 能够提示驾驶人及时采取应对措施，如 SOC 低，应及时充电。当出现较高等级的故障时，如严重绝缘漏电（绝缘电阻 $<100\ \Omega/V$ 时），BMS 能够及时切断继电器，保证驾驶人或乘客处于安全状态。同时保存故障码，能够为后期车辆维护提供参考。

5）通信功能。实现动力蓄电池参数和信息与车载设备或非车载设备的通信，为充放电控制、整车控制提供数据依据，是 BMS 的重要功能之一。

任务实施

一、任务准备

安全防护：做好车辆高压安全防护与隔离。
工具准备：数字万用表、绝缘防护用品、绝缘工具套装、常规工具套装。
台架车辆：吉利几何 C 型纯电动汽车或其他车辆。
辅助资料：说明书、维修手册等。

二、实施步骤

1. BMS 端子的认知

BMS 接线线束位于前舱，线束代码为 CA，插接器接口分别是 CA69（见图 4-4）和 CA70（见图 4-5），其各端子名称、线色及作用见表 4-1 和表 4-2。

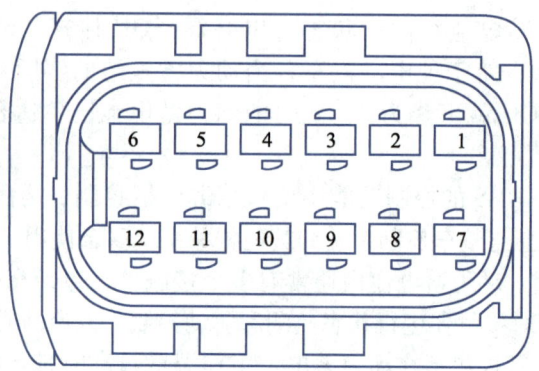

图 4-4　BMS 模块线束插接器 A CA69

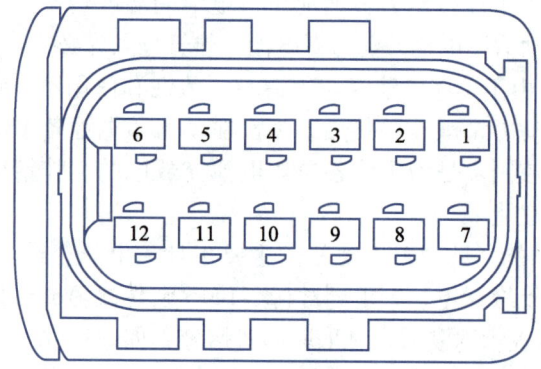

图 4-5　BMS 模块线束插接器 B CA70

表 4-1　CA69 BMS 模块线束插接器 A 端子说明

端 子 号	端 子 名 称	线　色	端 子 说 明
1	B+	R/W	B+电源
2	GND	B	搭铁
3	HB-CAN_H	Y/BR	HB-CAN_H
4	HB-CAN_L	Y/L	HB-CAN_L
5	GND	B	壳体 PE
6	CRASH IN	Y	碰撞硬线输出
7	IG1	R/L	IG 电源
8	—	—	—
9	CHARGE PORTA TEMP+	B/G	快充插座正极柱温度+
10	CHARGE PORTA TEMP+	B/W	快充插座正极柱温度−
11	BMS CAN_H	Y/W	BMS CAN_H
12	BMS CAN_L	Y/B	BMS CAN_L

表 4-2 BMS 模块线束插接器 B CA70 端子说明

端 子 号	端 子 名 称	线 色	端 子 说 明
1	CHARGE CAN_H	R/G	快充 CAN_H
2	CHARGE CAN_L	R/W	快充 CAN_L
3	Q CHARGE CC2	B/G	快充 CC2
4	Q WAKE UP	R/B	快充唤醒
5	WAKE GND	R/Y	快充唤醒地
6	—	—	—
7	—	—	—
8	—	—	—
9	—	—	—
10	—	—	—
11	CHARGE PORTA TEMP+	W/G	快充插座负极柱温度+
12	CHARGE PORTA TEMP+	W/Y -	快充插座负极柱温度

2. BMS 低压电源故障

1）故障码。BMS 低压电源故障码及故障部位见表 4-3。

表 4-3 BMS 低压电源故障码及故障部位

序号	故障码	故障说明	故障码触发条件	故障码检测条件（控制策略）	故障部位
1	U300616	控制器供电电压低	BMS 的 12 V 供电电压小于或等于 9 V，时间大于或等于 4 s（可标定）	BMS 被唤醒	1）蓄电池。2）电路。3）熔丝。4）BMS
2	U300617	控制器供电电压高	BMS 的 12 V 供电电压大于或等于 16 V，时间大于或等于 4 s（可标定）	BMS 被唤醒	
3	U300629	上高压过程中铅酸电压无效	1）铅酸电压采样无效。2）铅酸电压高于 16 V 或低于 9 V	1）BMS 已上电。2）BMS 尝试上高压	

2）诊断步骤。BMS 供电及部分信号传递电路图如图 4-6 所示。

步骤 1：使用故障诊断仪读取故障码。

① 操作起动开关，使电源模式处于"ON"状态。

② 连接故障诊断仪，读取系统故障码。

微课
BCM 电源故障诊断

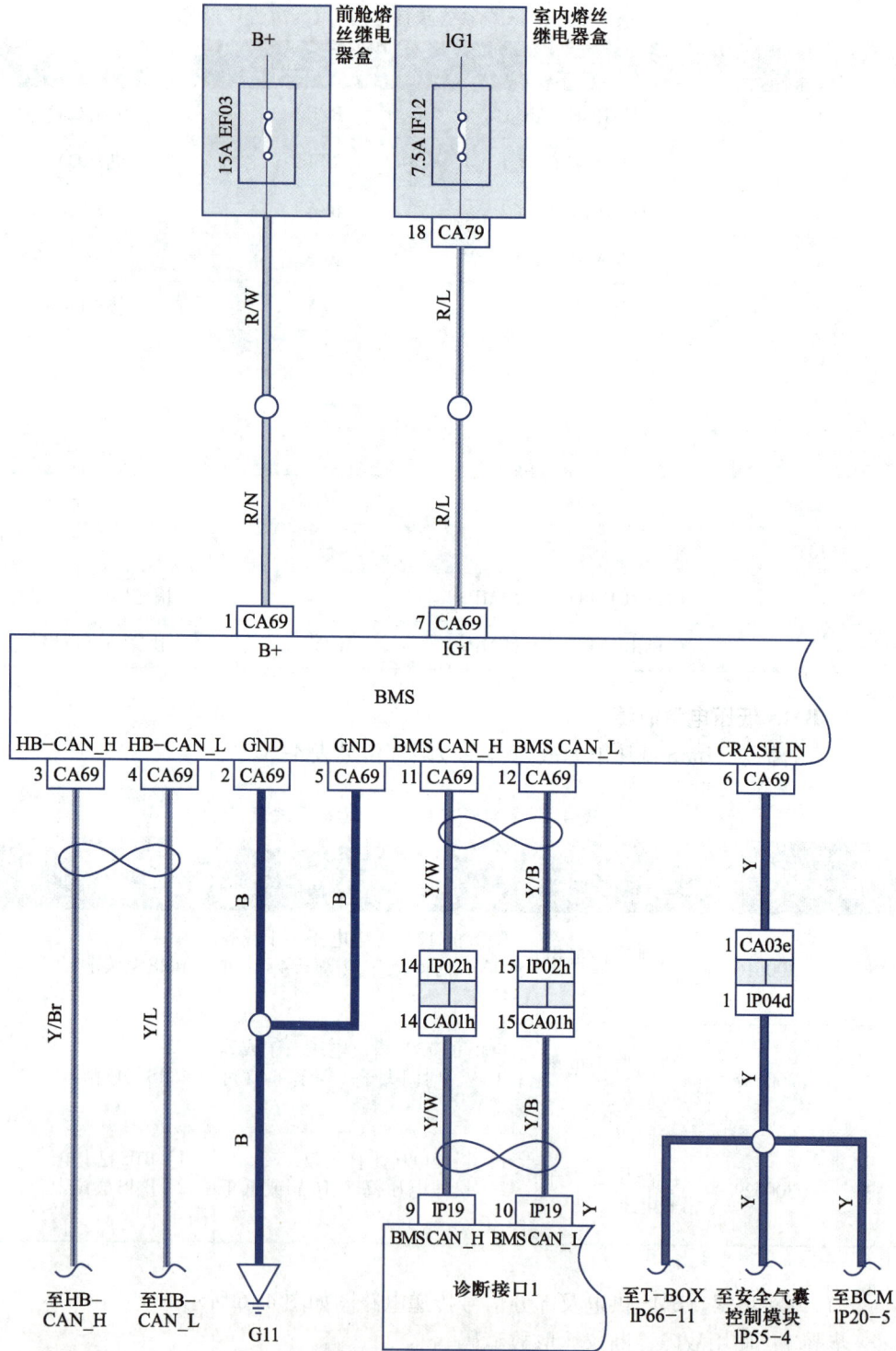

图 4-6　BMS 供电及部分信号传输电路图

③ 确认系统是否存在其他故障码。

如果有其他故障码，优先排除故障码指示故障。如果没有其他故障码，执行步骤2。

步骤2：检查蓄电池电压。

① 操作起动开关，使电源模式处于"ON"状态。

② 使用万用表测量蓄电池两端电压。标准电压为9~16 V。

③ 确认测量值是否符合标准。

如果蓄电池电压不符合标准，则更换蓄电池或检修充电系统。如果蓄电池电压符合标准，执行步骤3。

步骤3：检查BMS控制器熔丝IF12、EF03是否熔断。

① 操作起动开关，使电源模式处于"OFF"状态。

② 拔下室内熔丝继电器盒熔丝IF12，检查熔丝是否熔断。熔丝额定容量为7.5 A。

③ 拔下前舱熔丝继电器盒熔丝EF03，检查熔丝是否熔断。熔丝额定容量为15 A。

如果熔丝额定容量不符合标准，检修熔丝电路，更换额定容量熔丝。如果熔丝额定容量符合标准，执行步骤4。

步骤4：检查BMS电源电路。

① 操作起动开关，使电源模式处于"OFF"状态。

② 断开BMS线束插接器CA69。

③ 操作起动开关，使电源模式处于"ON"状态。

④ 对照图4-4查找CA69插接器1、7号端子，使用万用表根据表4-4测量端子电压。

表4-4　测量CA69插接器端子电压

测量端子1	测量端子2	标　准　值
CA69（1）	车身搭铁	标准电压为11~14 V
CA69（7）	车身搭铁	

⑤ 确认测量值是否符合标准。

如果各端子电压不符合标准，则修理或更换线束。如果各端子电压符合标准，执行步骤5。

步骤5：检查BMS搭铁电路。

① 操作起动开关，使电源模式处于"OFF"状态。

② 断开BMS线束插接器CA69。

③ 对照图4-4查找CA69插接器2、5号端子，使用万用表根据表4-5测量端子间的电阻。

表 4-5　测量 CA69 端子间电阻

测量端子 1	测量端子 2	标　准　值
CA69（2）	车身搭铁	标准电阻小于 1 Ω
CA69（5）	车身搭铁	

④ 确认测量值是否符合标准。

如果各端子电阻不符合标准，则修理或更换线束。如果各端子电阻符合标准，执行步骤 6。

步骤 6：更换 BMS。

① 操作起动开关，使电源模式处于"OFF"状态。

② 拆卸动力蓄电池，更换 BMS。

③ 确认故障排除。

步骤 7：诊断结束。

 拓展案例

一、故障现象

一辆吉利几何 C 型纯电动汽车行驶了 585 km，用户反映蓄电池漏电。

二、故障诊断

1）使用故障诊断仪读取故障码，如图 4-7 所示。历史故障为 P15E500，整车非期望的整车停止智能补电。

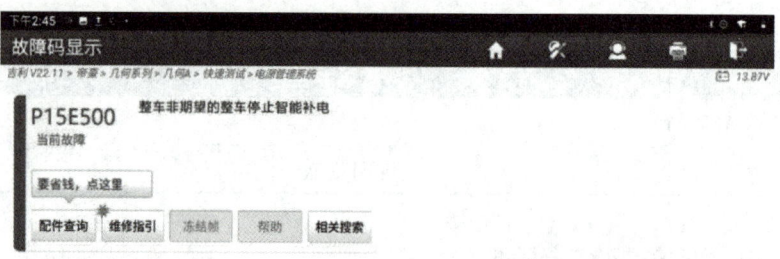

图 4-7　使用故障诊断仪读取故障码

2）下电到整车休眠后，进行前舱熔丝盒拔除后电流测试，发现将"电池管理系统/充电机"的15 A熔丝拔除后，恢复整车休眠状态电流为0.01~0.02 A。

3）进一步进行确认。如图4-8和图4-9所示，断开充电机低压线插接件，整车休眠后测试电流为1.3 A左右；断开动力蓄电池低压线插接件，整车休眠后电流测试为0.01~0.02 A，恢复正常。

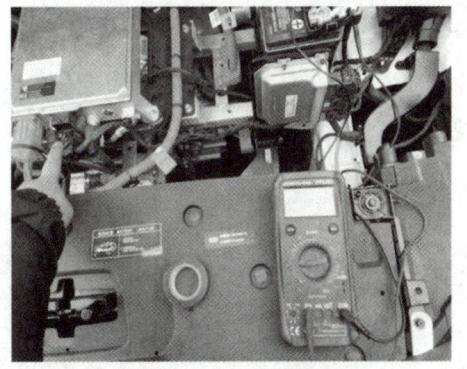

图4-8　断开充电机低压线插接件　　　　图4-9　断开动力蓄电池低压线插接件

4）根据以上检测结果，判断动力蓄电池内部BMS不休眠导致整车下电后不休眠耗电。

三、故障排除

更换BMS后，故障排除。

 任务工单

项目四　动力蓄电池系统故障诊断与排除	小组人员：	
班级：	日期：	指导教师签字：
工作任务一　电池管理系统故障诊断与排除		
VIN：	年次：	动力蓄电池总电压：

任务要求：

1）在实训过程中，不要上电，最好能断开负极，且等待10 min。

2）在认识各部件安装位置时，禁止插拔插接件。

3）车辆停在举升机上，在车底观察动力蓄电池和电机等部件时，必须戴好安全帽。

4）设备、工位隔离，禁止无关人员进入

1. 工具、量具

2. 维修资料及辅助材料	
3. 制订工作计划及人员分工	
4. 工作现场安全准备、检查	
5. 本工作任务的结果	
6. 现场整理、清洁	
7. 本工作任务存在的问题及解决方法	

习题

一、单选题

1. 电池管理系统的英文缩写是（　　）。

A. ECU B. VCU C. OBD D. BMS

2. BMS 控制动力蓄电池的输入和输出（　　）。

A. 功率 B. 温度 C. 长短 D. 电压

3. BMS 检测动力蓄电池的（　　）和电压、电流。

A. 功率 B. 温度 C. 长短 D. 湿度

4. 以下不属于 BMS 功能的是（　　）。

A. 动力蓄电池物理参数实时监测

B. 动力蓄电池均衡控制与管理

C. 在线诊断与预警

D. 车辆行驶控制

5. 动力蓄电池内的数据采集器采集动力蓄电池的电压、温度和电流等参数，为故障诊断和其他模块提供重要参数，其中不包括（ ）模块。

A. 电量管理　　　　B. 热管理　　　　C. 均衡管理　　　　D. 数据管理

6. 动力蓄电池均衡是将动力蓄电池中（ ）容量高的电能转移到容量低的。

A. 电容　　　　　　　　　　　　　B. 单体电池

C. 蓄电池模组　　　　　　　　　　D. 动力蓄电池

7. 动力蓄电池出现故障时，组合仪表故障指示灯（ ）。

A. 熄灭　　　　B. 没变化　　　　C. 点亮　　　　D. 闪烁

8. 纯电动汽车在充放电过程中，先闭合（ ），再闭合预充接触器。

A. 正极接触器　　B. 开关　　　　C. 放电接触器　　D. 负极接触器

9. 动力蓄电池剩余电量的英文缩写是（ ）。

A. SOC　　　　B. BMS　　　　C. ECU　　　　D. SOH

10. （ ）的作用是防止大电流损坏高压电气元件。

A. 充电　　　　B. 放电　　　　C. 预充　　　　D. 预热

二、判断题

1. 动力蓄电池均衡可以延长动力蓄电池的使用寿命。　　　　　　（ 　　）

2. 纯电动汽车充电时，不用预充电。　　　　　　　　　　　　　（ 　　）

3. 动力蓄电池需要在合适的温度范围内工作。　　　　　　　　　（ 　　）

4. 当出现较高等级的故障时，BMS 能够及时切断继电器，保证驾驶人或乘客处于安全状态。　　　　　　　　　　　　　　　　　　　　　　　　（ 　　）

5. BMS 只需要采集动力蓄电池参数信息，无须与车载设备或非车载设备通信。

（ 　　）

任务二　动力蓄电池绝缘故障诊断与排除

任务引入

一辆吉利几何 C 型纯电动汽车出现无法起动现象，经维修技师查看发现，动力蓄电池绝缘异常。你是否知道动力蓄电池绝缘异常的原因以及出现该故障后如何进行排查。

通过本任务的学习，正确地运用诊断设备对动力蓄电池绝缘系统进行故障排查，建立有效、合理、安全的诊断思路，并规范地实施车辆故障检测作业。

任务目标

知识目标：

掌握动力蓄电池构建绝缘的方式及产生绝缘的原因。

技能目标：

1. 能够借助诊断设备完成动力蓄电池绝缘故障排查。
2. 能够建立动力蓄电池绝缘故障诊断思路。

职业素养目标：

1. 严格执行汽车检修规范，养成严谨科学的工作态度。
2. 养成总结训练结果的习惯，为下次训练积累经验。
3. 养成团结协作精神。
4. 严格执行 5S 现场管理。

相关知识

微课

动力蓄电池
认知

一、动力蓄电池认知

动力蓄电池是一个车载高压电气系统，电压通常有几百伏，一旦出现漏电，将会对人员造成危险，所以动力蓄电池的绝缘系统性能就显得相当重要。为保证动力蓄电池系统的安全运行，BMS 实时监测动力蓄电池的绝缘阻值，如果绝缘阻值低于安全范围，则会上报故障并断开高压电。

纯电动汽车是以动力蓄电池提供的动力来驱动车辆运行的，其动力蓄电池的输出电压大部分都在 DC72~600V 范围内，甚至更高。根据 GB/T 3805—2008《特低电压（ELV）限值》的规定，人体的安全电压一般是指不直接致死或致残的电压，一般环境条件下允许持续接触的"安全特低电压"是 DC36V。电动汽车动力蓄电池输出的直流电压区间已远远超过了该安全电压。为解决电动汽车所面临的高压电绝缘安全问题，确保电动汽车的高压电用电安全，我国相关的行业标准已对电动汽车的高压电回路设计和检测提出了明确的规定，并给出较为详细的实验检测规程。其中，包括对绝缘电阻值的最低要求。

二、高压电路绝缘故障的原因

在正常运行情况下，电动汽车动力系统是一个独立的系统，对车辆壳体是完全绝缘的，但是不排除由于车辆长时间运行后，车辆工况复杂，振动、温度和湿度的急剧变化、酸碱气体的腐蚀、高压线老化或受潮等导致绝缘性能降低而使车身带电。因此，实时监测动力蓄电池的绝缘性能对保证人员人身安全和车辆安全运行具有重要意义。

电动汽车绝缘的问题主要可以分为动力蓄电池内部、动力蓄电池外部的高压回路两大原因。

1. 动力蓄电池内部

动力蓄电池内部绝缘故障原因如下：

1）电解液泄漏、外部液体浸入、绝缘层被破坏等，造成蓄电池模组或单体电池出现异常的导电回路而导致绝缘故障。此类故障发生后可能会造成较严重的后果，如打火烧蚀、单体电池短路等。

2）动力蓄电池内部有大量线缆通过插接器接入，若出现凝露或电金属迁移等，容易在内部产生各种潜在导通路径，出现绝缘故障。

3）由于振动、冲击等致使动力蓄电池内部磨损、错位，若出现绝缘纸、蓝膜失效等情况，会导致绝缘故障。

4）BMS 和配电盒这两个部件是直接接入高压电的，若出现隔离失效，也会引发绝缘故障。

2. 动力蓄电池外部

动力蓄电池外部绝缘故障原因如下：

1）外部高压配电回路主要包括高压插接器和高压电缆。动力蓄电池外部常见的绝缘故障有两种：一种是配件的质量问题，供应商在处理高压电缆屏蔽层时工艺不当，导致屏蔽丝与功率端子异触，引起绝缘故障；另一种是绝缘层在长时间运行后老化，导致绝缘性能降低或绝缘层开裂引起绝缘故障。

2）驱动电机、电机控制器、直流变换器、车载充电机、直流加热系统、制冷空调系统高压用电部件内部出现绝缘故障。对于这类问题，把各部件系统内部的高压插接器及高压绝缘故障归属一类后，就只需考虑部件内部自身相关绝缘防护是否合理。

当出现绝缘故障，对于维修人员，首先应保证人身安全，操作者必须穿戴好有一定安全等级、符合国家相关标准要求的防护用品（防护用品通常有使用年限要求），如绝缘手套（橡胶手套+外用手套）、绝缘安全鞋等。

三、高压电路绝缘的措施

根据《电动汽车安全要求》（GB 18384—2020）的规定，动力系统的测量阶段最小瞬时绝缘电阻，交流电路为 0.5 kΩ/V、直流电路为 0.1 kΩ/V。各整车厂开发的纯电动车辆，根据各自设定的电压等级来确定动力系统的绝缘电阻报警阈值。

1. 等电位设置

触电防护是纯电动汽车电气安全设计的重要内容，一般来讲，可以通过两类途径来实现：一是直接接触防护，如绝缘设计、屏护防护（遮拦/外壳，IP××B/IP××D 等）；二是间接防护，包括等电位连接、电气隔离（电气间隙、爬电距离）。

在 GB 18384—2020《电动汽车安全要求》中，将等电位连接（电位均衡）定义为电气设备外露可导电部分之间电位差最小化。

等电位连接的作用如下：

1）防止遭受电击。将电气设备在正常运行时不带电的金属导体部分与搭铁极之间进行良好的金属连接，以保护人身安全，防止人身遭受电击。

2）保障电气系统正常运行。电气系统搭铁一般为中性点搭铁，中性点的搭铁电阻很小，因此，中性点与搭铁间的电位差接近于零。

在电动汽车中，如果整个动力蓄电池的最大电压超过 DC60V，就已经超过了人体安全电压的范围，必须进行等电位连接（设置），以确保使用安全。

在电动汽车动力系统中，可以使用将电气设备的外露可导电部件直接或通过保护导体与车辆底盘相连接的方法来进行等电位连接，如图 4-10 所示。

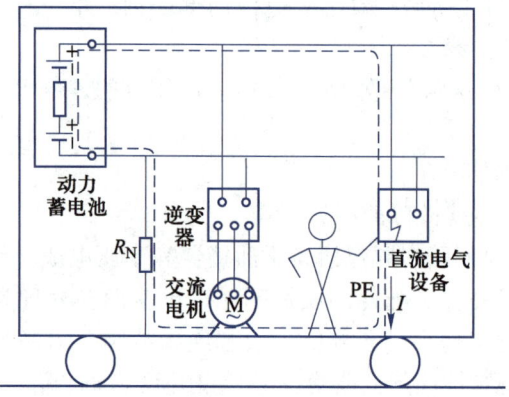

图 4-10　等电位连接

该方法将直流电气设备外壳与车辆底盘直接相连。采用等电位连接后，该设备外壳和车身搭铁为相同电位，当该设备正极发生对外壳漏电故障时，即使操作人员接触到带电的设备外壳，由于人体被等电位连接线短路，所以不会有危险电流流过，从而避免了电击事故的发生。

2. 控制爬电距离

GB 18384—2020《电动汽车安全要求》中规定的爬电距离是指连接端子的带电部分（包括任何可导电的连接件）和底盘之间，或两个电位不同的带电部分之间的沿绝缘材料表面的最短距离，如图 4-11 所示。

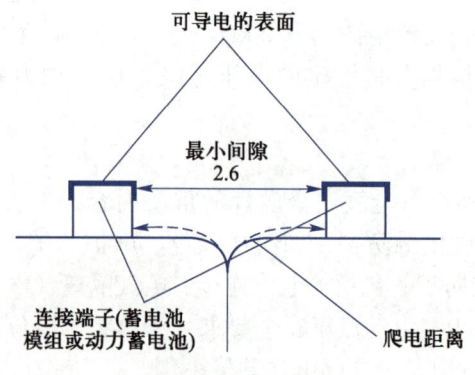

图 4-11　爬电距离

如果可能发生电解液的泄漏，按下列方法确定最小爬电距离。

1）两个蓄电池连接端子之间的爬电距离为

$$d \geq 0.25U+5$$

式中：d——辅助电池间的爬电距离，单位为 mm；

U——蓄电池连接端子间的标称电压，单位为 V。

2）带电部件与底盘之间的爬电距离为

$$d \geq 0.125U+5$$

式中：d——带电部件与底盘之间的爬电距离，单位为 mm；

U——蓄电池连接端子间的标称电压，单位为 V。

四、高压电路绝缘检测

微课
绝缘检测仪
使用

高压电路绝缘检测点设置在正极母线和负极母线断电器主触点处，通过检测高压电路正、负极母线对车辆底盘的绝缘电阻来反映高压系统的绝缘性能，如图 4-12 所示。

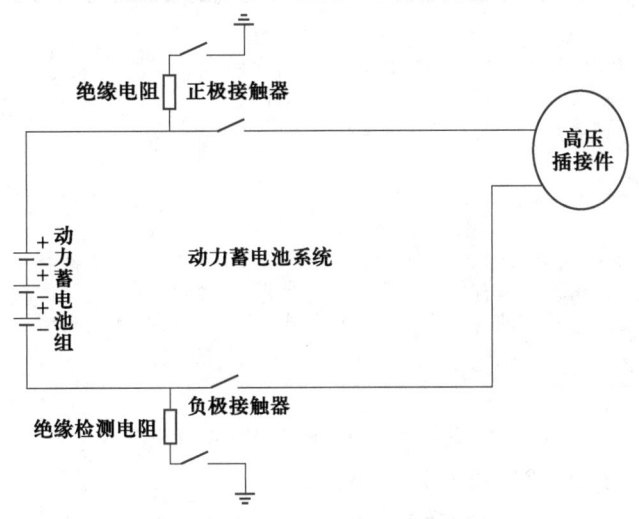

图 4-12　动力蓄电池绝缘检测回路

如果绝缘电阻值下降，BMS 切断正极和负极接触器，切断动力蓄电池供电电路，防止产生漏电意外，同时通过仪表报警。

动力蓄电池系统的绝缘电阻值分为正极与外壳的绝缘电阻值、负极与外壳的绝缘电阻值两个。

测量方法：在接触器断开条件下，用绝缘电阻检测仪测量正极对地绝缘电阻值及负极对地绝缘电阻值。

🏠 **任务实施**

一、任务准备

安全防护：做好车辆高压安全防护与隔离。

工具准备：数字万用表、绝缘防护用品、绝缘工具套装、常规工具套装。

台架车辆：吉利几何 C 型纯电动汽车或其他车辆。

辅助资料：说明书、维修手册等。

二、实施步骤

1）故障码。动力蓄电池绝缘故障码及故障部位见表 4-6。

表 4-6　动力蓄电池绝缘故障码及故障部位

序号	故障码	故 障 说 明	故障码触发条件	故障码检测条件（控制策略）	故障部位
1	P154100	高压继电器闭合的前提下，绝缘故障（严重）	绝缘阻抗值小于 500 Ω/V（快充小于 100 Ω/V）（此值可标定）（高压继电器闭合的情况），时间大于或等于 20 s	1）高压继电器闭合。 2）绝缘检测功能正常	1）电路。 2）直流充电插座。 3）动力蓄电池。 4）车载充电机
2	P154300	高压继电器断开的前提下，绝缘故障（严重）	绝缘阻抗值小于 500 Ω/V（快充小于 100 Ω/V）（此值可标定）（高压继电器断开的情况），时间大于或等于 20 s	1）BMS 已上电。 2）高压继电器断开。 3）绝缘检测功能正常	

2）诊断步骤。高压配电系统电气原理图如图 4-13 所示。

步骤 1：使用故障诊断仪读取故障码。

① 操作起动开关，使电源模式处于"ON"状态。

② 连接故障诊断仪，读取系统故障码。

③ 确认系统是否存在其他故障码。

如果有其他故障码，优先排除故障码指示故障。如果没有其他故障码，执行步骤 2。

步骤 2：检查高压电路断路故障。

① 操作起动开关，使电源模式处于"OFF"状态。

② 断开蓄电池负极电缆。

③ 断开动力蓄电池高压线束插接器 BV16、BV23。

④ 等待 5 min。

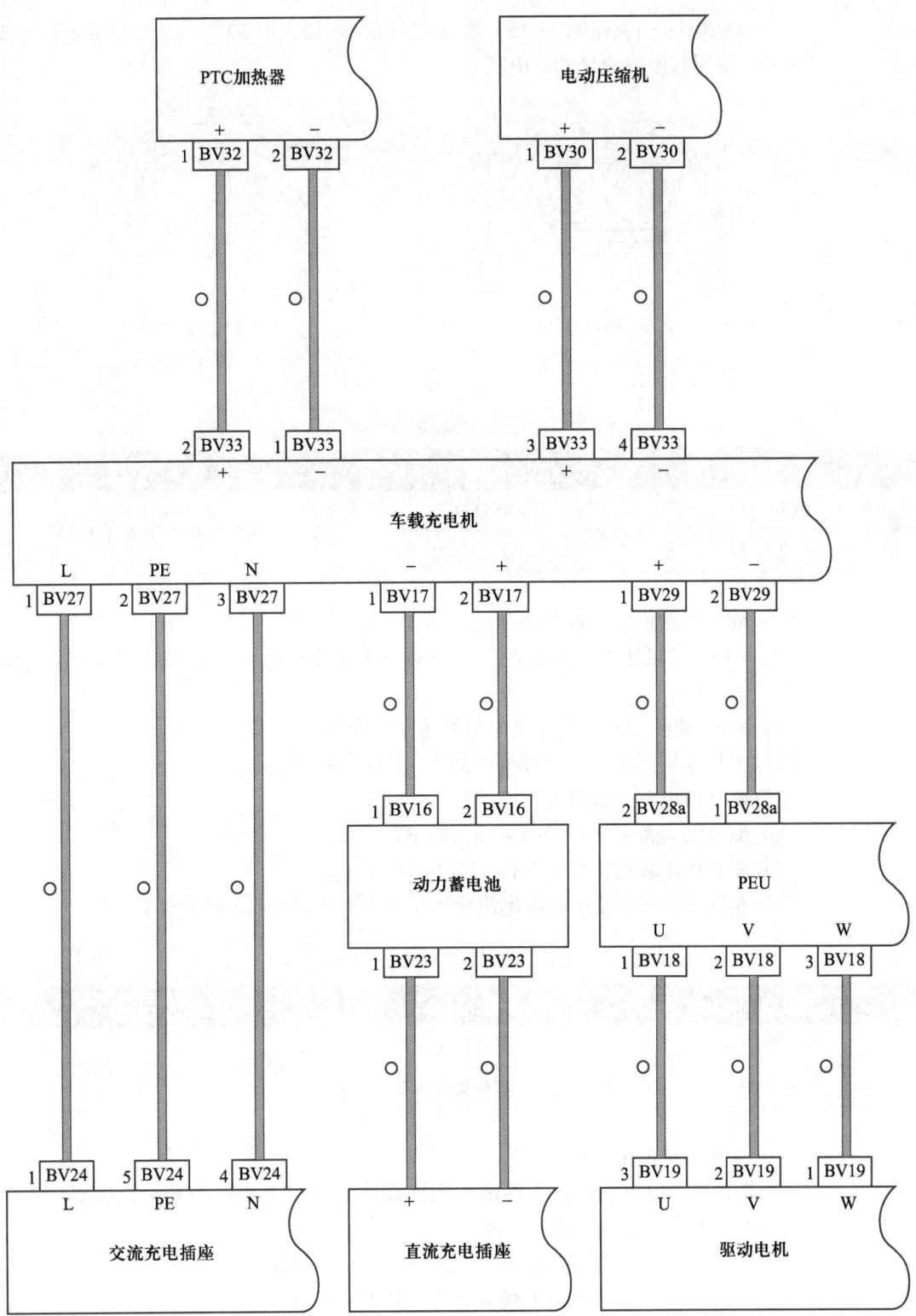

图 4-13 高压配电系统电气原理图

⑤ 对照图 4-14 和图 4-15，查找插接器 BV16、BV23 的 1、2 号端子；根据表 4-7，使用万用表测量端子电压。

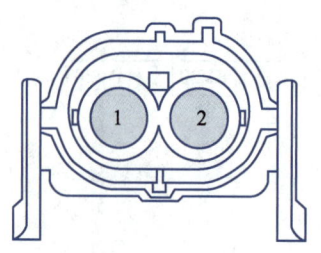 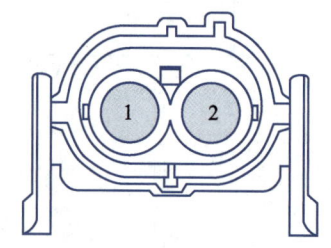

图 4-14　动力蓄电池高压线束插接器　　　　图 4-15　动力蓄电池高压线束插接器
BV16 的端子 1　　　　　　　　　　　　BV23 的端子 2

表 4-7　动力蓄电池高压线束插接器 BV16、BV23 电压的测量

测量端子 1	测量端子 2	标　准　值
BV16（1）	BV16（2）	标准电压小于或等于 5 V
BV23（1）	BV23（2）	

⑥ 确认测量值是否符合标准。

如果各端子电压不符合标准，等待高压系统电压下降。如果各端子电压符合标准，执行步骤 3。

步骤 3：检测动力蓄电池供电电路绝缘电阻值。

① 操作起动开关，使电源模式处于"OFF"状态。

② 断开蓄电池负极电缆。

③ 断开动力蓄电池高压线束插接器 BV16。

④ 将高压绝缘检测仪的挡位调至 DC500V。

⑤ 根据表 4-8，使用高压绝缘检测仪测量插接器 BV16 端子对地电阻。

表 4-8　动力蓄电池高压线束插接器 BV16 电阻的测量

测量端子 1	测量端子 2	标　准　值
BV16（1）	车身搭铁	标准电阻值：大于或等于 20 MΩ
BV16（2）	车身搭铁	

⑥ 确认测量值是否符合标准。

如果各端子电阻值不符合标准，则修理或更换线束或更换车载充电机。如果各端子电阻值符合标准，执行步骤 4。

步骤 4：检测动力蓄电池充电电路绝缘电阻的电阻值。

① 操作起动开关，使电源模式处于"OFF"状态。

② 断开蓄电池负极电缆。

③ 断开动力蓄电池高压线束插接器 BV23。

④ 将高压绝缘检测仪的挡位调至 DC500V。

⑤ 根据表 4-9，使用高压绝缘检测仪测量动力蓄电池高压线束插接器 BV23 端子对地电阻值。

表 4-9　动力蓄电池高压线束插接器 BV23 电阻值的测量

测量端子 1	测量端子 2	标　准　值
BV23（1）	车身搭铁	标准电阻值：大于或等于 20 MΩ
BV23（2）	车身搭铁	

⑥ 确认测量值是否符合标准。

如果各端子电阻值不符合标准，则修理或更换线束或更换直流充电插座。如果各端子电阻值符合标准，执行步骤 5。

步骤 5：更换动力蓄电池。

① 更换动力蓄电池。

② 确认故障排除。

步骤 6：诊断结束。

 拓展案例

一、故障现象

车主打来电话反馈，车辆组合仪表上故障灯亮起，车辆无法起动，如图 4-16 所示。

图 4-16　组合仪表故障信息

二、故障诊断

1）车辆进入服务站。服务站试车，故障属实，用故障诊断仪读取故障码，为绝缘故障。如图 4-17 所示，故障码为 P154100，高压继电器闭合的情况下，绝缘异常。

图 4-17　故障诊断仪读取故障码

2）检查高压电路是否断路。正常，无故障。

3）使用高压绝缘检测仪检测动力蓄电池供电电路绝缘电阻值。如图 4-18 和图 4-19 所示，检测动力蓄电池包的 DC+绝缘电阻值正常，但是 DC-绝缘电阻值为 0。

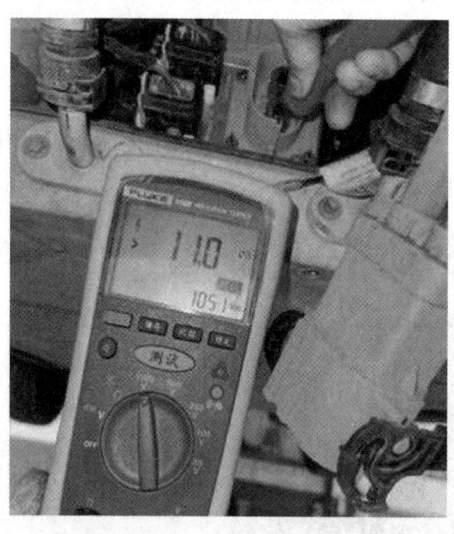

图 4-18　DC+绝缘电阻值正常

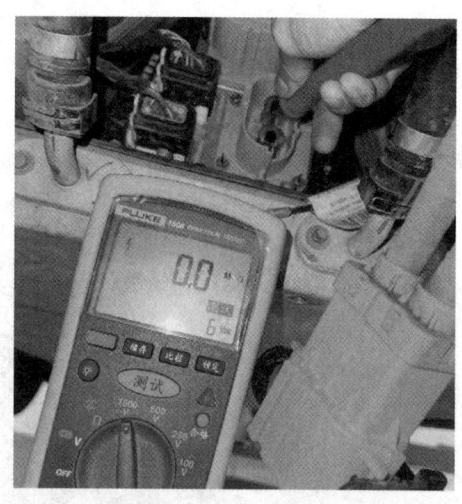

图 4-19　DC-绝缘电阻值异常

服务站判断为动力蓄电池内部故障，但是服务站没有维修动力蓄电池的资质，服务站申请技术援助。

三、故障排除

更换动力蓄电池后，故障消除。

任务工单

项目四 动力蓄电池系统故障诊断与排除	小组人员：	
班级：	日期：	指导教师签字：

工作任务二 动力蓄电池绝缘故障诊断与排除

VIN：	年次：	动力蓄电池总电压：

任务要求：

1）在实训过程中，不要上电，最好能断开负极，且等待 10 min。

2）在认识各部件安装位置时，禁止插拔插接件。

3）车辆停在举升机上，在车底观察动力蓄电池和电机等部件时，必须戴好安全帽。

4）设备、工位隔离，禁止无关人员进入

1. 工具、量具

2. 维修资料及辅助材料

3. 制订工作计划及人员分工

4. 工作现场安全准备、检查

5. 本工作任务的结果

6. 现场整理、清洁

7. 本工作任务存在的问题及解决方法

习题

一、单选题

1. 根据 GB 18384—2020《电动汽车安全要求》的规定，动力系统的测量阶段交流最小瞬间绝缘电阻为（　　）kΩ。

　　A. 100　　　　　　　　B. 500　　　　　　　　C. 1000　　　　　　　　D. 5000

2. 高压电缆和插接件的颜色，原则上要求为（　　）。

　　A. 橙色　　　　　　　　B. 黑色　　　　　　　　C. 白色　　　　　　　　D. 以上都可以

3. 在救援电气事故中受伤人员时，应该放在第一位考虑的问题是（　　）。

　　A. 受伤人员的安全　B. 自身安全　　　C. 设备安全　　　D. 电气事故的原因

4. 通过检测高压电路（　　）对车辆底盘的绝缘电阻，来反映高压系统的绝缘性能。

　　A. 正极母线　　　　B. 负极母线　　　　C. 正、负极母线　　D. 蓄电池

二、多选题

1. 对于纯电动汽车的高压安全策略说法正确的是（　　　　）。

　　A. 具有碰撞断电功能，在整车发生碰撞的时候，BMS 可以控制断开高压接触器，断开整车高压电路，保证高压安全

　　B. 具有绝缘监测功能，BMS 会在工作状态下对整车高压系统的绝缘电阻进行周期性测试

　　C. 具有环路互锁功能，整车具有检测所有高压插接件连接可靠性的功能

　　D. 具有开盖检测功能，高压模块具有在交直流充电、起动过程以及行车过程中检测自身盖板是否打开的功能

2. 关于绝缘检测仪的使用方法，以下说法正确的是（　　　　）。

　　A. 黑表笔插入"COM"端子，红表笔插入"V 绝缘"端子

　　B. 测量吉利纯电动车型，绝缘测试电压挡可调至"500 V"

　　C. 用黑表笔触头接车身搭铁，红表笔触头接高压线束端子的正极（或负极）

　　D. 一直按住绝缘检测仪上的"测试"按钮或红表笔上的"TSET"按钮 20 s 左右（或数值趋于稳定为止），此时显示的数值为绝缘电阻值

3. 下列属于高压安全防护用品的是（　　　　）。

　　A. 绝缘安全帽　　　B. 绝缘手套　　　C. 绝缘安全鞋　　　D. 绝缘服

三、判断题

1. 电动汽车动力系统是一个独立的系统，对车辆壳体是完全绝缘的，所以无须实时监测绝缘性能。　　　　　　　　　　　　　　　　　　　　　　　　　（　　）

2. 当发生了绝缘故障之后，维修人员必须穿戴好有一定安全等级、符合国家相关标准要求的防护用品。　　　　　　　　　　　　　　　　　　　　　　（　　）

3. 如果绝缘电阻值下降，BMS 将切断动力蓄电池供电电路，防止发生漏电意外，同时通过组合仪表报警。　　　　　　　　　　　　　　　　　　　　　（　　）

任务三　动力蓄电池采样信号异常故障诊断与排除

任务引入

　　一辆吉利几何 C 型纯电动汽车出现了三级报警，客户未发现故障现象。经维修技师查看发现，动力蓄电池采样信号有单体过电压 3 级、电池温度传感器故障。你是否知道动力蓄电池采样信号异常的原因以及出现故障后如何进行排查。

　　通过本任务的学习，能够正确使用诊断设备对动力蓄电池采样系统进行故障排查，建立有效、合理、安全的诊断思路，并规范实施车辆故障检测作业。

任务目标

知识目标：
掌握动力蓄电池采样系统的功能及常见信号采样方法。

技能目标：
1. 能够借助诊断设备完成动力蓄电池采样系统的故障排查。
2. 能够建立动力蓄电池采样系统故障诊断思路。

职业素养目标：
1. 严格执行汽车检修规范，养成严谨科学的工作态度。
2. 养成总结训练结果的习惯，为下次训练积累经验。
3. 养成团结协作精神。
4. 严格执行 5S 现场管理。

相关知识

一、采样系统的功能

　　作为 BMS 中其他功能的基础与前提，数据采样的精度和速度能够反映 BMS 的优劣。BMS 的其他功能，如 SOC 分析、均衡管理、热管理功能等都是以采样的数据为基础进行分析及处理的。数据采样的对象一般为电压、电流和温度。BMS 的采样速率一般要求大于 200 Hz（50 ms）。

　　每一个动力蓄电池有多个采样系统，以监测其中每个单体电池或蓄电池模组电压和温度信息。采样系统将相关信息上报 BMS，并根据 BMS 的指令执行单体电池电压均衡。

二、单体电池电压的检测

为了对动力蓄电池进行监测和管理，需要获得内部所有单体电池电压，所以BMS 在每一块单体电池正、负两端各安装一根监测电压的导线，图 4-20 所示为BMS 对单体电池的电压采集线路。单体电池属于高压电路，而监测单体电池电压的电路属于低压电路，为了防止单体电池的高压电路串联到低压电路，BMS 内部需要采取隔离措施，隔离开单体电池的高压电路，以保障电路安全。

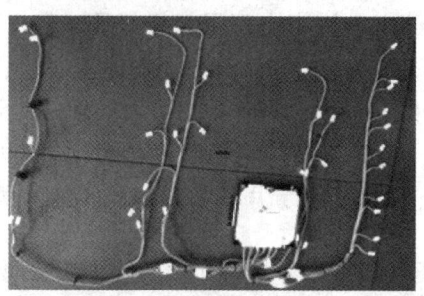

图 4-20　电压采集线路

单体电池电压采集导线直接连接到 BMS 单体电池电压采集模块，如图 4-21 所示。BMS 内部经过高压隔离和模数转换，把单体电池电压转换成数字信号，BMS芯片对每一块单体电池的实时电压进行监控并进行 SOC 的计算，并做出单体电池电压是否正常的判断，如单体电池电压偏差过大，给出报警。

图 4-21　BMS 采集单体电池电压电路

充放电时，BMS 采集的单体电池电压信号是判断充电完成和放电是否结束的依据。在采集单体电池电压时一般采用贯序采集，而不是采用并行同步采集。

三、电流采样

动力蓄电池过电流保护也被称为过流保护，是指在充、放电过程中，如果工作电流过大，超过了安全值，BMS 会采取相应的保护措施。充电时，过流保护通常发指令给充电机或充电桩降低充电电流，甚至切断动力蓄电池充电电路，保证电路、动力蓄电池的安全；放电时，过流保护通常发指令给电机控制器限制输出电流，甚至切断动力蓄电池充电、放电电路，以保证电路、动力蓄电池的安全。

"电流传感器"用来监测充、放电电流的大小，常用的传感器有分流器、互感器、霍尔元件传感器和光纤传感器。

四、动力蓄电池温度检测方式与线束

工作时的温度是影响单体电池能否正常充放电的重要因素，过低的温度导致单体电池无法正常放电，过高的温度造成单体电池内部短路，导致冒烟或起火。所以BMS 需要对单体电池本身进行温度监测，同时对单体电池工作的环境温度进行监测，这对于动力蓄电池 SOC 的计算和单体电池安全保护具有非常重要的意义。

1. 热敏电阻采集法

热敏电阻采集法的原理是利用热敏电阻阻值随温度的变化而变化的特性，用一个定值电阻和热敏电阻串联起来构成一个分压器，从而把温度的高低转换为电压信号，再通过模数转换得到温度的数字信息。热敏电阻成本低，但线性度不好，而且制造误差一般也比较大。

2. 热电偶采集法

热电偶的作用原理是双金属体在不同温度下会产生不同的热电动势，通过采集电动势的值就可以通过查表得到温度的值。由于热电动势的值仅和材料有关，所以热电偶的准确度很高。但是由于热电动势都是毫伏等级的信号，所以需要放大，且外部电路比较复杂。一般来说金属的熔点都比较高，所以热电偶一般都用于高温的测量。

3. 集成温度传感器采集法

由于温度的测量在日常生产、生活中用得越来越多，所以半导体生产商们都推出了很多集成温度传感器。这些温度传感器虽然很多都是基于热敏电阻的，但都在生产的过程中进行校正，所以精度可以与热电偶媲美，而且直接输出数字量，很适合在数字系统中使用。

温度传感器的电路直接与 BMS 连接，温度数据进行模数转换后进入 BMS 芯片。监测温度过高（超过 55℃）时会切断动力蓄电池的电力输出，并通过组合仪表报警，此时无法对动力蓄电池进行充放电的操作，直至温度正常。监测到温度过低时会切断动力蓄电池的电力输出并启动加热电路，等单体电池加热至 5℃ 以上，才可以进行充放电，并关闭加热电路。

任务实施

一、任务准备

安全防护：做好车辆高压安全防护与隔离。
工具准备：数字万用表、绝缘防护用品、绝缘工具套装、常规工具套装。
台架车辆：吉利几何 C 型纯电动汽车或其他车辆。
辅助资料：说明书、维修手册等。

二、实施步骤

1）故障码。动力蓄电池硬件部分故障码及故障部位见表 4-10。

表 4-10　动力蓄电池硬件部分故障码及故障部位

序号	故障码	故障说明	故障码触发条件	故障码检测条件（控制策略）	故障部位
1	P152216	单体欠电压 1 级	$U_{min} \leqslant 2.8\,V$（$T_{min} \geqslant -5℃$）；$U_{min} \leqslant 2.5\,V$（$T_{min} < -5℃$）	1）BMS 上电。2）CSC 单体电池电压监测功能正常工作。3）BMU 与 CSCs 之间的 CSC-CAN 总线工作正常。4）最大、最小电芯电压有效	
2	P157017	单体过电压 2 级	$U_{max} \geqslant 4.3\,V$（校准）		
3	P157016	单体欠电压 2 级	$U_{min} \leqslant 2.5\,V$（$T_{min} \geqslant -5℃$）；$U_{min} \leqslant 2.0\,V$（$T_{min} < -5℃$）		
4	P152409	总电流采样失效	1）电流报文无效标志位或超出检测范围，标志位持续 2 s。2）CSU 上报 SPI 通信故障	1）BMS 已上电。2）BMU 继电器诊断功能工作。3）BMU 电流监控功能正常工作。4）CSU 可正常通过 CAN 总线发送电流值给 BMU	
5	P152617	动力蓄电池总电压过电压	$U_{sum} \geqslant 408.5\,V$	1）BMS 上电。2）CSC 单体电压监测功能正常工作。3）BMU 与 CSCs 之间的 CSC-CAN 总线工作正常。4）动力蓄电池总电压有效且不为 0	动力蓄电池
6	P152616	动力蓄电池总电压欠电压	$U_{sum} \leqslant 266\,V$（$T_{min} \geqslant -5℃$）；$U_{sum} \leqslant 237.5\,V$（$T_{min} < -5℃$）		
7	P152901	均衡停止原因：均衡回路故障	BMU 读取 CMC 均衡回路故障标志或均衡温度无效	1）BMS 已上电。2）CSU 可正常检测电流。3）CSU 可正常通过 CAN 总线发送电流值给 BMU。4）CSC 单体电池电压监测功能正常工作	
8	P152917	单体电压压差过大	$\Delta(SOC\_Max - SOC\_Min) \geqslant 30\%$	1）BMS 已上电。2）所有单体电池电压监测功能正常。3）BMU 通过 CSC-CAN 接收到从 CSCs 发出的均衡状态、最高单体电池电压、最低单体电池电压	
9	P152B21	动力蓄电池低温 1 级	最低的动力蓄电池温度低于 -20℃，持续时间大于或等于 4 s	1）BMS 已上电。2）温度传感器工作正常。3）CSC 可正常地通过温度传感器测量到温度值。4）BMU 与 CSCs 之间的 CSC-CAN 总线工作正常	

续表

序号	故障码	故障说明	故障码触发条件	故障码检测条件（控制策略）	故障部位
10	P152B98	动力蓄电池过温1级	动力蓄电池的最高温度超过53℃，持续时间大于或等于4 s		
11	P152C98	动力蓄电池过温2级	动力蓄电池的最高温度超过55℃，持续时间大于或等于4 s	1）BMS已上电。 2）温度传感器工作正常。 3）CSC可正常地通过温度传感器测量到温度值。 4）BMU与CSCs之间的CSC-CAN总线工作正常	
12	P15E300	动力蓄电池过温2级	动力蓄电池的最低温度低于-30℃，持续时间大于或等于4 s		
13	P152D00	动力蓄电池温差过大	温差过大，大于或等于25℃，时间大于或等于60 s		
14	P152F1D	电流采样无效	电流有效性标志位为无效状态	1）BMS已上电。 2）BMU继电器诊断功能正常工作。 3）BMU电流监控功能正常工作。 4）BMS上高压过程	
15	P155E16	电芯极限欠电压	最低单体电池电压小于或等于0.8 V，持续4 s	1）BMS已上电。 2）CSC单体电池电压监测功能正常工作	动力蓄电池
16	P155E17	电芯极限过电压	最高单体电池电压大于或等于4.4 V，持续4 s	1）BMS已上电。 2）CSC单体电池电压监测功能正常工作	
17	P156609	温度传感器故障（严重）	低温离群温度点，或超过-40～120℃的温度范围，单个CMC出现1，持续20	1）BMS已上电。 2）CSC单体电池电压采样功能正常。 3）BMU可通过CSC-CAN接收CSC发送的所有单体电池电压数据	
18	P156709	电池温度传感器故障	低温离群温度点，或超过-40～120℃的温度范围，单个CMC出现=1，持续20	1）BMS已上电。 2）CSC温度采样功能正常。 3）BMU可以通过CSC-CAN接收到从CSC处发出的所有与温度相关的数据	
19	P156722	加热时进水口温度过高	进水口温度大于或等于58℃	1）BMS已上电。 2）加热中	
20	P156721	冷却时进水口温度过低	进水口温度小于或等于10℃	1）BMS已上电。 2）冷却中	

序号	故障码	故障说明	故障码触发条件	故障码检测条件（控制策略）	故障部位
21	P158B19	单体欠电压3级	$U_{min} \leqslant 2.0\,V$（$\geqslant -5℃$），$t = 4\,s$；$U_{min} \leqslant 1.5\,V$（$< -5℃$），$t = 4\,s$	1）BMS上电。2）CSC单体电池电压监测功能正常工作。3）BMU与CSCs之间的CSC-CAN总线工作正常。4）最大最小单体电池电压有效	动力蓄电池
22	P158C19	单体过电压3级	$U_{max} \geqslant 4.35\,V$（校准）		
23	P159113	电芯电压采样线掉线	BMU接收硬件检测采样线掉线标志位有效，持续5 s	1）BMS已上电。2）CSC采样功能工作正常（软件）。3）BMU可以通过SPI接收CSC发送的单体电池电压数据及温度数据	
24	P15918F	均衡停止原因：CSC PCB板载温度过高	PCB板载温度90℃持续5 s	1）BMS已上电。2）CSC采样功能工作正常（软件）。3）BMU可以通过CSC-CAN接收CSC发送的单体电池电压数据及温度数据	
25	P159298	动力蓄电池过温3级	最高的动力蓄电池温度超过60℃，持续时间大于或等于4 s	1）BMS已上电。2）温度传感器工作正常。3）CSC可正常地通过温度传感器测量到温度值。4）BMU与CSCs之间的CSC-CAN总线工作正常	
26	P159321	动力蓄电池低温3级	最低的动力蓄电池温度低于-40℃，持续时间大于或等于4 s	1）BMS已上电。2）温度传感器工作正常。3）CSC可正常地通过温度传感器测量到温度值。4）BMU与CSCs之间的CSC-CAN总线工作正常	
27	P159600	电压传感器故障	单体电池电压值无效或超限，持续5 s	1）BMS已上电。2）CSC单体电池电压采样功能正常。3）BMU可通过CSC-CAN接收CSC发送的所有单体电池电压数据	
28	P159901	热管理故障：入水口温度传感器故障	入水温度小于或等于-40℃持续5 s（可标定）或者温度等于100℃持续5 s（可标定）	BMS已上电	

续表

序号	故障码	故障说明	故障码触发条件	故障码检测条件 （控制策略）	故障部位
29	P15D729	上高压过程中 Link 电压采样失效	上高压过程中：主正继电器外侧高压采样值为无效值，50 ms； 上高压启动时：主正继电器外侧高压采样值为无效值，2 s	1）BMS 已上电。 2）BMS 尝试上高压	动力蓄电池
30	P15D829	上高压过程中 Pack 采样失效	上高压过程中：Pack 高压采样值为无效值，50 ms； 上高压启动时：Pack 高压采样值为无效值，2 s	1）BMS 已上电。 2）BMS 尝试上高压	
31	P15DD64	SOC 不合理	上电读取 EEPROM 里面的 SOC 值>100%	BMS 已上电	
32	P15E101	热管理故障，出水口温度传感器故障	出水温度小于或等于 −40℃持续 5 s（可标定）或者温度等于 100℃持续 5 s（可标定）	BMS 已上电	
33	P15E201	热管理故障，热管理结束时温差过大	冷却结束时那一刻单体电池温差超过 10℃，0 s 确认；加热结束时那一刻单体电池温差超过 15℃，0 s 确认	BMS 已上电	

2）诊断步骤

步骤 1：使用故障诊断仪读取故障码。

① 连接故障诊断仪至诊断接口。

② 操作起动开关，使电源模式处于"ON"状态。

③ 读取系统故障码，确认是否存在其他故障码。

如果有其他故障码，优先排除故障码指示故障。如果没有其他故障码，执行步骤 2。

步骤 2：进行控制器复位。

① 进行控制器复位。

② 复位后故障是否存在。

如果复位后故障不存在，系统正常。若故障依然存在，执行步骤 3。

步骤 3：更换动力蓄电池。

更换动力蓄电池。

步骤 4：写控制器数据。

①　写控制器数据。

②　确认维修完成。

步骤5：系统正常。

  拓展案例

一、故障现象

新能源监控平台检测到车辆发生三级预警，客户未发现故障现象。

二、故障诊断

1）当天邀请客户进4S店检测，车辆组合仪表无故障灯，用故障诊断仪读取故障码。如图4-22所示，报出历史故障：P15DC28 低温离群、P15E17 电芯极限过压、P158C19 单体过压3级；当前故障：P156709 电池温度传感器故障。

GE13>>BMSH>>故障码		
故障码	描述	状态
P15DC28	低温离群	历史故障码
P155E17	电芯极限过压	历史故障码
P158C19	单体过压3级	历史故障码
P156709	电池温度传感器故障	当前故障码

图4-22　故障诊断仪读取故障码

2）如图4-23和图4-24所示，通过读取数据流发现，单体电池最高电压为4.199 V，单体电池最低电压为4.181 V，动力蓄电池总电压为402.6 V，电压检测无异常。

GE13>>BMSH>>数据流		
名称	值	单位
整车高压互锁状态	互锁OK	
主正继电器状态	关	
电池单体最高容量	150.0	
电池单体最低容量	150.0	
电池包进水口温度	37.0	℃
发动机状态	发动机停止	
电压_模组_1_电芯_3	4.198	V
电压_模组_1_电芯_11	4.199	V
电压_模组_1_电芯_7	4.197	V
电压_模组_1_电芯_1	4.198	V

图4-23　诊断仪读取数据流（一）

3）如图4-25和图4-26所示，读取的数据流中，动力蓄电池最高温度为28℃，最低温度为27℃，但是单个蓄电池模组温度值均为-1.0℃，数值不合理，根据当地气温 25℃ 判断蓄电池模组温度数值不合理。

GE13>>BMSH>>数据流		
名称	值	单位
最小单体电池电压	4.181	V
最小电芯电压的电芯号	45	
电池包总电压	402.6	V
电池包总电流	0.4	A
电池包最高温度	28	℃
电池包最高温度的温度传感器号	1	
电池包最低温度	27	℃
电池包最低温度的温度传感器号	4	

图 4-24 故障诊断仪读取数据流（二）

GE13>>BMSH>>数据流		
名称	值	单位
1号模组温度值	-1.0	℃
2号模组温度值	-1.0	℃
11号模组温度值	-1.0	℃
12号模组温度值	-1.0	℃
13号模组温度值	-1.0	℃
14号模组温度值	-1.0	℃
15号模组温度值	-1.0	℃
16号模组温度值	-1.0	℃
17号模组温度值	-1.0	℃
18号模组温度值	-1.0	℃

图 4-25 蓄电池模组数据流（一）

GE13>>BMSH>>数据流		
名称	值	单位
3号模组温度值	-1.0	℃
4号模组温度值	-1.5	℃
5号模组温度值	-1.0	℃
6号模组温度值	-1.5	℃
7号模组温度值	-1.0	℃
8号模组温度值	-1.5	℃
9号模组温度值	-1.0	℃
10号模组温度值	-1.5	℃
最大单体电池电压	4.199	V
最大电芯电压的电芯号	62	

图 4-26 蓄电池模组数据流（二）

4）联系宁德时代进 4S 店现场检测两天，判定故障为动力蓄电池内部 BMS 故障导致三级报警。

5）如图 4-27 所示，现场拆包检查发现 10 号模组 M10 低压采集线束插接件虚接。

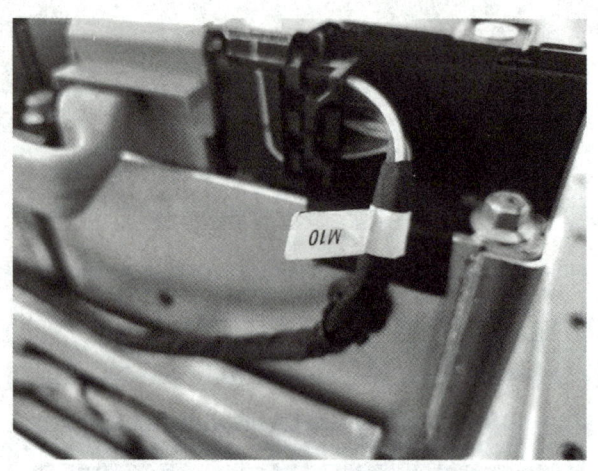

图 4-27　故障部位

三、故障排除

将插接件复位装车，通过颠簸路面等试车，故障未复现，故障排除。

 任务工单

项目四　动力蓄电池系统故障诊断与排除	小组人员：	
班级：	日期：	指导教师签字：
工作任务三　动力蓄电池采样信号异常故障诊断与排除		
VIN：	年次：	动力蓄电池总电压：

任务要求：
1）在实训过程中，不要上电，最好能断开负极，且等待 10 min。
2）在认识各部件安装位置时，禁止插拔插接件。
3）车辆停在举升机上，在车底观察动力蓄电池和电机等部件时，必须戴好安全帽。
4）设备、工位隔离，禁止无关人员进入

1. 工具、量具

2. 维修资料及辅助材料

3. 制订工作计划及人员分工

4. 工作现场安全准备、检查

5. 本工作任务的结果

6. 现场整理、清洁

7. 本工作任务存在的问题及解决方法

习题

一、单选题

1. 温度传感器监测到温度高于（　　　）时会切断动力蓄电池的电力输出，并通过组合仪表报警。

A. 37℃　　　　　　B. 40℃　　　　　　C. 45℃　　　　　　D. 55℃

2. BMS 的采样速率一般要求大于（　　　）。

A. 50 Hz　　　　　B. 100 Hz　　　　　C. 150 Hz　　　　　D. 200 Hz

3. 为获得动力蓄电池内部所有单体电池电压，BMS 对每一块单体电池（　　　）各安装一根监测电压的导线。

A. 正极端　　　　　B. 负极端　　　　　C. 正、负两端　　　　D. 搭铁端

4. 在采集单体电池电压时，一般采取（　　　），而不是采用并行同步采集。

A. 串行同步采集　　B. 并行同步采集　　C. 贯序采集　　　　　D. 随机采集

5. 电流传感器用来监测（　　　）电流的大小。

A. 充电　　　　　　B. 放电　　　　　　C. 充、放电　　　　　D. 采集

二、判断题

1. 数据采集的对象一般为电压、电流，其他信息不需要采集。　　（　　）

2. 每一个单体电池都有一个信息采集系统。　　（　　）

3. BMS 的 SOC 状态分析等功能都是以采集获取的数据为基础进行分析及处理的。　　（　　）

4. 过高的温度会影响单体电池充放电，温度过低是不影响的。　　（　　）

项目五 ▶▶▶

电机驱动系统故障诊断与排除

▶ 背景拓展

电机驱动系统是新能源汽车的"心脏",是新能源汽车发展的重要基础。

近年来,我国在电机驱动系统方面加大科技创新投入,打破国外技术封锁。IGBT 模块是新能源汽车电机电控系统核心器件,相当于新能源汽车电驱动总成的"心脏",一度被国外企业垄断。如今,我国企业手握核心关键技术,已经突破 IGBT 圆管设计、模块散热、封装和制造等关键技术,实现了汽车 IGBT 功率模块的产业化,打破了国外对市场垄断。如今搭载 IGBT "中国芯"的纯电动汽车已在全球范围内大规模应用。

比亚迪四电机独立控制技术是一种以四电机独立驱动为核心的动力系统技术,从感知、控制、执行三个维度围绕新能源汽车的特性进行了全面重构,可以实现对每个车轮的动力进行独立精准控制,最直观的功能就是原地调头功能。

这些关键技术的突破创新,是我国汽车产业研发积累和技术创新的产物,展示了国产品牌崛起的实力和信心。

▶ 项目描述

本项目共三个学习任务,分别是:

任务一　驱动电机故障诊断与排除

任务二　电机控制器故障诊断与排除

任务三　旋变传感器故障诊断与排除

通过三个任务的学习,熟悉电机驱动系统典型故障的诊断思路,能独立完成电机驱动系统的故障诊断与排除工作。

任务一　驱动电机故障诊断与排除

任务引入

一辆吉利几何 C 型纯电动汽车无法行驶，维修技师使用诊断仪器读取的故障为驱动电机三相线束故障。什么是驱动电机？它是如何驱动车辆的？通过本任务的学习，能够正确使用诊断设备对驱动电机进行故障排查，建立有效、合理、安全的诊断思路，并规范实施车辆故障检测作业。

任务目标

知识目标：
掌握驱动电机的常见类型及其结构和功能。

技能目标：
1. 能够借助诊断设备完成新能源汽车电机驱动系统的故障排查。
2. 能够建立驱动电机的故障诊断思路。

职业素养目标：
1. 严格执行汽车检修规范，养成严谨科学的工作态度。
2. 养成总结训练结果的习惯，为下次训练积累经验。
3. 养成团结协作精神。
4. 严格执行 5S 现场管理。

相关知识

一、电机驱动系统的组成

电机驱动系统主要由驱动电机、电机控制器、各种检测传感器以及电源等部分构成，能量传递路线如图 5-1 所示。通过电机控制系统的精确控制，使驱动电机快速起动、快速响应，高效率、高转矩输出及实现高过载能力。针对不同类型的电机，其控制系统的原理与方式有所差别。

驱动电机是新能源汽车核心部件之一，其特性对新能源汽车行驶的动力性、经济性、安全性、操纵稳定性等有重要的影响。

电机是应用电磁感应原理运行的旋转电磁机械，用于实现电能向机械能的转换。运行时从供电系统吸收电功率，向机械系统输出机械功率，同时，电机驱动系统还要有能量回收功能。根据设计原理与分类方式的不同，电机的具体构造与

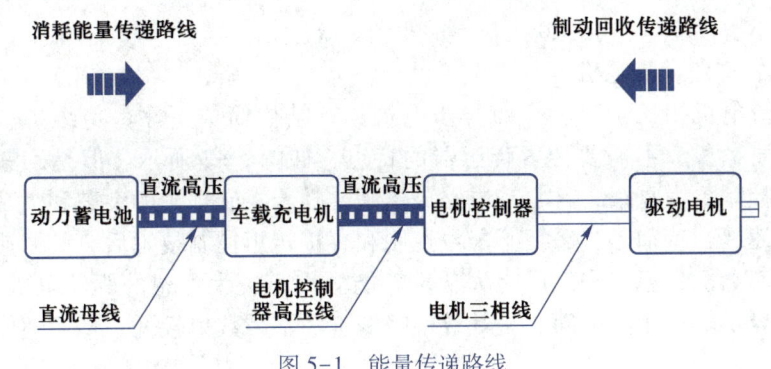

图 5-1　能量传递路线

成本构成也有所差异。

二、对驱动电机的要求

目前，新能源汽车对驱动电机的要求，主要可以归纳如下。

1）为满足车辆对于低速爬坡和起动加速度的要求，驱动电机在低速工况下应能输出较大的转矩。

2）考虑到新能源汽车在高速行驶和超车时的需要，驱动电机应具有较宽的恒功率区，通常要求其恒功率区范围为恒转矩区的 3~10 倍。

3）在全工况区内，要求调速范围尽量大，同时在整个调速范围内还需要保持较高的运行效率，因此要求驱动电机的高效区（效率在 80% 及以上）覆盖率应大于 70%。

4）新能源汽车应具有最优化的能量利用，具有制动能量回收功能，再生制动回收的能量一般要达到总能量的 10%~20%。

5）驱动电机应具备较高的可靠性。

6）应尽量降低驱动电机的成本。

三、电机的类型及特点

1. 直流电机

直流电机由定子（机座、主磁极、励磁绕组、电刷等）和转子（电枢铁心、电枢绕组、换向器等）组成。直流电机具有起动转矩大、易于调速控制及技术成熟等优点。

直流电机可分为有刷直流电机和无刷直流电机。有刷直流电机的电枢电流需要由电刷和换向器引入，换向时容易产生电火花，导致换向器容易烧蚀，电刷容易产生磨损，为此需要经常更换，维护工作量较大。同时，由于电刷部分存在接触磨损的现象，不仅使电机效率有所降低，还限制了电机运行的最高转速。无刷直流电机已成为入门级新能源汽车所使用的最为普遍的一种类型。

由于直流电机转速范围不大，在行驶时如果不辅以二级减速器和变速器，车辆的最高时速会比较低。因此，直流电机常用于小功率的新能源汽车电机驱动系统中，如小型代步车、景区观光车等的驱动系统。

2. 三相交流异步电机

与直流电机相比，三相交流异步电机具有结构简单可靠、免维护、易于冷却、使用寿命长、不需要位置传感器的特点，如图 5-2 所示。但是，三相交流异步电机控制更为复杂，且驱动电路成本高。随着控制理论的突破和大功率电子元器件的发展，特别是当采用了矢量控制和直接转矩控制技术后，其调速特性已接近于直流电机，近年来已成为大功率新能源汽车较为理想的驱动电机。目前，三相交流异步电机面临的问题是其效率略低、功率因数也较低，调速性能还有待提高。

图 5-2　三相交流异步电机

3. 永磁同步电机

如图 5-3 所示，永磁同步电机的结构与直流电机相似，因此它具备无刷直流电机结构简单、运行可靠、功率密度大、调速性能好等特点，同时由于永磁同步电机采用电子换向替代了传统的换向器及电刷结构，解决了直流电机电刷易磨损的缺陷，所以在噪声及控制精度上，永磁同步电机更胜一筹。相比其他电机，永磁同步电机的体积小，布置更为灵活，其更轻的自重对整车质量控制也有帮助。

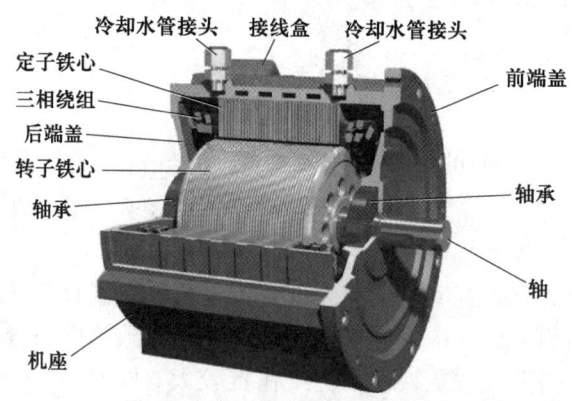

图 5-3　永磁同步电机

永磁同步电机可分为交流永磁同步电机（PMSM）、无刷永磁电机（BLDCM）和新型永磁电机［混合式永磁电机（HSM）、续流增磁永磁电机］三大类，目前新能源汽车主要采用的是前两类。

4. 开关磁阻电机

开关磁阻电机是一种有发展潜力的电机，如图5-4所示。同样具备结构简单、坚固耐用、工作可靠、效率高等优势，同时，它的调速系统可控参数多，经济指标比其他类型电机都要好，功率密度也更高，电流达到额定电流的15%时即可实现100%的起动转矩。另外，更小的体积也使新能源汽车的整车设计更为灵活，可以给车内空出更大的空间，更为重要的是，这种电机的成本也不高。

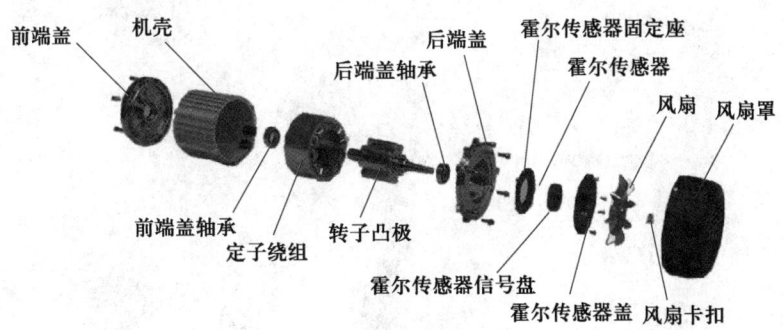

图 5-4　开关磁阻电机

开关磁阻电机的结构虽然简单，但在实际运转过程中，电机本身发出的噪声以及振动是无法"容忍"的，是负载运行的工况下尤为明显。

四、电机驱动系统的工作模式

如图5-5所示，电机驱动系统主要由驱动电机和电机控制器构成，通过高低压线束、冷却管路与整车其他系统连接。

根据新能源汽车的四个挡位（P、R、N、D），以及加速踏板和制动踏板信号，将新能源汽车的运行状态分为五种模式，分别是起车模式、正常驱动模式、制动能量回馈模式、空挡模式和失效保护模式。整车控制器采集起动开关、加速踏板、制动踏板、挡位信号和其他传感器信号，然后提取出有效值，并对这些有效值进行判断和计算，选取相应的驱动模式，然后向电机控制器发送整车期望转矩指令。

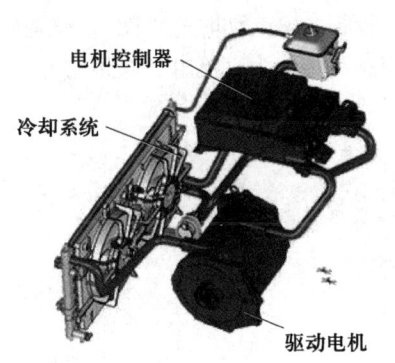

图 5-5　电机驱动系统的结构

1）起车模式。起车模式是指车辆已经起动，挡位挂在驱动挡，节气门开度为零的运行模式。此时，整车控制器发送给电机控制器的转矩指令为起车小转矩。该转矩的主要功能是：如果在平直路面上行驶，可以使车辆保持一个恒定起车速度前行，如果在坡道上行驶，可以防止起车时车辆倒溜。在起车模式下，车辆最终以恒定速度行驶，并且车速有一个最大值，若车速超过这个值，则驱动电机停止转矩的输出。

　　2）正常驱动模式。正常驱动模式如图 5-6 所示，是指车辆处于驱动使能状态下，整车动力系统能够无故障运行，保障车辆正常行驶。此时，整车控制器根据节气门开度、车速和动力蓄电池 SOC 值来确定发送给电机控制器的转矩指令，当电机控制器从整车控制器得到转矩输出的指令时，将动力蓄电池提供的直流电转化成三相交流电，驱动电机输出转矩，通过机械传输来驱动车辆。正常驱动模式下有一个最大行驶车速。

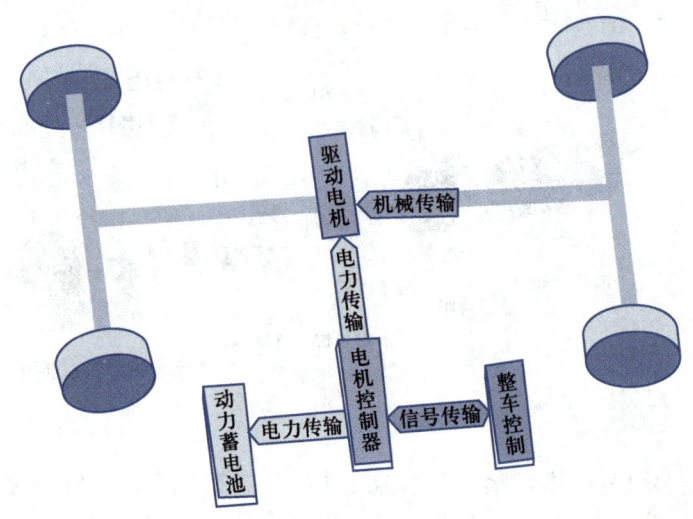

图 5-6　正常驱动模式

　　3）制动能量回馈模式。制动能量回馈模式如图 5-7 所示，其也称为发电模式，是指车辆在运行时制动信号有效，并且车速大于一定值，则对车辆的动能进行回收。驱动电机既可以作为电动机，又可以作为发电机。此时驱动电机输出制动力矩，有效地吸收车辆制动时的动能，将车辆的动能转化为电能，然后三相正弦交流电通过电机控制器转化为直流电，产生的电能给动力蓄电池充电，增加能量的利用率。

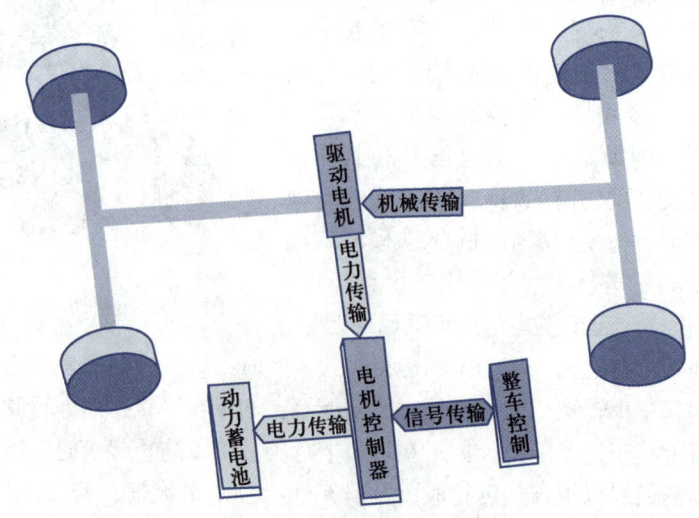

图 5-7　制动能量回馈模式

4）空挡模式。挡位信号在 N 位时，整车控制器发送给电机控制器的转矩指令为 0，驱动电机处于自由状态，驱动电机随着驱动轮转动。传统的燃油汽车由于发动机不能带负载起动，在塞车或路口等绿灯时，需要让发动机怠速转动，这时候燃油不做功，降低了整车的能量利用率，同时熄火时，由于燃油燃烧不充分，还造成了比较大的环境污染，而新能源汽车不存在这方面的缺点。

5）失效保护模式。失效保护模式为整车动力系统出现非严重故障时，车辆还可以继续行驶而不需要紧急停车。整车控制器根据故障等级，对需求转矩进行限制输出。

 任务实施

一、任务准备

安全防护：做好车辆高压安全防护与隔离。
工具准备：数字万用表、绝缘防护用品、绝缘工具套装、常规工具套装。
台架车辆：吉利几何 C 型纯电动汽车或其他车辆。
辅助资料：说明书、维修手册等。

二、实施步骤

1）驱动电机端子认知。BV13 电机线束位于前舱，插接器接口如图 5-8 所示，各端子名称、线色及作用见表 5-1。

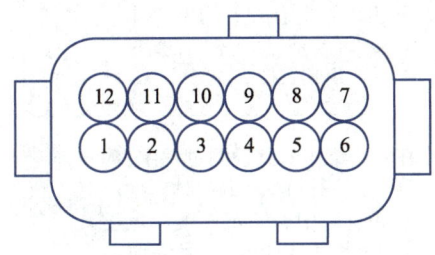

图 5-8　BV13 电机线束插接器

表 5-1　BV13 电机线束插接器端子说明

端 子 号	端 子 名 称	线 色	端 子 说 明
1	R1+	R	电机 R1+
2	R1-	R/W	电机 R1-
3	R2+	R/B	电机 R2+
4	R2-	B/O	电机 R2-
5	GND	B	屏蔽搭铁

端 子 号	端 子 名 称	线　色	端 子 说 明
6	GND	B	屏蔽搭铁
7	COSLO	G	电机旋变 COSLO
8	COSHI	O	电机旋变 COSHI
9	SINLO	W	电机旋变 SINLO
10	SINHI	Y	电机旋变 SINHI
11	REFLO	L	电机旋变励磁−
12	REF	P	电机旋变励磁+

2）故障码。驱动电机三相线束故障码及故障部位见表5-2。

表 5-2　驱动电机三相线束故障码及故障部位

序号	故障码	故障说明	故障码触发条件	故障码检测条件（控制策略）	故障部位
1	P1B1105	至少两相线束开路故障	当在定子绕组开路检测过程中，施加两次测试脉冲得到电流响应均超时（20 ms），报该 DFC	电机进入 TestPulse 模式	1）电路。2）电机控制器。3）驱动电机
2	P1B1107	U 相线束开路故障	当在定子绕组开路检测过程中，施加第二次测试脉冲 010 时，检测到 V 相绕组中有一定的电流流过，但 U 相电流小于一定值时（5 A）认为 U 相开路，报该 DTC	电机进入 TestPulse 模式	
3	P1B1108	V 相线束开路故障	当在定子绕组开路检测过程中，施加第一次测试脉冲 100 时，检测到 U 相绕组中有一定的电流流过，但 V 相电流小于一定值时（5 A）认为 V 相开路，报该 DTC	电机进入 TestPulse 模式	
4	P1B1109	W 相线束开路故障	1）当在定子绕组开路检测过程中，施加第一次测试脉冲 100 时，检测到 U 相绕组中有一定的电流流过，但 W 相电流小于一定值时（5 A）认为 W 相开路，报该 DTC。2）或者施加第二次测试脉冲 010 时，检测到 V 相绕组中有一定的电流流过，但 W 相电流小于一定值时（5 A）认为 W 相开路，报该 DTC	电机进入 TestPulse 模式	

续表

序号	故障码	故障说明	故障码触发条件	故障码检测条件（控制策略）	故障部位
5	P1B103A	U 相电流过大	U 相电流数值最大值超过一定阈值（790 A）	连续使能	
6	P1B103B	U 相电流过小	U 相电流数值最小值低于一定阈值（-790 A）	连续使能	
7	P1B113C	U 相电流传感器标定不合理	在传感器标定阶段测试结果显示偏高（X+359）或偏低（X-359）	在电流传感器标定时	
8	P1B113D	U 相电流电路开路	U 相电流电路开路诊断	连续使能	
9	P1B113E	U 相电流传感器对电源短路	U 相电流 AD 采样数值最大值过高（62914）	连续使能	
10	P1B113F	U 相电流传感器对地短路	U 相电流 AD 采样数值最小值过低（1311）	连续使能	1）电路。2）电机控制器。3）驱动电机
11	P1B103F	V 相电流过大	V 相电流数值最大值超过一定阈值（790 A）	连续使能	
12	P1B1040	V 相电流过小	V 相电流数值最小值低于一定阈值（-790 A）	连续使能	
13	P1B1140	V 相电流传感器标定不合理	在传感器标定阶段测试结果显示偏高（X+359）或偏低（X-359）	在电流传感器标定时	
14	P1B1141	V 相电流电路开路	V 相电流电路开路诊断	连续使能	
15	P1B1142	V 相电流传感器对电源短路	V 相电流 AD 采样数值最大值过高（62914）	连续使能	
16	P1B1143	V 相电流传感器对地短路	V 相电流 AD 采样数值最小值过低（1311）	连续使能	
17	P1B1043	W 相电流过大	W 相电流数值最大值超过一定阈值（790 A）	连续使能	

续表

序号	故障码	故障说明	故障码触发条件	故障码检测条件（控制策略）	故障部位
18	P1B1044	W 相电流过小	W 相电流数值最小值低于一定阈值（-790 A）	连续使能	1）电路。 2）电机控制器。 3）驱动电机
19	P1B1144	W 相电流传感器标定不合理	在传感器标定阶段测试结果显示偏高（X＋359）或偏低（X-359）	在电流传感器标定时	
20	P1B1145	W 相电流电路开路	W 相电流电路开路诊断	连续使能	
21	P1B1146	W 相电流传感器对电源短路	W 相电流 AD 采样数值最大值过高（62914）	连续使能	
22	P1B1147	W 相电流传感器对地短路	W 相电流 AD 采样数值最小值过低（1311）	连续使能	

3）诊断步骤。高压配电系统电气原理图如图 4-13 所示。

步骤 1：使用故障诊断仪读取故障码。

① 操作起动开关，使电源模式处于"ON"状态。

② 连接故障诊断仪，读取系统故障码。

③ 确认系统是否存在其他故障码。

如果有其他故障码，优先排除故障码指示故障。如果没有其他故障码，执行步骤 2。

步骤 2：检查驱动电机电路绝缘故障。

① 操作起动开关，使电源模式处于"OFF"状态。

② 断开蓄电池负极电缆。

③ 断开 BV18 电机控制器线束插接器。

④ 断开 BV19 驱动电机线束插接器。

⑤ 将高压绝缘检测仪的挡位调至 DC 500 V。

⑥ 对照图 5-9 查找 BV18 端子，根据表 5-3，使用高压绝缘检测仪测量各端子电阻值。

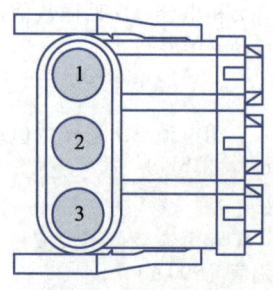

图 5-9　BV18 电机控制器线束插接器

表 5-3　BV18 电机控制器线束插接器端子电阻值的测量

测量端子 1	测量端子 2	标准值
BV18(1)	车身搭铁	标准电阻值为 20 MΩ 或者更高
BV18(2)	车身搭铁	
BV18(3)	车身搭铁	

⑦ 确认测量值是否符合标准。

如果各端子电阻值不符合标准，则修理或更换线束。如果各端子电阻值符合标准，执行步骤 3。

步骤 3：检查驱动电机是否有电路断路故障。

① 操作起动开关，使电源模式处于"OFF"状态。

② 断开蓄电池负极电缆。

③ 断开 BV18 电机控制器线束插接器。

④ 断开 BV19 驱动电机线束插接器。

⑤ 对照图 5-10 查找 BV19 端子，根据表 5-4，使用万用表测量端子的电阻值。

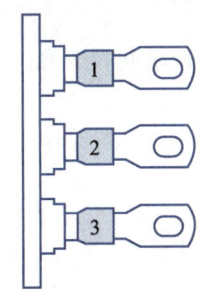

图 5-10　BV19 驱动电机线束插接器

表 5-4　BV19 驱动电机线束插接器端子电阻值的测量

测量端子 1	测量端子 2	标准值
BV18(1)	BV19(3)	标准电阻值小于 1 Ω
BV18(2)	BV19(2)	
BV18(3)	BV19(1)	

⑥ 确认测量值是否符合标准。

如果各端子电阻值不符合标准，则修理或更换线束。如果各端子电阻值符合标准，执行步骤 4。

步骤 4：检查驱动电机是否有电路相互短路故障。

① 操作起动开关，使电源模式处于"OFF"状态。

② 断开蓄电池负极电缆。

③ 断开电机控制器线束插接器 BV18。

④ 断开驱动电机线束插接器 BV19。

⑤ 对照图 5-9 和图 5-10 查找插接器端子，根据表 5-5，使用万用表测量端子的电阻值。

表 5-5　BV18、BV19 端子电阻值的测量

测量端子 1	测量端子 2	标准值
BV18(1)	BV19(3)	
BV18(2)	BV19(2)	标准电阻值为 20 MΩ 或者更高
BV18(3)	BV19(1)	

⑥ 确认测量值是否符合标准。

如果各端子电阻值不符合标准，则修理或更换线束。如果各端子电阻值符合标准，执行步骤 5。

步骤 5：更换电机控制器。

① 更换电机控制器。

② 确认系统是否正常。

如果更换后系统正常，则故障已排除。如果更换后系统仍不正常，执行步骤 6。

步骤 6：更换驱动电机。

① 更换驱动电机。

② 确认故障排除。

步骤 7：诊断结束。

 拓展案例

一、故障现象

用户反映车辆行驶中底盘有异常声响，并且挂挡不行驶。

二、故障诊断

1）现场测试，车辆能正常上电，然后挂挡踩下加速踏板，车辆不行驶，同时机舱内发出异常声响然后消失，车辆上高压反复测试；D 挡与 R 挡切换，车辆无法行驶。

2）用故障诊断仪读取故障码：显示 P1C3504 电机故障等级 3，如图 5-11 所示。

3）测量电机控制器绝缘电阻值，结果正常，如图 5-12 所示。

4）检测驱动电机各个 IGBT，结果正常，如图 5-13 所示。

几何A>>VCU>>故障码PIC3504		
故障码	描述	状态
P1C3504	电机故障等级3(IPUEnotDiagcFailLv13)	当前故障

图 5-11　制动能量回馈模式

图 5-12　电机控制器绝缘电阻值测量

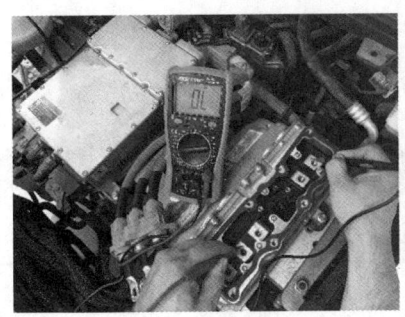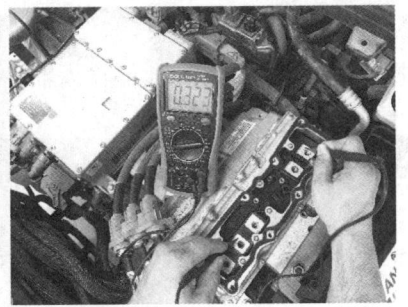

图 5-13　IGBT 测量

5）与正常车辆对调电机控制器，如图 5-14 所示。试车，故障未排除。

图 5-14　对调电机控制器

　　6）使用电子听诊器分析，发现异常声响来自电机与减速器结合处。于是拆下主减速器，发现减速器输入轴花键与驱动电机花键槽两者磨损严重，如图5-15和图5-16所示。

图5-15　驱动电机花键槽

图5-16　减速器输入轴花键

　　该故障是由减速器输入轴花键与驱动电机花键槽磨损严重，造成花键之间连接配合过松无法正常啮合而打滑，从而导致驱动电机动力无法输出引起的。

三、故障排除

　　更换驱动电机总成和减速器输入轴，试车，故障排除。

 任务工单

项目五　电机驱动系统故障诊断与排除		小组人员：	
班级：		日期：	指导教师签字：
工作任务一　驱动电机三相线束故障检测			
VIN：		年次：	动力蓄电池总电压：

任务要求：
1）在实训过程中，不要上电，最好能断开负极，且等待10 min。
2）在认识各部件安装位置时，禁止插拔插接件。
3）车辆停在举升机上，在车底观察动力蓄电池和电机等部件时，必须戴好安全帽。
4）设备、工位隔离，禁止无关人员进入

1. 工具、量具

续表

2. 维修资料及辅助材料

3. 制订工作计划及人员分工

4. 工作现场安全准备、检查

5. 本工作任务的结果

6. 现场整理、清洁

7. 本工作任务存在的问题及解决方法

习题

一、单选题

1. 电机是应用（　　）原理运行的旋转的电磁机械，用于实现（　　）向机械能的转换。

 A. 电流热效应，热能　　　　　B. 电流热效应，电能

 C. 电磁感应，热能　　　　　　D. 电磁感应，电能

2. 考虑到新能源汽车对于高速行驶和超车时的需要，驱动电机应具有较宽的恒功率区，通常要求其恒功率区范围为恒转矩区的（　　）倍。

 A. 1~2　　　　B. 2~3　　　　C. 3~5　　　　D. 3~10

3. 在全工况区内，要求调速范围尽量大，因此驱动电机的高效区覆盖率应大于（　　）。

 A. 40%　　　　B. 50%　　　　C. 60%　　　　D. 70%

4. 永磁同步电机采用（　　）替代了传统的换向器及电刷结构，解决了直流电机电刷易磨损的缺陷。

 A. 机械换向　　　B. 电子换向　　　C. 气动换向　　　D. 液压换向

5.（　　）是纯电动汽车唯一的动力源，可向外输出转矩，驱动汽车前进后退，同时，也可以起动车辆。

A. 动力蓄电池　　　　　B. 变速器　　　　　C. 压缩机　　　　　D. 驱动电机

二、判断题

1. 新能源汽车应具有最优化的能量利用，具有制动能量回收功能。　　　（　　）

2. 新能源汽车再生制动回收的能量一般要达到总能量的 10%～20%。　（　　）

 **任务二　电机控制器故障诊断与排除**

 任务引入

一辆吉利几何 C 型纯电动汽车无法上电和行驶，维修技师使用诊断仪器读取故障为电机控制器低压供电回路故障。何为电机控制器？它对新能源汽车的驱动系统有何影响？通过本任务的学习，能够正确使用诊断设备对电机控制器进行故障排查，建立有效、合理、安全的诊断思路，并规范实施车辆故障检测作业。

 任务目标

知识目标：
掌握电机控制器的结构和功能。

技能目标：
1. 能够借助诊断设备完成新能源汽车驱动系统的故障排查。
2. 能够建立电机控制器的故障诊断思路。

职业素养目标：
1. 严格执行汽车检修规范，养成严谨科学的工作态度。
2. 养成总结训练结果的习惯，为下次训练积累经验。
3. 养成团结协作精神。
4. 严格执行 5S 现场管理。

 相关知识

一、电机控制器的作用

新能源汽车的"动力指挥官"是电机控制器。如图 5-17 所示，电机控制器从整车控制器获得整车需求，从动力蓄电池获得电能，经过自身逆变器的调制，获得驱动电机需要的三相交流电，实现在汽车不同工况下，控制驱动电机正反转、功率、转矩和转速，从而达到控制汽车前进、倒退，维持汽车正常运转的目标。

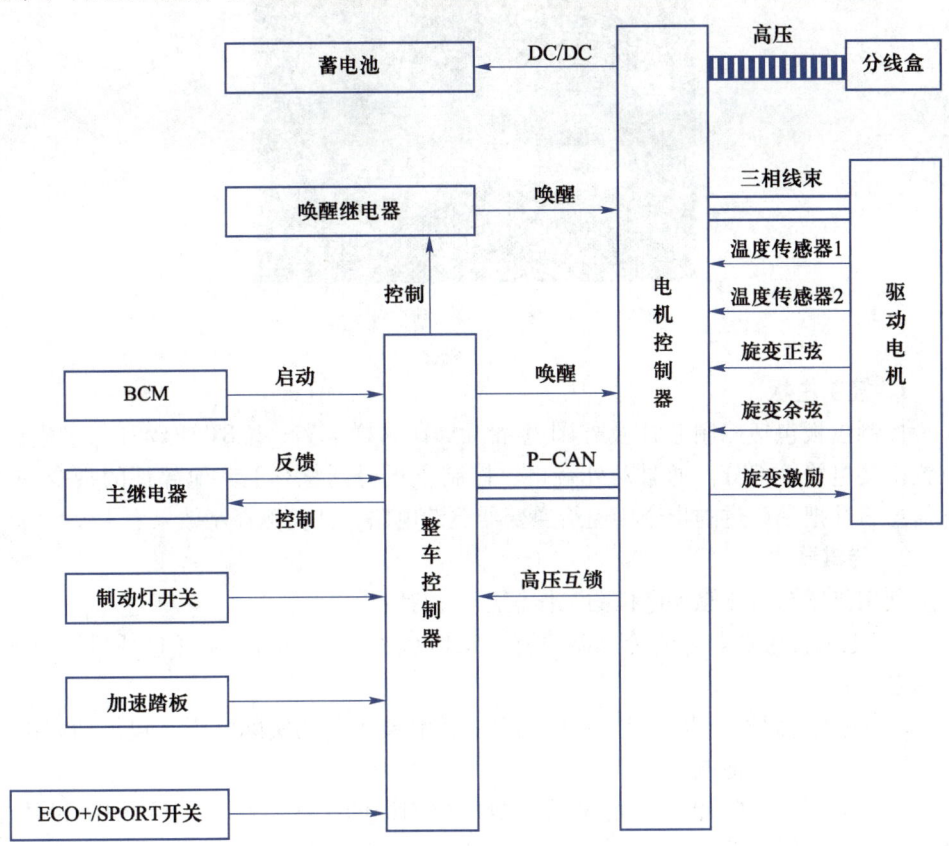

图 5-17　电机控制器电气原理图

二、电机控制器的功能

电机控制器的功能如下：

1）接收整车控制器的报文指令，实时调整驱动电机输出，控制驱动电机的转速与转动方向，以实现整车的怠速、前进、倒车、停车以及驻车等功能。

2）在能量回收过程中，电机控制器负责将驱动电机转矩产生的交流电进行整流回充给动力蓄电池。

3）实时对驱动电机进行状态和故障检测，保护电机驱动系统和整车安全、可靠运行。

三、电机控制器的组成

电机控制器安装在前舱内，如图 5-18 所示。采用 CAN 总线进行通信传输，控制动力蓄电池到驱动电机之间的能量输出，同时采集驱动电机位置信号和三相电流检测信号，精确控制驱动电机运行。电机控制器由功率变换器（IGBT）、控制主板、传感器、超级电容、放电电阻、接口和冷却水管等组成。

图 5-18　电机控制器实物

1. 控制主板

控制主板包括控制芯片及外围电路、A/D 采样电路、IGBT 驱动和保护电路、位置检测电路等部分。通过对外接口，控制主板得到整车上其他部件的指令和状态信息，并把翻译过的指令传递给逆变器驱动电路，并检测控制效果。

2. 传感器

利用传感器检测驱动电机的工作信息。包括：

1）电流传感器。电流传感器检测驱动电机工作的实际电流（包括母线电流、三相电流）。

2）电压传感器。电压传感器检测电机控制器工作的实际电压（包括动力蓄电池电压、12 V 蓄电池电压）。

3）温度传感器。温度传感器检测电机控制器的工作温度（包括 IGBT 模块温度、电机控制器板载温度）。

4）位置传感器。位置传感器检测驱动电机转子磁极的位置，为电机控制器提供转速和旋转方向信息。

3. 功率变换器模块

功率变换器主电路采用三相全桥逆变电路，将动力蓄电池提供的直流高压逆变为三相交流电，供驱动电机使用。功率开关器件一般使用 IGBT。

4. 驱动控制模块

驱动控制模块将中央控制模块的指令转换成对 IGBT 的通断指令，并具备过电压、过电流等故障的监测保护功能。

四、电机控制器的工作原理

驾驶人通过加速踏板或制动踏板，将车辆控制意图（如起步、加速、减速、匀速行驶等）传递给整车控制器，整车控制器将相应意图传递给电机控制器，电机控制器改变电流、电压和频率等参数，调节相应目标参数，检测受控参数是否符合预期，若不相符，反馈给电机控制器，再次调整目标参数，经过反复的闭环反馈，实现高精确度的闭环控制功能。

任务实施

一、任务准备

安全防护：做好车辆高压安全防护与隔离。

工具准备：数字万用表、绝缘防护用品、绝缘工具套装、常规工具套装。

台架车辆：吉利几何 C 型纯电动汽车或其他车辆。

辅助资料：说明书、维修手册等。

二、实施步骤

1）故障码。电机控制器低压供电回路故障码及故障部位见表 5-6。

表 5-6 电机控制器低压供电回路故障码及故障部位

序号	故障码	故障说明	故障码触发条件	故障码检测条件（控制策略）	故障部位
1	P1B106C	UT30 电路传感器电压过高	诊断 UT30 电压是否超过 HiRng 阈值（26 V）	连续使能	1）蓄电池。 2）电路。 3）熔丝。 4）电机控制器
2	P1B106D	UT30 电路传感器电压过低	诊断 UT30 电压是否低于 LoRng 阈值（4 V）	连续使能	
3	U300617	蓄电池供电电压过高	诊断 UT30 电压是否超过最高工作阈值（16 V）	连续使能	
4	U300616	蓄电池供电电压过低	诊断 UT30 电压是否低于最低工作阈值（9 V）	连续使能	
5	P1B1175	UT30 电压不合理	根据不同采样点电压差，诊断 UT30 电压是否合理：uSplyEcu 电压和 uSplyCy327/uSplyAftElecFuse 电压偏差都大于阈值（1.5 V），但 uSplyCy327/uSplyAftElecFuse 电压偏差小于阈值（1.5 V）	ECU 供电电源大于 6.7 V 时	

2）诊断步骤。电机控制器电气原理图如图 5-19 所示。

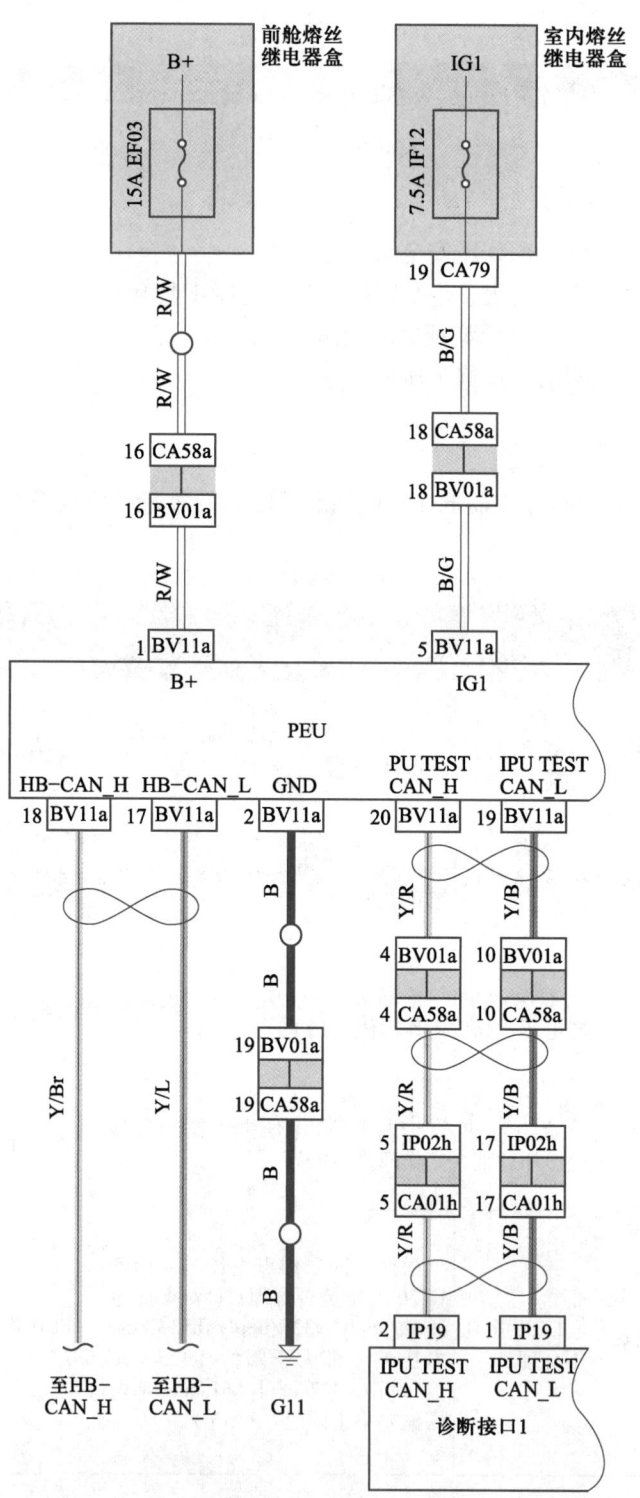

图 5-19　电机控制器电气原理图

步骤 1：使用故障诊断仪读取故障码。

① 操作起动开关，使电源模式处于"ON"状态。

② 连接故障诊断仪，读取系统故障码。

③ 确认系统是否存在其他故障码。

如果有其他故障码，优先排除故障码指示故障。如果没有其他故障码，执行步骤 2。

步骤 2：检查蓄电池电压。

① 操作起动开关，使电源模式处于"ON"状态。

② 使用万用表测量蓄电池两端电压，标准电压为 9~16 V。

③ 确认测量值是否符合标准。

如果蓄电池电压不符合标准，则更换蓄电池或检修充电系统。如果蓄电池电压符合标准，执行步骤 3。

步骤 3：检查电机控制器熔丝 IF12、EF03 是否熔断。

① 操作起动开关，使电源模式处于"OFF"状态。

② 拔下室内熔丝继电器盒熔丝 IF12，检查熔丝是否熔断。熔丝额定容量为 7.5 A。

③ 拔下前舱熔丝继电器盒熔丝 EF03，检查熔丝是否熔断。熔丝额定容量为 15 A。

如果熔丝熔断，则检修熔丝电路或更换额定容量熔丝。如果熔丝没有熔断，执行步骤 4。

步骤 4：检查电机控制器电源电路。

① 操作起动开关，使电源模式处于"OFF"状态。

② 断开 BV11a 电机控制器线束插接器。

③ 操作起动开关，使电源模式处于"ON"状态。

④ 对照图 5-20 查找 BV11a 电机控制器线束插接器端子 1、5，根据表 5-7，使用万用表测量端子电压。

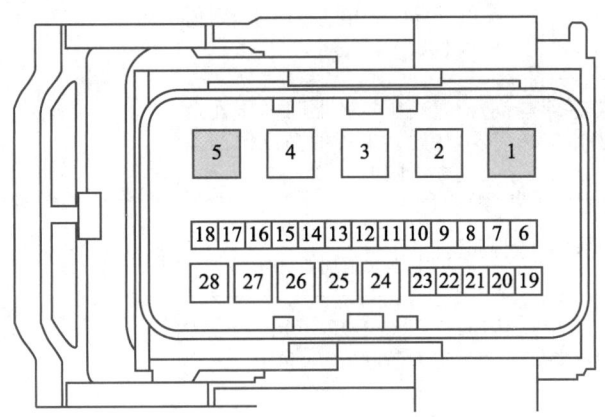

图 5-20　BV11a 电机控制器线束插接器

表 5-7　BV11a 端子电压测量

测量端子 1	测量端子 2	标准值
BV11a(1)	车身搭铁	标准电压为 11~14 V
BV11a(5)	车身搭铁	

⑤ 确认测量值是否符合标准。

如果各端子电压不符合标准，则修理或更换线束。如果各端子电压符合标准，执行步骤 5。

步骤 5：检查电机控制器搭铁电路。

① 操作起动开关，使电源模式处于"OFF"状态。

② 断开 BV11a 电机控制器线束插接器。

③ 对照图 5-20 查找 BV11a 电机控制器线束插接器端子 2，使用万用表测量端子 2 与车身搭铁之间的电阻值。标准电阻值小于 1 Ω。

④ 确认测量值是否符合标准。

如果端子电阻值不符合标准，则修理或更换线束。如果端子电阻值符合标准，执行步骤 6。

步骤 6：更换电机控制器。

① 更换电机控制器。

② 确认故障排除。

步骤 7：诊断结束。

3）故障码。电机控制器高压供电回路故障码及故障部位见表 5-8。

表 5-8　电机控制器高压供电回路故障码及故障部位

序号	故障码	故障说明	故障码触发条件	故障码检测条件（控制策略）	故障部位
1	P1B107F	母线电压过高	母线电压大于阈值（485 V）	连续使能	1）电路。2）PTC 加热器。3）车载充电机
2	P1B1121	高压传感器与高压冗余传感器电压差不合理	高压传感器与高压冗余传感器采集的高压值偏差大于阈值（75 V）		
3	P1B1122	冗余母线电压过高	母线电压冗余传感器采集的电压大于阈值（485 V）		
4	P1B1123	母线冗余电压传感器对电源短路	母线电压（冗余）AD 值大于阈值（65440）		
5	P1B1124	母线电压传感器对电源短路	母线电压 AD 值大于阈值（65440）		

4）诊断步骤。高压配电系统电气原理图如图 4-13 所示。

步骤 1：使用故障诊断仪读取故障码。

① 操作起动开关，使电源模式处于"ON"状态。

② 连接故障诊断仪，读取系统故障码。

③ 确认系统是否存在其他故障码。

如果有其他故障码，优先排除故障码指示故障。如果没有其他故障码，执行步骤 2。

步骤 2：检查电机控制器电路绝缘故障。

① 操作起动开关，使电源模式处于"OFF"状态。

② 断开蓄电池负极电缆。

③ 断开 BV29 电机控制器线束插接器。

④ 断开 BV28a 驱动电机线束插接器。

⑤ 将高压绝缘检测仪的挡位调至 DC 500 V。

⑥ 对照图 5-21 查找 BV29 车载充电机分线盒线束插接器端子 2，根据表 5-9，使用高压绝缘检测仪测量端子电阻。

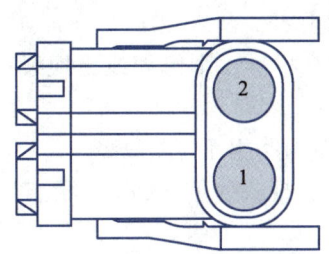

图 5-21　BV29 车载充电机分线盒线束插接器端子 2

表 5-9　线束插接器 BV29 端子 2 电阻值的测量

测量端子 1	测量端子 2	标准值
BV29（1）	车身搭铁	标准电阻值为 20 MΩ 或者更高
BV29（2）	车身搭铁	

⑦ 确认测量值是否符合标准。

如果各端子电阻值不符合标准，则修理或更换线束。如果各端子电阻值符合标准，执行步骤 3。

步骤 3：检查电机控制器回路断路故障。

① 操作起动开关，使电源模式处于"OFF"状态。

② 断开蓄电池负极电缆。

③ 断开 BV29 电机控制器线束插接器。

④ 断开 BV28a 驱动电机线束插接器。

⑤ 对照图 5-21 和图 5-22 查找 BV29、BV28a 端子，根据表 5-10，使用万用

表测量端子的电阻值。

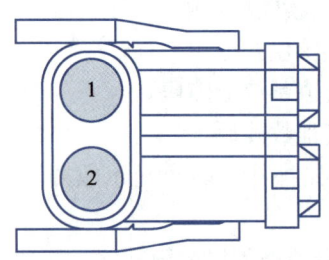

图 5-22   接电机控制器线束插接器 BV28a 端子 2

表 5-10   BV29/BV28a 端子电阻值的测量

测量端子 1	测量端子 2	标准值
BV29(1)	BV28a(2)	标准电阻值小于 1 Ω
BV29(2)	BV28a(1)	

⑥ 确认测量值是否符合标准。

如果各端子电阻值不符合标准，则修理或更换线束。如果各端子电阻值符合标准，执行步骤 4。

步骤 4：检查电机控制器回路相互短路故障。

① 操作起动开关，使电源模式处于"OFF"状态。

② 断开蓄电池负极电缆。

③ 断开 BV29 电机控制器线束插接器。

④ 断开 BV28a 驱动电机线束插接器。

⑤ 用万用表测量 BV29 车载充电机线束插接器端子 1 与端子 2 之间的电阻。标准电阻值为 20 MΩ 或者更高。

⑥ 确认测量值是否符合标准。

如果各端子电阻值不符合标准，则修理或更换线束。如果各端子电阻值符合标准，执行步骤 5。

步骤 5：更换车载充电机。

① 更换车载充电机。

② 确认系统是否正常。

如果系统检测正常，则诊断结束。如果系统仍不正常，执行步骤 6。

步骤 6：更换电机控制器。

① 更换电机控制器。

② 确认故障排除。

步骤 7：诊断结束。

拓展案例

一、故障现象

如图 5-23 所示，客户反映组合仪表上系统故障指示灯与动力蓄电池故障指示灯亮起，车辆无法行驶。

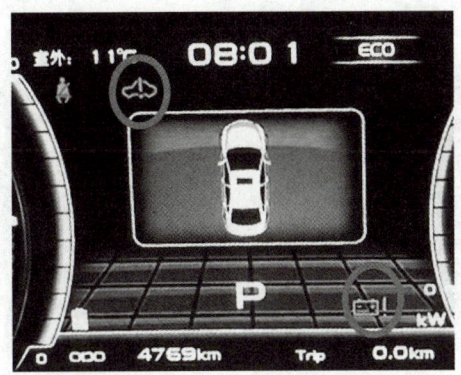

图 5-23　故障车辆仪表界面

二、故障诊断

1）连接故障诊断仪至车辆，读取相关故障码，如图 5-24 所示。

几何A>>VCU>>故障码		
故障码	描述	状态
P154100	高压继电器结合的前提下，绝缘故障（最严重）	当前故障

图 5-24　故障码

2）车辆基本检查。

① 车辆正常下电。

② 拔掉 12 V 蓄电池的负极。

③ 断开动力蓄电池输出直流母线插接件，等待 5 min 以上。

④ 检查可能影响高压配电系统的售后加装装置。

⑤ 检查易于接触或能够看到的系统部件（高压线束、高压插接件、电机控制器、分线盒、充电机、PTC 加热器等），以查明其是否有明显损坏或存在可能导致故障的情况。

⑥ 检查高压线束插接器是否松动。

3）基本检查确认无异常，检查整车绝缘情况。

使用绝缘检测仪逐一测量各高压部件的绝缘电阻值或用排除法确定高压部件故障。

① 测量动力蓄电池输出电压与绝缘电阻值。

断开直流母线输出到高压分线盒或车载充电机（集成分线盒）插接件，测量动力蓄电池电压输出，正常电压应不大于 60 V，分别测量直流母线正、负极与车身绝缘电阻值，正常绝缘电阻值大于 20 MΩ，测量结果正常，如图 5-25 和图 5-26 所示。

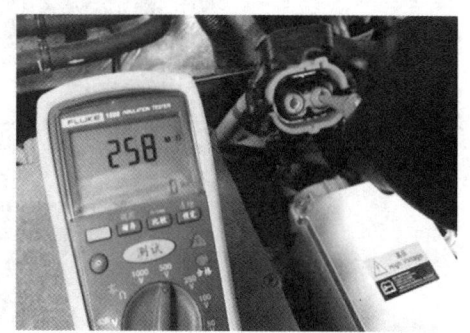

图 5-25　测量直流母线负极与车身绝缘电阻值　图 5-26　测量直流母线正极与车身绝缘电阻值

② 测量各高压件电压及绝缘电阻值。

拔掉 PTC 加热器插接件，检查整车高压回路有无电压输出，确保无高压电输出情况下，才可以进行绝缘电阻值测量，用绝缘检测仪分别测量整车正、负极对车身搭铁有无绝缘故障，测量发现整车无绝缘故障，如图 5-27 和图 5-28 所示。

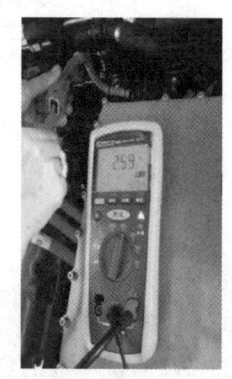

图 5-27　测量整车负极与　　　　　图 5-28　测量整车正极与
　　　车身绝缘电阻值　　　　　　　　　车身绝缘电阻值

4）根据故障码，排查 IGBT 短路问题。按照 PEU 信息收集表模板，检测电机控制器各数值是否正常。

① 测量 U 相和 T-间的电压值，电压值为 0.341 V，如图 5-29 所示，符合标准。

图5-29　U相和T-间的电压测量值

　② 测量V相和T-间的电压值，电压值为0.030 V，如图5-30所示，V相和T-相通，判定此处IGBT击穿。

　③ 测量W相和T-间的电压值，电压值为0.343 V，如图5-31所示，符合标准。

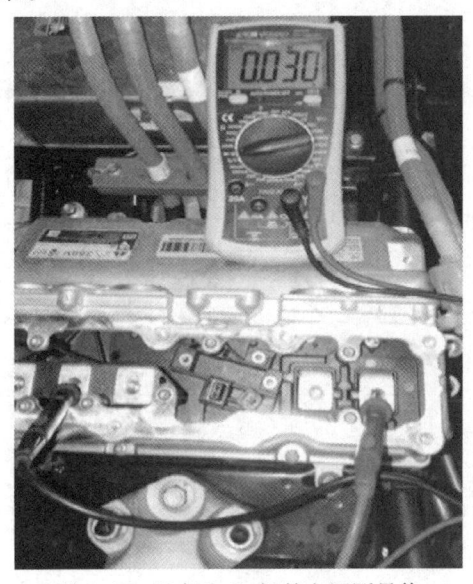

图5-30　V相和T-间的电压测量值

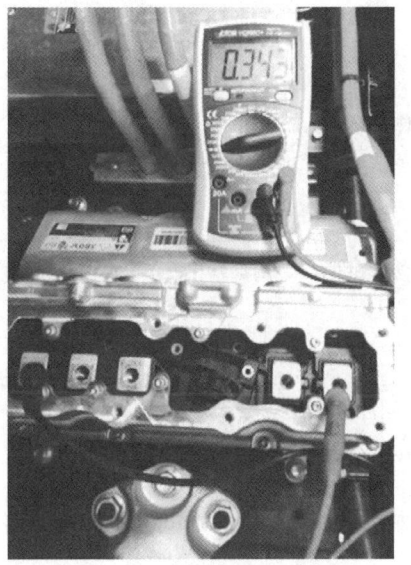

图5-31　W相和T-间的电压测量值

经排查IGBT击穿导致电机控制器损坏，更换电机控制器即可。

三、故障排除

按照规范完成对车辆的上电操作。

车辆挡位顺序为"OFF"→"ON"，确认组合仪表无故障指示灯，故障诊断仪确认无故障码后，上电至"READY"挡。再次试车，故障现象消失，车辆恢复正常。

 任务工单

项目五 电机驱动系统故障诊断与排除	小组人员：	
班级：	日期：	指导教师签字：
工作任务二 电机控制器故障检测		
VIN：	年次：	动力蓄电池总电压：

任务要求：
1）在实训过程中，不要上电，最好能断开负极，且等待 10 min。
2）在认识各部件安装位置时，禁止插拔插接件。
3）车辆停在举升机上，在车底观察动力蓄电池和电机等部件时，必须戴好安全帽。
4）设备、工位隔离，禁止无关人员进入

1. 工具、量具

2. 维修资料及辅助材料

3. 制订工作计划及人员分工

4. 工作现场安全准备、检查

5. 本工作任务的结果

6. 现场整理、清洁

7. 本工作任务存在的问题及解决方法

习题

一、单选题

1. 电机控制器经过自身（　　）的调制，将动力蓄电池的电能转换为驱动电机需要的三相交流电。

A. 变压器　　　　　B. 整流器　　　　　C. 稳压器　　　　　D. 逆变器

2. 在能量回收过程中，电机控制器将驱动电机产生的交流电进行整流回充给（　　）。

A. 蓄电池　　　　　B. 充电器　　　　　C. 动力蓄电池　　　D. 驱动电机

3. 电机控制器安装在前舱内，采用（　　）通信控制，控制着动力蓄电池到驱动电机之间能量的传输。

A. LIN　　　　　　B. CAN　　　　　　C. MOSFET　　　　D. 光纤

4. 功率变换器主电路采用（　　）逆变电路，将动力蓄电池提供的直流高压逆变为三相交流电。

A. 单相　　　　　　B. 两相　　　　　　C. 三相全桥　　　　D. 四相五线制

5. 功率开关器件一般采用（　　）。

A. 二极管　　　　　B. 晶体管　　　　　C. 晶闸管　　　　　D. IGBT

6. 电机控制器的工作过程是一个高精度的（　　）控制。

A. 开环　　　　　　B. 闭环　　　　　　C. 随机　　　　　　D. 程序

二、判断题

1. 电机控制器中的电流传感器只检测母线电流。（　　）

2. 电机控制器控制驱动电机正反转、功率、转矩和转速。（　　）

3. 驱动电机温度传感器是负温度系数电阻型。（　　）

任务三　旋变传感器故障诊断与排除

任务引入

　　一辆吉利几何 C 型纯电动汽车，车主反映起动车辆后，挂挡踩加速踏板汽车无法行驶。根据车主描述的故障现象，经维修技师上电查看发现，"READY"指示灯正常点亮，把车辆举起并挂挡踩下加速踏板，组合仪表会显示故障提醒警告灯，电机有转动的声音，但是与正常转动声音有所区别，经维修技师诊断排查，确认旋变传感器正旋信号线断路。什么是旋变传感器？它对新能源汽车的行驶系统有什么影响？

　　通过本任务的学习，能够正确使用诊断设备对新能源汽车驱动系统进行故障排查，建立有效、合理、安全的诊断思路，并规范实施车辆故障检测作业。

任务目标

知识目标：

掌握旋变传感器的结构和功能。

技能目标：

1. 能够借助诊断设备完成新能源汽车驱动系统旋变传感器的故障排查。

2. 能够建立驱动系统的故障诊断思路。

职业素养目标：

1. 严格执行汽车检修规范，养成严谨科学的工作态度。

2. 养成总结训练结果的习惯，为下次训练积累经验。

3. 养成团结协作精神。

4. 严格执行 5S 现场管理。

 相关知识

一、旋变传感器的功能

新能源汽车上的驱动电机多为永磁同步电机，为保证电机控制器能对驱动电机进行精确的位置控制，将旋转变压传感器（简称为旋变传感器）安装于驱动电机端盖总成上，检测驱动电机瞬时精确位置，如图 5-32 所示。常采用磁阻式旋变传感器作为位置传感器，如图 5-33 所示。

图 5-32　旋变传感器的安装位置　　　图 5-33　磁阻式旋变传感器实物

二、旋变传感器的结构

旋变传感器是一种用来测量旋转物体的转轴角位移和角速度的传感器，由定子和转子组成。

1）定子绕组由励磁线圈（线圈 R_1R_2）、正弦线圈（线圈 S_1S_2）、余弦线圈

（线圈 S_3S_4）组成。励磁线圈是输入侧线圈，电机控制器输入一个以一定频率变化的励磁电压。正弦线圈（线圈 S_1S_2）、余弦线圈（线圈 S_3S_4）在空间上成正交 90°的电角度，通过电磁感应输出幅值为正弦和余弦变化的两组信号，如图 5-34所示。

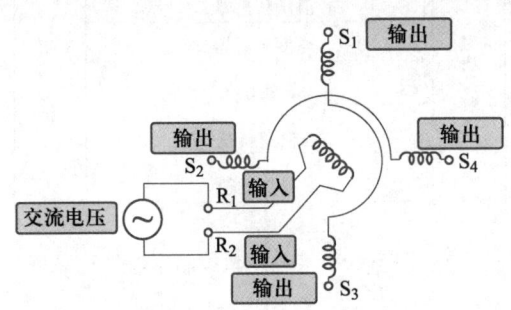

图 5-34 旋变传感器定子绕组的组成

2）转子绕组是一个形状不规则的金属转子，固定在驱动电机轴上。

三、旋变传感器的工作原理

旋变励磁线圈的电压信号为

$$U_1(t) = U_m \sin\omega t$$

式中：U_m——励磁电压的幅值；

ω——励磁电压的角频率。

励磁线圈的励磁电流产生了交变磁通，在二次侧输出线圈中感生出电动势。当转子转动时，由于励磁线圈和二次侧输出线圈的相对位置发生变化，因而，二次侧输出线圈感生的电动势也发生变化。又由于二次侧输出的两相线圈在空间成正交的 90°电角度，因而两相输出电压为

$$U_{2s} = U_{2m}\sin(\omega t+\phi)\sin\theta$$
$$U_{2c} = U_{2m}\sin(\omega t+\phi)\cos\theta$$

式中：U_{2s}——正弦相的输出电压，单位为 V；

U_{2c}——余弦相的输出电压，单位为 V；

U_{2m}——二次侧输出电压的幅值，单位为 V；

ϕ——励磁侧和二次侧输出电压之间的相位角；

θ——转子的转角。

可以看出，励磁侧和输出侧的电压是同频率的，但存在相位差，正弦和余弦在时间相位上是同相的。

在电源模式处于"ON"状态时，电机控制器输出一个一定频率的交流电励磁信号至励磁线圈，励磁线圈获得励磁信号后生成一个环绕正弦线圈、余弦线圈以及不规则形状转子的磁场。电机控制器监测正弦线圈和余弦线圈分别产生的正弦和余弦信号，如图 5-35 所示。通过电机控制器内部的旋变编码器解析后便可获

得驱动电机当前的转子位置，从而确定驱动电机转子的旋转角度、转速和旋转方向（正转或反转）。如果旋变信号失效或丢失，车辆将无法上电和行驶。

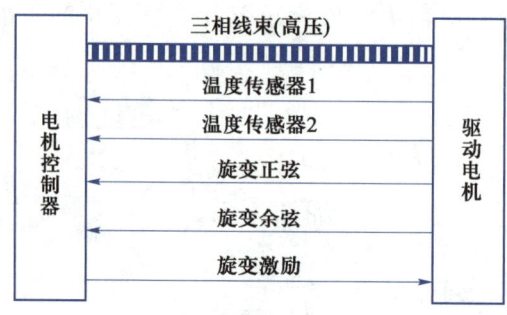

图 5-35　驱动电机控制原理图

 任务实施

一、任务准备

安全防护：做好车辆高压安全防护与隔离。
工具准备：数字万用表、绝缘防护用品、绝缘工具套装、常规工具套装。
台架车辆：吉利几何 C 型纯电动汽车或其他车辆。
辅助资料：说明书、维修手册等。

二、实施步骤

1）故障码。驱动电机旋变信号部分故障码及故障部位见表 5-11。

表 5-11　驱动电机旋变信号部分故障码及故障部位

序号	故障码	故障说明	故障码触发条件	故障码检测条件（控制策略）	故障部位
1	P1B1152	旋变 sin/cos 信号振幅过大	sin/cos 振幅过大（0.3）	连续使能	1）电路。2）驱动电机。3）电机控制器
2	P1B1153	旋变 sin/cos 信号幅值小于阈值	sin/cos 幅值小于阈值（0.29）		
3	P1B1154	旋变 sin/cos 信号幅值大于阈值	sin/cos 幅值大于阈值（0.44）		
4	P1B1155	旋变 cos 信号电压过小	cos 信号处于 lower 阈值之下（0.8 V）		

续表

序号	故障码	故障说明	故障码触发条件	故障码检测条件（控制策略）	故障部位
5	P1B1156	旋变 cos 信号对电源短路	cos 信号大于阈值（4.9 V）		
6	P1B1157	旋变 cos 信号对地短路	cos 信号小于阈值（0.1 V）		
7	P1B1158	旋变 cos 信号电压过大	cos 信号处于 upper 阈值之上（4.8 V）		
8	P1B1059	旋变角度变化过大	监控角度变化过大报错（20el）		
9	P1B1159	旋变 Exc 信号变形	Exc 信号变形，激励信号与参考信号比较（0.2）		
10	P1B115A	旋变 Exc 信号电压过小	Exc 信号小于阈值（0.289）		
11	P1B115B	旋变 Exc 信号开路	检测到 Exc 开路（0.15）		1）电路。2）驱动电机。3）电机控制器
12	P1B115C	旋变 Exc 信号对电源短路	Exc 信号 Offs 值大于阈值（0.01）	连续使能	
13	P1B115D	旋变 Exc 信号对地短路	Exc 信号 Offs 值小于阈值（0.58）		
14	P1B115E	旋变 Exc 信号电压过大	Exc 信号大于阈值（0.53）		
15	P1B115F	旋变补偿后的信号幅值过大	补偿后的信号阈值大于阈值（0.2）		
16	P1B1160	旋变 sin 信号电压过小	sin 信号处于 lower 阈值之下（0.8 V）		
17	P1B1161	旋变 sin 信号对电源短路	sin 信号大于阈值（4.9 V）		
18	P1B1162	旋变 sin 信号对地短路	sin 信号小于阈值（0.1 V）		
19	P1B1163	旋变 sin 信号电压过大	sin 信号处于 upper 阈值之上（4.8 V）		

　　2）诊断步骤。电机控制器控制原理图如图 5-36 所示。

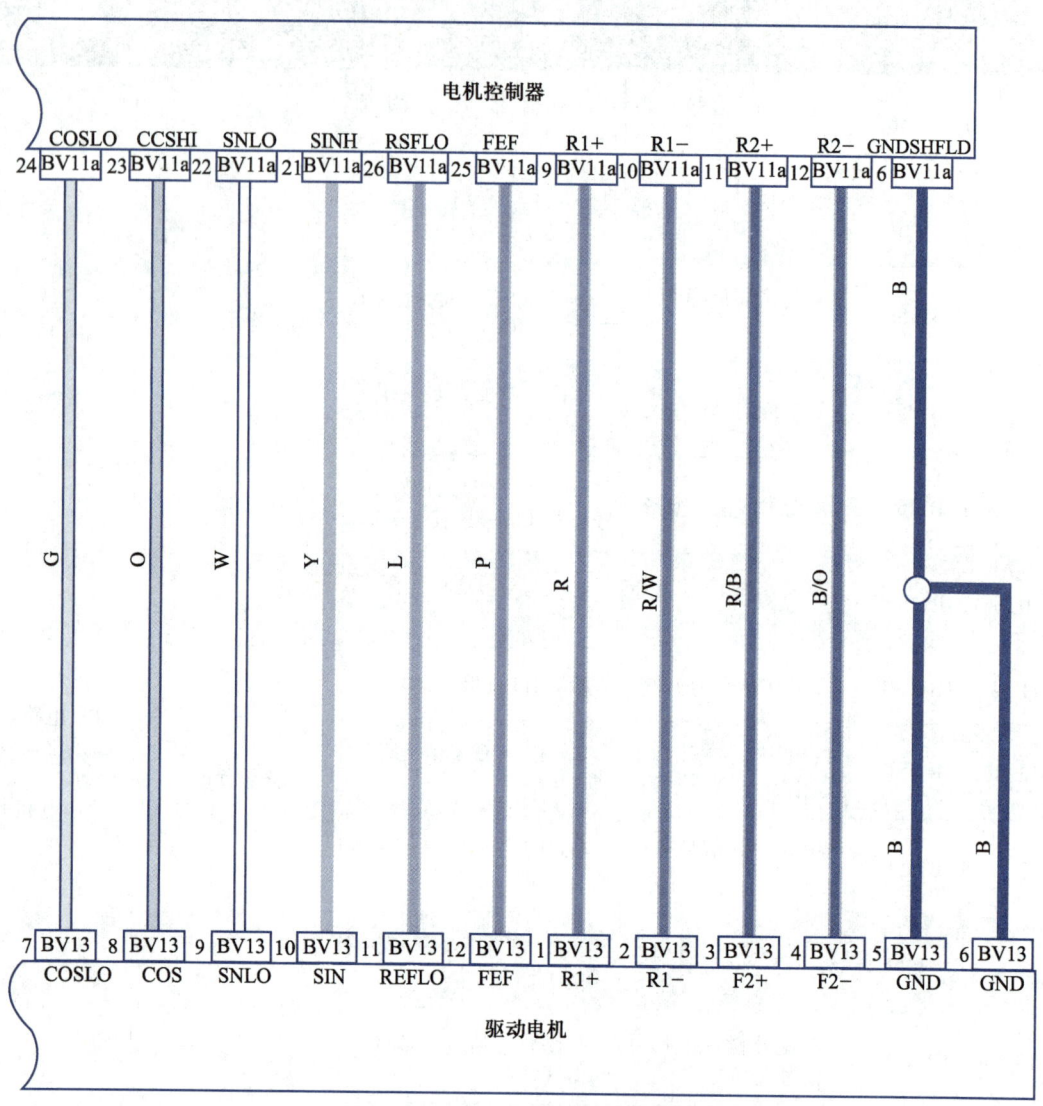

图 5-36　电机控制器控制原理图

　　步骤 1：使用故障诊断仪读取故障码。

　　① 操作起动开关，使电源模式处于"ON"状态。

　　② 连接故障诊断仪，读取系统故障码。

　　③ 确认系统是否存在其他故障码。

　　如果有其他故障码，优先排除故障码指示的故障。如果没有其他故障码，执行步骤 2。

　　步骤 2：检查驱动电机旋变信号线路。

　　① 操作起动开关，使电源模式处于"OFF"状态。

② 断开 BV11a 电机控制器线束插接器。

③ 断开 BV13 驱动电机线束插接器。

④ 对照图 5-37 和图 5-38 查找 BV11a、BV13 端子，根据表 5-12，使用万用表测量各端子电阻。

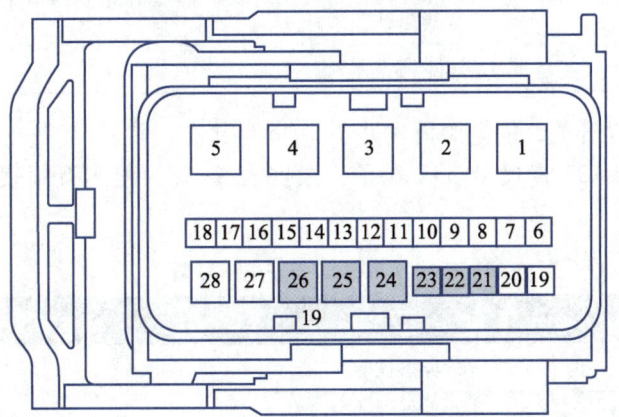

图 5-37　BV11a 电机控制器线束插接器

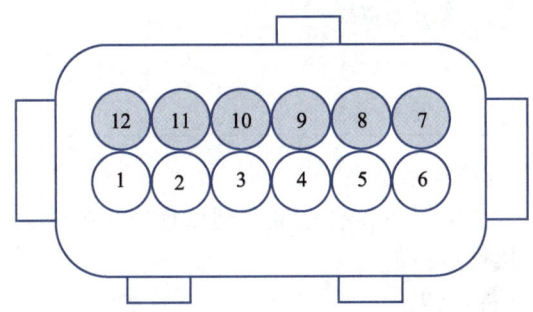

图 5-38　BV13 电机线束插接器

表 5-12　插接器 BV11a/BV13 端子电阻的测量

测量端子 1	测量端子 2	标准值
BV11a(24)	BV13(7)	标准电阻小于 1Ω
BV11a(23)	BV13(8)	
BV11a(22)	BV13(9)	
BV11a(21)	BV13(10)	
BV11a(26)	BV13(11)	
BV11a(25)	BV13(12)	
BV11a(24)	车身搭铁	标准电阻为 10 kΩ 或更高
BV11a(23)	车身搭铁	

续表

测量端子1	测量端子2	标准值
BV11a(22)	车身搭铁	标准电阻为10 kΩ或更高
BV11a(21)	车身搭铁	
BV11a(26)	车身搭铁	
BV11a(25)	车身搭铁	

⑤ 操作起动开关，使电源模式处于"ON"状态。

⑥ 对照图5-37查找BV11a端子，根据表5-13，使用万用表测量各端子的电压。

表5-13　插接器BV11a端子电压测量

测量端子1	测量端子2	标准值
BV11a(24)	车身搭铁	标准电压为0
BV11a(23)	车身搭铁	
BV11a(22)	车身搭铁	
BV11a(21)	车身搭铁	
BV11a(26)	车身搭铁	
BV11a(25)	车身搭铁	

⑦ 确认测量值是否符合标准。

如果各端子电阻值或电压不符合标准，则修理或更换线束。如果各端子电阻值或电压符合标准，执行步骤3。

步骤3：更换电机控制器。

① 更换电机控制器。

② 确认系统是否正常。

更换电机控制器后如果系统正常，则故障诊断结束。如果系统仍不正常，执行步骤4。

步骤4：更换驱动电机。

① 更换驱动电机。

② 确认故障排除。

步骤5：诊断结束。

 拓展案例

一、故障现象

如图5-39所示，客户反映组合仪表中的整车故障指示灯及电机系统故障指示灯亮，熄火后重新起动现象消失，只要急加速，故障就再次出现。

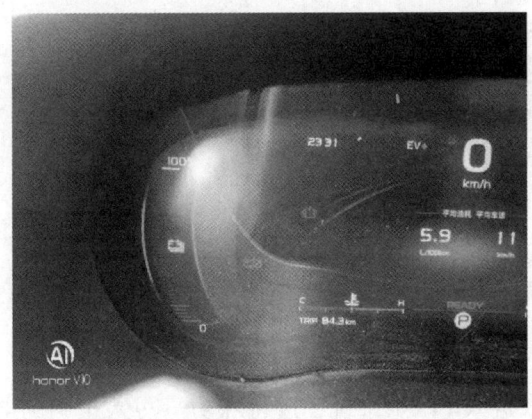

图 5-39　组合仪表故障指示灯

二、故障诊断

首先，用故障诊断仪读取系统故障信息，如图 5-40 所示，电机控制器报：P1B1002 转子角无效时转速不在规定范围内、P1B114A 电机偏移角度不合理。

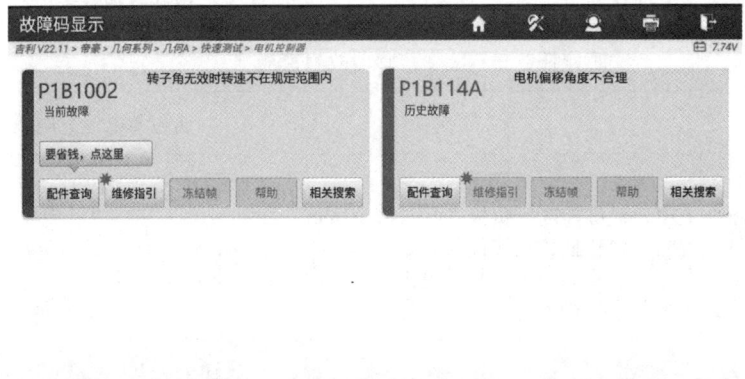

图 5-40　故障码

其次，用故障诊断仪读取电机转子偏移角数据流，显示 ISG 转子偏移角为 2.99°，TM 电机转子偏移角为 36.33°，如图 5-41 所示。

查看标准值，ISG 转子偏移角应为 187.28°，TM 电机转子偏移角应为 36.3°，经核实确认为该车写入的偏移角错误。

名称	值	单位
ISG转子偏移角	2.99	Deg

名称	值	单位
TM电机转子偏移角	36.33	Deg

图 5-41　数据流

三、故障排除

使用故障诊断仪进入 PEU1 系统，进特殊功能写入正确的电机偏移角，试车，故障排除。

 任务工单

项目五　电机驱动系统故障诊断与排除	小组人员：	
班级：	日期：	指导教师签字：

工作任务三　旋变传感器故障检测

VIN：	年次：	动力蓄电池总电压：

任务要求：
1) 在实训过程中，不要上电，最好能断开负极，且等待 10 min。
2) 在认识各部件安装位置时，禁止插拔插接件。
3) 车辆停在举升机上，在车底观察动力蓄电池和电机等部件时，必须戴好安全帽。
4) 设备、工位隔离，禁止无关人员进入

1. 工具、量具

2. 维修资料及辅助材料

3. 制订工作计划及人员分工

续表

4. 工作现场安全准备、检查

5. 本工作任务的结果

6. 现场整理、清洁

7. 本工作任务存在的问题及解决方法

习题

一、单选题

1. 旋变传感器是一种用来测量旋转物体的转轴（　　）的传感器。

A. 转速　　　　B. 转向　　　　C. 转速和转向　　　　D. 角位移和角速度

2. 旋变传感器定子绕组由（　　）个线圈组成。

A. 1　　　　B. 2　　　　C. 3　　　　D. 4

3. 正弦线圈、余弦线圈在空间上成正交（　　）的电角度。

A. 60°　　　　B. 90°　　　　C. 120°　　　　D. 180°

4. 励磁侧和输出侧的电压是（　　）。

A. 同频率，同相位　　　　B. 同频率，不同相位

C. 不同频率，同相位　　　　D. 不同频率，不同相位

5. 电机控制器监测正弦线圈和余弦线圈分别产生的正弦、余弦信号，通过电机控制器内部的（　　）解析后便可获得驱动电机当前的转子位置。

A. 编码器　　　B. 译码器　　　C. 触发器　　　　D. 定时器

二、判断题

1. 旋变传感器的本质是变压器，关键参数也与变压器类似，比如额定电压、额定频率、变压比。　　　　　　　　　　　　　　　　　　　　（　　）

2. 与变压器不同之处是，旋变传感器的一次侧与二次侧不是固定安装的，而是相对运动的。　　　　　　　　　　　　　　　　　　　　　（　　）

3. 旋变传感器由励磁绕组、正弦绕组和余弦绕组组成。　　　　（　　）

项目六 ▶▶▶

··

充电系统故障诊断与排除

▶ 背景拓展

据国家能源相关部门发布的数据显示，截至 2025 年 3 月底，我国充电基础设施数量达到 1374.9 万台，同比增长 47.6%。充电基础设施不断完善。

专家表示，深入推进换电模式应用和燃料电池汽车示范，发挥龙头企业和国家制造业创新中心作用，加快新体系电池、车规级芯片、车用操作系统等技术攻关和产业化，为产业发展添薪蓄力。

▶ 项目描述

本项目共三个学习任务，分别是：

任务一　交流（慢充）充电系统故障诊断与排除

任务二　直流（快充）充电系统故障诊断与排除

任务三　车载充电系统故障诊断与排除

通过三个任务的学习，能够建立新能源汽车充电系统故障诊断思路，能对新能源汽车充电系统故障码进行分析，能够独立完成新能源汽车充电系统的故障诊断工作。

任务一　交流（慢充）充电系统故障诊断与排除

任务引入

一天下班后，车主发现自己的新能源汽车显示电量低，便立即对新能源汽车进行充电，第二天的早晨发现电量才充到 50% 左右。作为专业的维修人员，能否根据所学的知识，判断过了一个晚上，为什么该新能源汽车没有充满电，并针对这种情况分析可能的原因。

任务目标

知识目标：
掌握交流（慢充）充电系统的基本结构、作用及工作原理。
技能目标：
1. 能够描述交流（慢充）充电系统的充电条件。
2. 能够诊断及排除交流（慢充）充电系统的常见故障。
3. 能够更换车载充电机。
4. 能够描述新能源汽车充电操作过程及注意事项。
职业素养目标：
1. 严格执行汽车检修规范，养成严谨科学的工作态度。
2. 养成总结训练结果的习惯，为下次训练积累经验。
3. 养成团结协作精神。
4. 严格执行 5S 现场管理。

相关知识

一、交流充电系统

交流充电系统也称为慢充充电系统，它直接使用国家电网 220 V 的交流电，通过车载充电机整流变换给车辆充电，分为便携式充电和交流充电桩充电两种类型，如图 6-1 所示。

交流充电系统主要由供电设备、交流充电口、交流充电线束、车载充电机、高压控制盒和动力蓄电池等组成，如图 6-2 所示。

1. 充电口

交流充电口安装在车身右前侧，直流充电口安装在车身左后侧。充电时，根据选择的充电类型，连接交流充电插头或者直流充电插头到相应的充电插座，连接正确后开始充电。充电口连接后形成检测回路，当出现连接故障时，系统可以检测该故障。

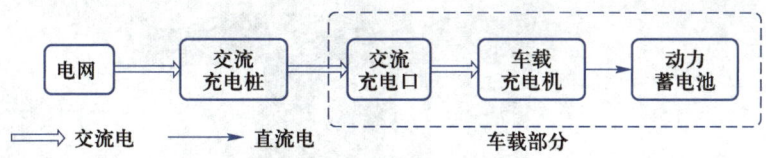

图 6-1　交流慢充示意图

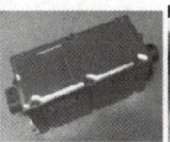

图 6-2　慢充充电系统的组成

2. 车载充电机的安装位置及规格

图 6-3 所示为车载充电机的安装位置示意图。

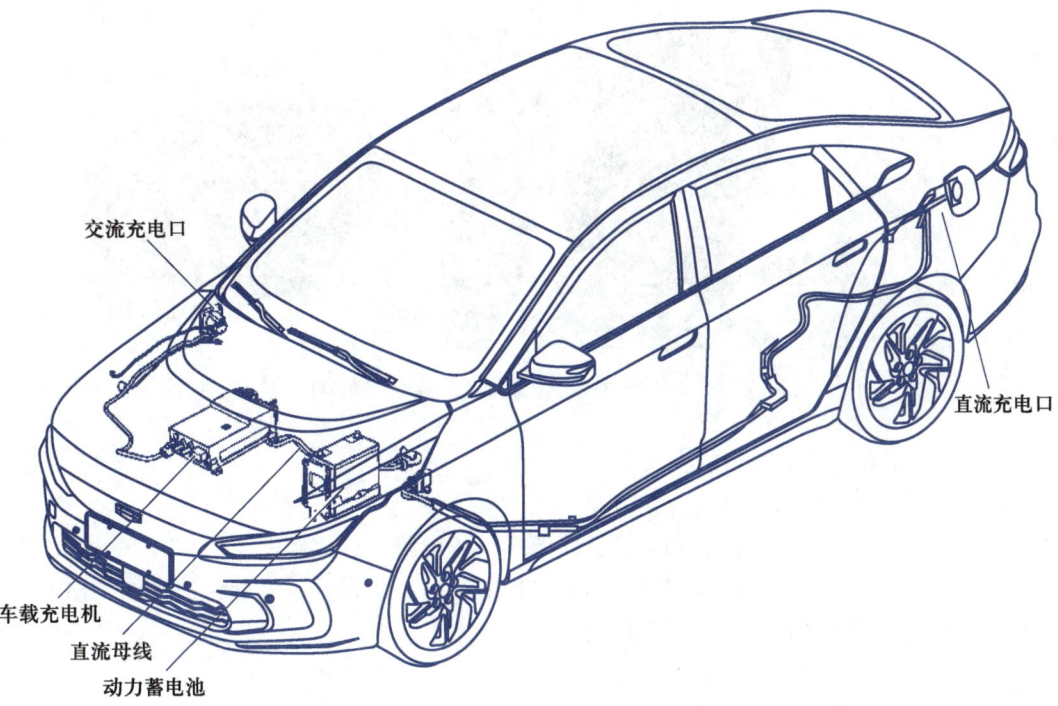

图 6-3　车载充电机的安装位置示意图

3. 交流充电系统的组成

1）供电设备。交流充电系统的供电设备主要有交流充电桩+充电线、充电宝（家用交流慢充充电线）等形式。图6-4所示为交流充电桩。

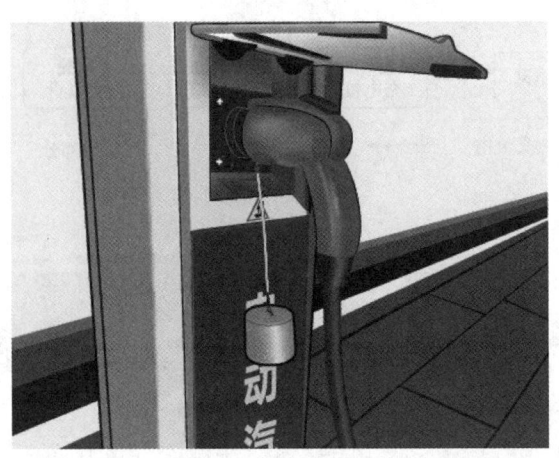

图6-4　交流充电桩

2）交流充电口。国家标准7孔交流充电口如图6-5所示。

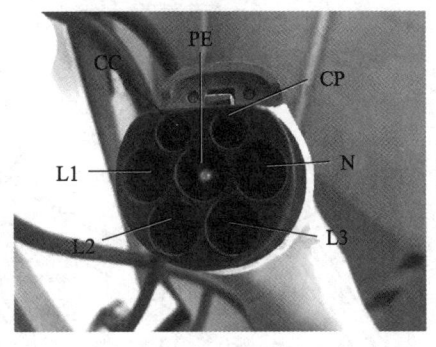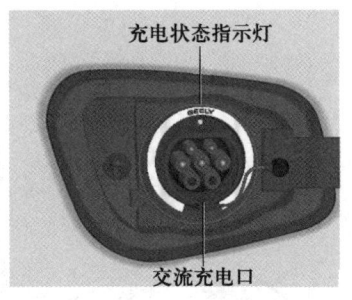

图6-5　国家标准7孔交流充电口

7孔交流充电口的含义如下。

① CC端口：确认连接电路。

② CP端口：控制和引导新能源汽车的电路，连接新能源汽车的数字信号线。

③ PE端口：搭铁端口，用于出现漏电时，对设备和人起保护作用。国家标准规定，没有PE端口，不允许充电。

④ L1端口：交流电源电路。

⑤ L2端口：交流电源电路。

⑥ L3端口：交流电源电路。

⑦ N中线端口：在单相电220 V中，表示零线的意思，在用220 V单相电充电

的时候，就会用到这根零线和其中的一根相线。

在充电过程中，充电桩一直是被动地靠车辆向它索取电量，给动力蓄电池充电，电压是多少，是由车载充电机来决定的。

3）交流充电线束。交流充电线束是连接交流充电口与车载充电机之间的线束，其作用为将交流充电桩输入的 220 V 交流电输送到车载充电机。交流充电线束的一端接车载充电机，另一端为交流充电口，如图 6-6 所示。

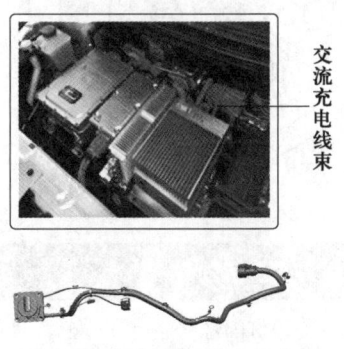

图 6-6　交流充电线束的位置

4）车载充电机。车载充电机的作用是将输入的 220 V 交流电转换为动力蓄电池所需的 290~410 V 高压直流电，实现动力蓄电池电量的补给，工作过程中需要协调充电桩、BMS 等部件。车载充电机内、外部结构如图 6-7 所示。

图 6-7　车载充电机内、外部结构

5）其他附件。

① 充电口盖开关。交流充电口盖采用两级解锁，一级为电动解锁（与车门同步），二级为机械解锁，采用 Push-Push 按压式，按充电口盖左侧处，可以打开，再打开插座上的充电口盖，选择合适的充电设备，将充电枪插入充电插座中即可。

直流充电口盖采用两级解锁，一级为电动解锁（与车门同步），二级为机械解锁，采用 Push-Push 按压式，按充电口盖右侧处，可以打开，再打开插座上的充电口盖，选择合适的充电设备，将充电枪插入充电插座中即可。

② 充电指示灯。充电指示灯集成于交流充电插座上方，用于指示不同的充电状态。充电指示灯显示功能及说明见表 6-1。

表 6-1 充电指示灯显示功能及说明

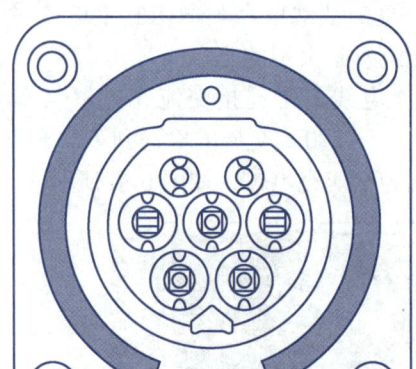

充/放电状态	灯带显示方案	显示时间
正在充电	绿灯闪烁	2 min 后熄灭
充电完成	绿灯常亮	2 min 后熄灭
充电故障	红灯常亮	2 min 后熄灭
正在放电	蓝灯闪烁	2 min 后熄灭

③ 家用随车充电口。家用随车充电口随车配备，用于家用随车充电包交流充电（应急充电）。家用随车充电口的结构如图 6-8 所示。

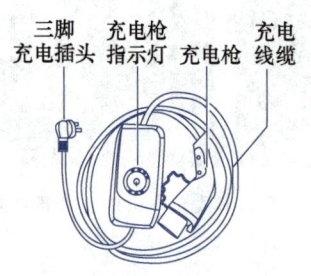

图 6-8 家用随车充电口的结构

其充电操作步骤如下：

a. 首先检查家用充电插座是否可靠搭铁。

b. 将三脚充电插头与家用充电插座插合。

c. 将充电枪插入车身充电插座上，即可自动充电。

④ 充电口照明灯。充电口照明灯位于充电口盖上方，打开充电口盖，充电口照明灯即亮。BV24 交流充电插座线束插接器端子说明见表 6-2。

表 6-2 BV24 交流充电插座线束插接器端子说明

端 子 号	端子名称	线 色	端子说明
1	L	O	L
2	–	–	–
3	–	–	–
4	N	O	N
5	PE	O	搭铁
6	CC	Y/W	连接信号
7	CP	Y/L	控制信号

二、交流充电能量传递路线

整车控制器被车载充电机唤醒，当接收到车载充电机发出的交流充电连接确认信号（CC、CP）、BMS 发出的高压互锁状态为闭合、SOC<100% 以及车辆 EPB 或 P 位锁止时，向 BMS 发送充电允许信号，然后 BMS 同时闭合主正继电器以及主负继电器，开始充电。

充电开始后，当 IPU 接收到整车控制器的交流充电命令后，内部 DC/DC 变换器开始工作为蓄电池充电。充电完成后整车控制器使 DC/DC 变换器停止工作，然后向 BMS 发送断开主继电器命令，充电结束。图 6-9 所示为交流充电能量传递路线。

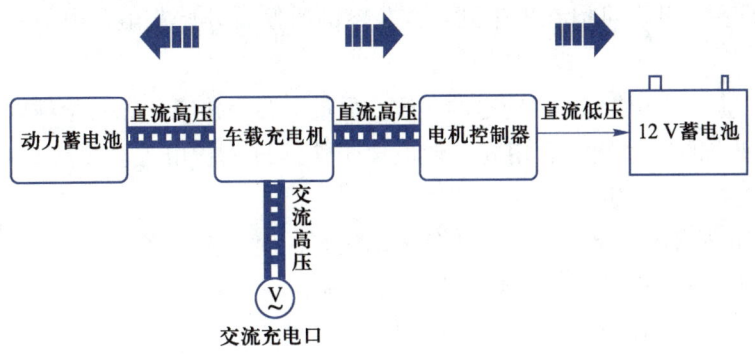

图 6-9 交流充电能量传递路线

三、交流充电的特点

交流充电的特点如下：

1）充电技术成熟，技术门槛低，使用方便，容易推广普及。

2）充电设施配置简单，占地较小，投资少；蓄电池充电过程缓和，蓄电池能够深度充满，续驶里程更长。

3）充电时蓄电池发热温和，不易发生高温短路或爆炸，安全性较高。

4）接口和相关标准要求较低。

5）充电功率相对低，对配电网要求降低，基础设施配套需求小。

6）一般选择夜间充电，可避开傍晚用电高峰期，享受低谷电价优惠，节能效果较好。

7）充电时间长，续驶里程有限。

8）用于有慢速充电需求的停车场所，如住宅小区停车场、社会公共停车场等，使用受到限制。

四、充电注意事项

为了防止纯电动汽车在充电过程中过充，应注意以下事项：

1）设置好时间。用充电桩进行充电时，一定要设置好时间，不要过分充电。应该根据纯电动汽车剩余电量的实际情况，选择到底充电多久。如果时间过长，对蓄电池是一种伤害。

2）定时检查。在给纯电动汽车充电时，应该定时检查一下，看一看电量是否充满。如果充满就应该及时拔掉电源。

3）利用好时段。一般情况下纯电动汽车电量充满需要 5~8 h，所以说，充电应该利用好时间段。提前计算好充电时间，充分利用夜间的时间，可以从晚上 10 点开始充，到第二天早晨 6 点断电，正好 8 h。

4）勤充少充。如果在办公室用电源充电，最好的方法是充电次数多一些，每次充电时间少一些。可以在上午到达办公室的时候就开始充电，中午午休时间拔掉电源。

5）尽量不要用快充。在充电的时候，尽量不要用快充的方式给纯电动汽车充电。因为快充的原理就是利用高压使电离子快速进入蓄电池。虽然充电过程快，但对蓄电池是一种损害。

6）蓄电池不要闲置太久。对于纯电动汽车，用户应该多驾驶。不要闲置一两个月才驾驶一次，闲置太长时间对蓄电池的损伤很大。经常使用，才能激发蓄电池的能量，变得更加耐用。

任务实施

一、任务准备

安全防护：防护服、绝缘安全鞋、绝缘手套、护目镜、安全头盔等。

工具准备：绝缘万用表、绝缘耐压仪、拆装工具套装。

台架车辆：吉利几何纯电动汽车一辆。

辅助资料：说明书、维修手册等。

二、实施步骤

交流充电流程如下：

1）车辆插头与车辆插座连接，使车辆处于不可行驶状态。车辆插座插头连接后，车载充电机将此信号发送至整车控制器，整车控制器控制不能高压上电。

2）确认车辆接口已完全连接。车载充电机通过测量检测点 3 与 PE 间的阻值来判断车辆插头与插座是否完全连接。

① 未连接时，S_3 闭合，CC 断开，电阻无穷大。

② 半连接时，S_3 断开，CC 连接，阻值为 R_C+R_4。

③ 完全连接时，S_3 闭合，CC 连接，阻值为 R_C。

3）确认充电设备是否已完全连接。如供电设备无故障，则开关 S_1 从 12V 连接状态切换至 PWM（脉冲宽度调制）连接状态，供电装置发送 PWM 信号。供电装置通过测量检测点 1 的电压值，判断供电连接装置是否完全连接；车载充电机通过测量检测点 2 的 PWM 信号，判断充电连接装置是否完全连接。

4）车辆准备就绪。

在车载充电机自检完成，且没有故障，并且动力蓄电池组处于可充电状态时，车载充电机闭合 S_2。

5）供电设备准备就绪。供电设备通过测量检测点 1 的电压值，判断车辆是否准备就绪。当检测点 1 的峰值电压为 6V 时，供电装置闭合接触器 K_1、K_2，使交流供电回路导通。

6）充电系统启动。

① 车载充电机通过判断检测点 2 的 PWM 信号，确认供电设备的最大供电能力。

② 车载充电机通过测量检测点 3 与 PE 间的电阻，来确认电缆的额定容量。

③ 车载充电机对供电设备的最大供电电流值、充电机的额定输入电流值、电缆的额定容量、BMS 允许充电电流进行比较，取最小值设定为车载充电机的最大允许输入电流。

7）检查供电接口的连接状态及供电设备的供电能力的变化情况。在充电过程中，车载充电机通过周期性测量检测点 2 和检测点 3，供电装置通过周期性测量检测点 1，确认供电接口和车辆接口的连接状态。

8）正常情况下充电结束或停止。在充电过程中，当达到车辆设置的结束条件或者驾驶人给车辆下达停止充电指令后，车载充电机断开 S_2，车载充电机停止充电，电子锁解锁；供电装置控制开关 S_1 切换至 12 V 线路，并断开接触器 K_1、K_2，若超过 3 s 未检测到 S_2 断开，强制断开 K_1、K_2。

 拓展案例

一、故障现象

用 6 kW 车载充电机充电 10 h 只能充电 50%，但交流充电正常。

二、故障原因

车载充电机、充电插座等导致充电较慢。

三、故障诊断

1）故障检测仪确认车载充电机无故障码，观察数据流，显示电子锁电动机上锁故障，充电机输出电流只有 7 A，如图 6-10 所示。

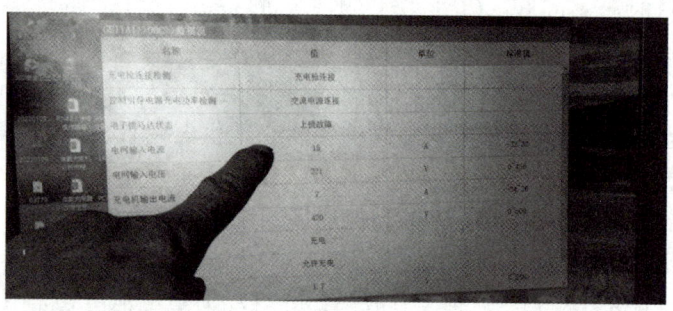

图 6-10　观察数据流

2）分析得出交流充电枪电子锁故障时，车载充电机会限流。

四、故障排除

更换充电口及线束总成，故障排除。

 任务工单

项目六　充电系统故障诊断与排除	小组人员：	
班级：	日期：	指导教师签字：
工作任务一　交流（慢充）充电系统故障诊断与排除		

续表

VIN:		年次:		动力蓄电池总电压:

任务要求：

1. 准备

1）检查车间防护工具是否准备到位。

2）检查个人防护用具是否穿戴到位。

3）检查万用表、绝缘检测仪、故障诊断仪等是否正常工作。

2. 检查车辆指示灯指示情况

首先连接车辆充电线，车辆切至 ON 挡。

1）检查组合仪表中充电连接指示灯是否正常显示。

2）检查组合仪表中充电进度条是否正常显示。

3）记录组合仪表中充电电流数据。

4）检查随车充电盒充电指示颜色及状态。

5）检查车辆插座上充电指示颜色及状态。

6）检查交流充电枪插入充电插座后是否能够正常锁止

---

1. 工具、量具

---

2. 维修资料及辅助材料

---

3. 制订工作计划及人员分工

---

4. 工作现场安全准备、检查

---

5. 本工作任务的结果

---

6. 现场整理、清洁

---

7. 本工作任务存在的问题及解决方法

习题

一、单选题

1. GB/T 18487.1—2015《电动汽车传导充电系统第1部分：通用要求》规定的充电连接方式 B 是指（　　）。

A. 将电动汽车和交流电网连接时，使用和电动汽车永久连接在一起的充电电缆和供电插头

B. 将电动汽车和交流电网连接时，使用带有车辆插头和供电插头的独立的活动电缆组件

C. 将电动汽车和交流电网连接时，使用和供电设备永久连接在一起的充电电缆和车辆插头

2. 对于充电电缆容量为 16 A 的随车充电盒，测量充电枪插头 CC 端和 PE 端阻值，即 R_C 阻值约为（　　）。

A. 1500 Ω　　　　B. 680 Ω　　　　C. 220 Ω　　　　D. 100 Ω

3. 车载充电机和供电设备处于正常工作状态，此时引导电路电压，即 CP 信号电压为（　　）。

A. 12 V　　　　B. 9 V　　　　C. 6 V　　　　D. 3 V

4. 在直流充电过程中，CC_1 和 CC_2 信号的作用是（　　）。

A. 判断车辆接口是否完全连接　　　　B. 为 BMS 提供低压电源

C. 用于充电桩绝缘检测　　　　D. 用于动力蓄电池内部绝缘检测

5. 直流充电桩直流快充时，测量充电插座低压线束端 A+、A− 间的电压为（　　）。

A. 12 V　　　　B. 9 V　　　　C. 6 V　　　　D. 3 V

二、多选题

1. （　　　　）情况下，BMS 会发送结束充电指令。

A. 交流充电过程中插入直流枪

B. 同时插入直流枪和交流枪

C. 当 SOC 为 100% 时，插入交流充电枪充电

D. 在交流充电过程中，检测到车载充电机发送交流充电枪为半连接状态时

2. （　　　　）情况下，BMS 会请求以 3.3 kW 功率充电。

A. 交流充电中，车载充电机发送电子锁指令解锁或闭锁故障

B. 交流充电中，电子锁由锁止状态变为非锁止状态，35 s 后未切换

C. 充电前若车载充电机未发送电子锁锁止状态

D. 在交流充电过程中，BMS 检测到绝缘故障

3. 在交流充电过程中，CC 信号的作用是（　　　　）。

A. 判断车辆插头及插座是否完全连接

B. 确认充电电缆的额定容量

C. 确认当前供电设备的最大供电电流

D. 在充电过程中，实时监测车辆插头和插座的连接状态

4. 以下关于温度检测的说法，正确的是（　　　　　）。

A. 交流充电口有温度检测装置，并且电动汽车对温度有相应的温度检测及过温保护功能，此温度由车载充电机检测

B. 车载充电机检测的交流充电口温度值超过 85℃需要发送 3 级故障报警和交流充电口温度过高报警，不允许进行交流充电，同时记录故障码

C. 车载充电机检测的交流充电口温度超过热敏电阻可以检测的范围时，车载充电机发送充电口温度检测失效故障和 1 级故障，限制充电电流，限定交流输入电流最大不超过 16 A，记录故障码

D. 车载充电机检测直流充电口温度，并将此信号转发至 BMS，由 BMS 来判断温度值是否在合理范围内

三、判断题

1. 交流充电功能是指整车从任意电源挡位插上交流充电枪通过车载充电机给动力蓄电池充电的功能。　　　　　　　　　　　　　　　　　　　　　（　　）

2. 交流充电需起动 DC/DC 变换器，DC/DC 变换器有故障，结束交流充电。

（　　）

3. 交流充电过程中插入直流充电枪，结束交流充电。　　　　　　　（　　）

4. 直流充电桩直流快充时，若充电桩显示未连接车辆，可优先排查 CC_1 信号是否异常。　　　　　　　　　　　　　　　　　　　　　　　　　　　　　（　　）

任务二　直流（快充）充电系统故障诊断与排除

 任务引入

一辆吉利几何 A 型纯电动汽车，车主去小区停车场的直流充电桩上进行充电，插好充电枪刷卡后，充电桩没有充电提醒，观察组合仪表发现没有出现充电连接指示灯，不能对该车辆进行直流充电。作为专业的维修人员，能否根据所学的知识，判断是直流充电、交流充电、车载充电机或者充电桩哪里出了问题导致没有充电提醒。

 任务目标

知识目标：
掌握直流（快充）充电系统的基本结构、作用及工作原理。

技能目标：
1. 能够描述直流（快充）充电系统的充电条件。
2. 能够诊断及排除直流（快充）充电系统的常见故障。

职业素养目标:

1. 严格执行汽车检修规范,养成严谨科学的工作态度。
2. 养成总结训练结果的习惯,为下次训练积累经验。
3. 养成团结协作精神。
4. 严格执行 5S 现场管理。

 相关知识

直流充电桩即快充桩,也称为非车载充电机。它安装在新能源汽车车体外,将电网的交流电能变换为直流电能,采用传导方式为新能源汽车动力蓄电池充电。

非车载充电机包括交流充电桩、直流充电桩和交直流充电桩。

一、交流充电桩

交流充电桩是指固定安装在新能源汽车外,与交流电网连接,采用传导方式为有车载充电机的新能源汽车提供交流电源的专用供电装置。交流充电桩只提供电力,没有充电功能,需要连接车载充电机为新能源汽车充电,即仅起提供电源的作用。图 6-11 所示为新能源汽车交流充电桩充电。

图 6-11　新能源汽车交流充电桩充电

交流充电桩由桩体、电气模块和计量模块三个部分组成。桩体外部结构包括外壳和人机交互界面,电气模块包括充电插座、供电电缆、电源转接端子排、安全防护装置等,计量模块包括电能表、计费管理系统、非接触式读写装置等。

交流充电桩输出单相/三相交流电,通过车载充电机转换成直流电给动力蓄电池充电,功率较小,有 7 kW、22 kW、40 kW 等,充电速度较慢,一般安装在商业区、写字楼和小区停车场等地。

交流充电示意图如图 6-12 所示。高压电通过变压器转化成低压电,低压电经由低压电缆引至非车载充电机,输出交流电,通过车载充电机给动力蓄电池充电。

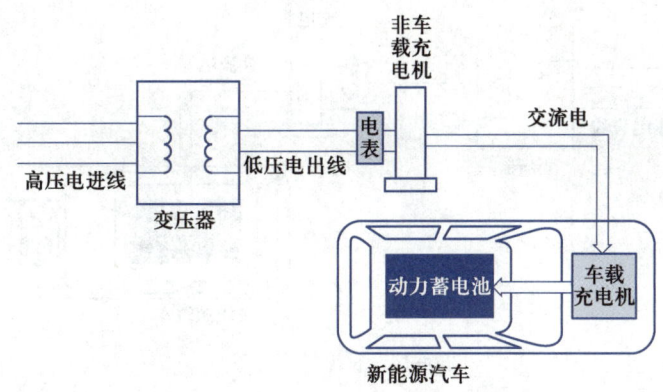

图 6-12　交流充电示意图

二、直流充电桩

直流充电桩是指固定在新能源汽车外，与交流电网连接，可以为新能源汽车动力蓄电池提供大功率直流电源的供电装置。直流充电桩直接输出直流电给车载动力蓄电池进行充电，功率较大，有 60 kW、120 kW、200 kW，甚至更高，充电速度较快，所以一般安装在大型充电站。图 6-13 所示为直流充电桩充电。直流充电桩主要由触摸屏、刷卡区、充电指示灯、插枪接口和充电桩体等部分组成。

图 6-13　直流充电桩充电

高压电通过变压器转化为低压电，低压电经由低压电缆引至非车载充电机，输出直流电，不通过车载充电机直接给动力蓄电池充电。直流充电示意图如图 6-14 所示。

三、直流充电系统的组成

1. 直流充电系统

直流充电系统由直流充电桩、直流充电接口、高压控制盒、动力蓄电池、整车控制器、高压线束和低压线束等组成。

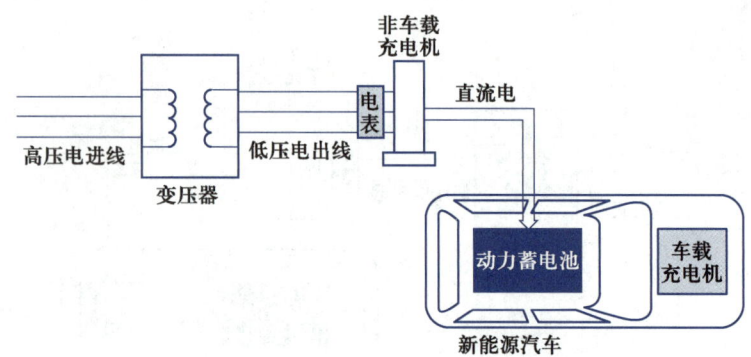

图 6-14　直流充电示意图

2. 直流充电桩

直流充电桩的主要作用则是将电网交流电能转换为直流电，并采用传导方式为新能源汽车充电。直流充电桩的输入电压采用三相四线交流 380 V，频率为 50 Hz，可提供足够的功率，并且输出为可调直流电，因此可满足快充的要求。

3. 直流充电口

直流充电桩的充电口是充电桩与新能源汽车直流充电口进行物理连接完成充电和控制引导的插接器。

四、直流充电原理

当充电枪连接到整车直流充电插座，直流充电设备向 BMS 发送充电唤醒信号，BMS 开始工作并进行自检，若自检无异常，同时 BMS 接收到充电连接确认信号以及充电报文，BMS 闭合快充接触器和主负接触器，开始充电。充电完成后，BMS 向充电桩发送充电停止指令，待充电桩停止充电后，BMS 切断快充接触器和主负接触器，充电结束。

直流充电 0.75 h 可充电 80%。直流充电能量传递路线如图 6-15 所示。

图 6-15　直流充电能量传递路线

整车控制器发送允许直流充电条件示意图如图 6-16 所示。

1）车载充电机接收到 CC 和 CP 未连接。

2）BMS 接收到快充枪已连接和车载充电机发送的 CC、CP 未连接信息。

3）BMS 接收到整车控制器发送的允许充电状态和关闭主继电器状态信息。

4）BMS 接收到 IPU 准备就绪状态信息。

5）整车控制器接收到快充枪连接且有效信息。

6）"ON"挡或"READY"挡时，整车控制器接收到 P 位或 EPB 拉起信号或车速低于 1.8 km/h。

7）整车控制器接收到 IPU 发送的准备就绪状态及 DC/DC 请求状态信息。

8）无影响直流充电的故障。

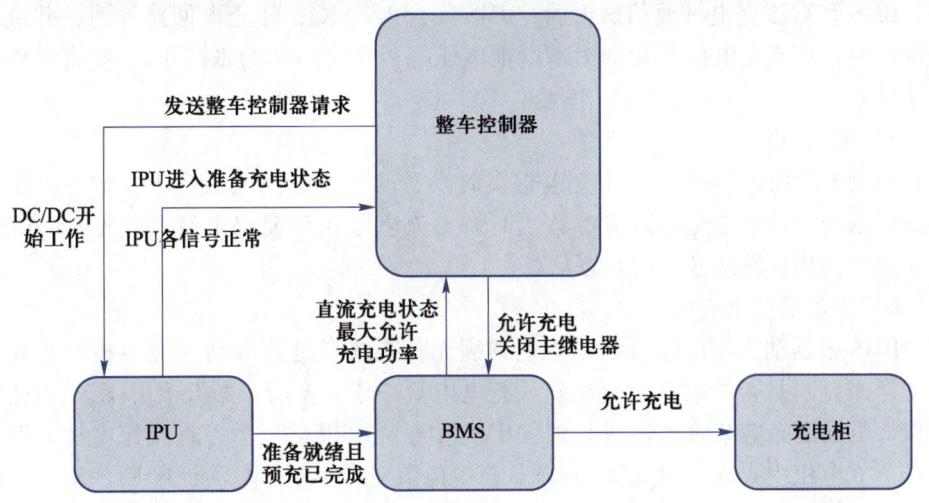

图 6-16　整车控制器发送允许直流充电条件示意图

任务实施

一、任务准备

安全防护：防护服、绝缘安全鞋、绝缘手套、护目镜、安全头盔等。
工具准备：绝缘万用表、绝缘耐压仪、拆装工具套装。
台架车辆：吉利几何纯电动汽车一辆。
辅助资料：说明书、维修手册等。

二、实施步骤

直流充电流程如下：

1）充电插头与车辆插座连接，使车辆处于不可行驶状态。
车辆插座插头连接后，控制不能上高压。

2）充电桩车辆接口完全连接确认。
非车载充电机控制装置通过检测 CC_1 电阻值引起的电压值变化判断车辆插头和车辆插座是否已完全连接。当检测点 1 的电压值为 4 V 时，则判断车辆接口完全连接，并将充电枪中的电子锁进行锁定，防止充电枪脱落。

3）BMS 车辆接口完全连接确认及非车载充电机自检。
充电桩检测车辆接口完全连接后，闭合 K_3 和 K_4，使低压辅助回路导通，充电机启动握手报文，A+、A−唤醒电源给 BMS 供电，通过检测 CC_2 电阻值引起电压变化判断车辆插座与充电枪是否已完全连接，若电压值为 6 V，则 BMS 开始周期发送通信握手报文，充电桩闭合 K_1 和 K_2 进行绝缘检测，绝缘检测完成后，断开 K_1、K_2。

4）充电准备就绪。

BMS 和直流充电桩通信辨识后，BMS 闭合 K_5、K_6，使充电回路导通，并进行绝缘检测，直流充电桩判断动力蓄电池电压是否正常后闭合 K_1、K_2，使直流供电回路导通。

5）充电阶段。

在充电阶段，BMS 向直流充电桩实时发送动力蓄电池充电需求参数。直流充电桩根据动力蓄电池充电需求参数实时调整充电电压和充电电流。此外，BMS 和直流充电桩相互发送各自的状态信息。

6）正常情况下充电结束。

BMS 根据动力蓄电池系统是否达到满充状态或者是否收到"充电机中止充电报文"来判断是否结束充电。在确认充电电流小于 5 A 后，断开 K_5、K_6。当达到操作人员设定充电结束条件或收到"BMS 中止充电报文"后，直流充电桩周期性发送"充电机中止充电报文"，在确认充电电流变成小于 5 A 后断开 K_1、K_2，并再次投入泄放回路，然后断开 K_3、K_4。

微课

充配电总成
安装

拓展案例

一、故障现象

吉利几何 A Pro 车型在部分国家电网充电站充电时显示未插充电枪，无法充电。

二、故障原因

故障原因是卡止位置没有卡住。

| 卡止位置 | 充电口处于卡止位置 | 充电枪插入状态 |

三、故障诊断

1）车辆进站后车辆直流充电口位置有明显卡止印记。

2）陪同客户去指定位置充电站测试，发现充电枪头所指位置顶在侧围的铁板上，无法锁止。

3）因无法锁止，充电桩提示请插入充电枪，无法启动充电。

四、故障排除

更换符合国家标准的充电枪，故障排除。

 任务工单

项目六　充电系统故障诊断与排除	小组人员：	
班级：	日期：	指导教师签字：
工作任务二　直流（快充）充电系统故障诊断与排除		
VIN：	年次：	动力蓄电池总电压：

任务要求：

1. 准备

1）检查车间防护工具是否准备到位。

2）检查个人防护用具是否穿戴到位。

3）检查万用表、绝缘表、故障诊断仪等是否正常工作。

2. 检查车辆指示灯指示情况

车辆切至"ON"挡。

1）检查组合仪表中是否有故障灯点亮。

2）踩下制动踏板，按下起动开关，车辆是否可进入"READY"状态。

3）记录哪些故障灯被点亮。

4）车辆连接快充桩，记录是否可正常充电

1. 工具、量具

2. 维修资料及辅助材料

3. 制订工作计划及人员分工

续表

4. 工作现场安全准备、检查	

5. 本工作任务的结果	

6. 现场整理、清洁	

7. 本工作任务存在的问题及解决方法	

习题

一、单选题

1. 高压直流充电时，车辆通过（   ）信号确认充电连接状态。

A. CC_1 B. CC_2 C. A+   D. A-

2. 高压直流充电时，将充电枪插入，CC_1 参考电压由（   ）变成（   ），充电桩确认充电枪正确连接。

A. 12 V，4 V   B. 12 V，6 V   C. 9 V，4 V   D. 12 V，9 V

3. 测量直流充电插座上 CC_1 与 PE 间的阻值，正常阻值是（   ）左右。

A. 600 Ω   B. 800 Ω   C. 1000 Ω   D. 1200 Ω

4. 车辆处于"ON"挡，测量直流充电插座上 CC_2 与 PE 端子之间的电压，正常电压是（   ）左右。

A. 5 V   B. 6 V   C. 9 V   D. 12 V

5. 检查直流充电插座快充 CAN 线 S+、S-终端电阻阻值，正常阻值是（   ）左右。

A. 60 Ω   B. 80 Ω   C. 100 Ω   D. 120 Ω

二、多选题

1. 高压直流充电时，由直流充电桩通过（   ）输出 12 V 唤醒电压激活车辆各单元。

A. A+   B. A-   C. CC_1 D. CC_2

2. 高压直流充电时，车辆通过（   ）信号确认充电连接状态。

A. CC_2 B. CC_3 C. A+   D. A-

3. 以下直流充电系统对充电条件的要求正确的是（　　　　　）。

A. 充电线连接确认信号正常

B. BMS 供电电源正常

C. 充电唤醒信号输出正常

D. 充电桩、整车控制器、BMS 之间通信正常

4. 以下关于直流充电流程，说法正确的是（　　　　　）。

A. 确认充电枪连接状态

B. 充电桩闭合 K_3、K_4 提供低压辅助电源，激活车辆各单元

C. 充电桩与车辆控制单元通过 CAN 线通信完成识别及充电参数的配置

D. BMS 控制闭合 K_5、K_6，充电桩闭合 K_1、K_2 后开始充电

5. 以下关于整车控制器允许直流充电的条件，说法正确的是（　　　　　）。

A. BMS 接收到快充枪已连接和车载充电机发送的 CC、CP 未连接信息

B. BMS 接收到整车控制器发送的允许充电状态和关闭主继电器状态信息

C. BMS 接收到 IPU 准备就绪状态信息

D. 整车控制器接收到快充枪连接且有效信息

三、判断题

1. 直流充电功能是指整车从任意电源挡位，插上直流充电枪，通过直流充电设备给动力蓄电池充电的功能。　　　　　　　　　　　　　　　　（　　　）

2. 对于帝豪 EV450 车型，拉动转向盘下方的直流充电口盖板开启手柄，直流充电口盖板自动打开。　　　　　　　　　　　　　　　　　　　　（　　　）

任务三　车载充电系统故障诊断与排除

 任务引入

一辆吉利几何 A 纯电动汽车，客户用家用 220 V 交流电充电，充了一晚上后发现没有充进去电，将车辆驶入 4S 店进行检查。经过一系列检查，发现车载充电机故障，更换车载充电机后，能够正常充电，故障消失。作为 4S 店维修人员，根据所学的知识，分析有哪些原因可能造成这种情况。

 任务目标

知识目标：

掌握车载充电系统的基本结构、作用及工作原理。

技能目标：

1. 能够描述车载充电系统的充电条件。

2. 能够诊断及排除车载充电系统的常见故障。

3. 能够更换车载充电机。

4. 能够描述电动汽车充电操作过程及注意事项。

职业素养目标：

1. 严格执行汽车检修规范，养成严谨科学的工作态度。

2. 养成总结训练结果的习惯，为下次训练积累经验。

3. 养成团结协作精神。

4. 严格执行 5S 现场管理。

 相关知识

车载充电方式就是当车辆进行补充充电时，充电机与充电车辆通过充电插头进行连接，动力蓄电池无须从车辆上拆卸下来即可直接进行充电。这种充电方式的优点是充电操作过程简单，不涉及动力蓄电池储存、动力蓄电池更换等操作，但车辆充电时间占用了较多的运行时间，不利于保持动力蓄电池的均衡性、可靠性及使用寿命。

车载充电机是指固定安装在新能源汽车上，将公共电网的电能变换车载储能装置所要求的直流电，并给车载储能装置充电的装置。车载充电机安装在车辆内部，其优势是灵活多样的，在车库、路边或住宅等任何有交流电源供电的地方，都可以随时充电，功率相对较小。车载充电机固定在新能源汽车上，因此车载充电机的参数要与新能源汽车动力蓄电池相配套，要按照 BMS 要求的电压、电流来供给输出，并限制上下限，同时也因为车载充电机安装在汽车固定位置，车载充电机除了要提供充电功能外，还应满足小型化、轻量化、高可靠性、高效率的要求。图 6-17 所示为车载充电机的外观结构。

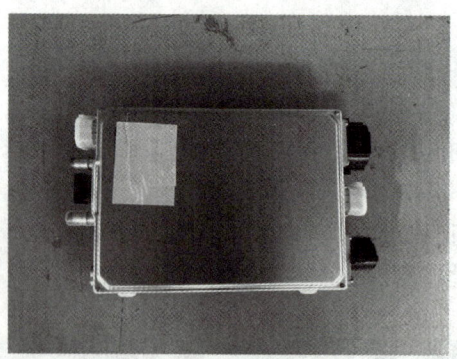

图 6-17　车载充电机的外观结构

一、车载充电机的组成

车载充电机由交流输入端口、功率单元、控制单元、低压辅助单元、直流输出端口等组成，连接示意图如图 6-18 所示。

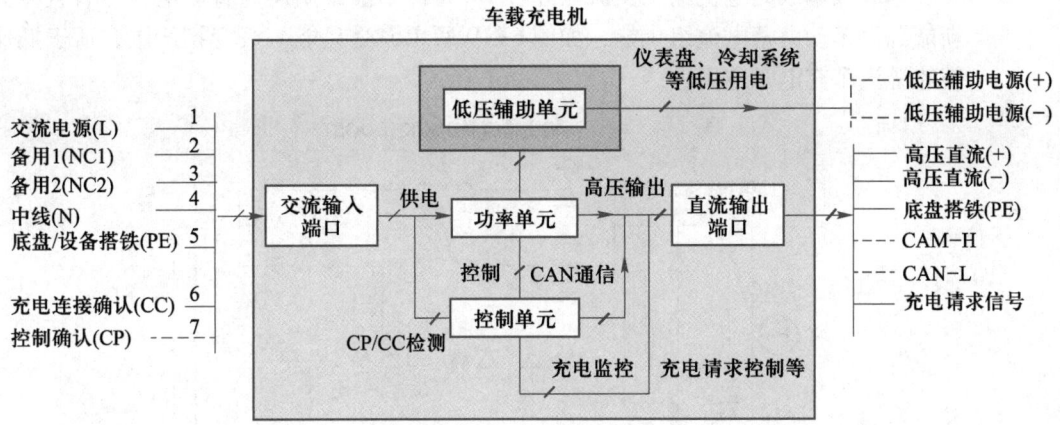

图 6-18　车载充电机连接示意图

1. 交流输入端口

交流输入端口是车载充电机与地面供电设备的连接装置。

2. 功率单元

功率单元作为充电能量的传递通道，主要作用是在控制单元的配合下，把电网的交流电转换成动力蓄电池需要的高压直流电。

3. 控制单元

控制单元的主要作用是通过电力电子开关器件控制功率单元的转换过程，通过闭环控制方式精确地实现转换功能，并提供保护功能。

4. 低压辅助单元

低压辅助单元的主要作用是为控制单元的电力电子器件提供低压供电及实现系统与外界的联系。

5. 直流输出端口

直流输出端口是车载充电机与动力蓄电池之间的连接装置。

车载充电机的优点是不管车载动力蓄电池在任何时候、任何地方需要充电，只要有充电机额定电压的交流插座，就可以对新能源汽车进行充电。车载充电机的缺点是受新能源汽车的空间所限，功率较小，输出充电电流小，动力蓄电池充电的时间较长。

二、车载充电机的类型

根据结构不同，车载充电机可以分为单向车载充电机、双向车载充电机和集成式车载充电机。

1. 单向车载充电机

单向车载充电机拓扑结构多样、控制简单，能够满足大多数纯电动汽车和插电式混合动力汽车的充电需求。单向车载充电机一般采用高频开关电源技术，拓扑结构可分为单级式结构和两级式结构。

单级式车载充电机输入交流电经过 AC/DC 变换器变换为直流电，然后直接为新能源汽车动力蓄电池组供能，如图 6-19 所示，受只能一级变换所限，适于低速新能源汽车充电时应用。

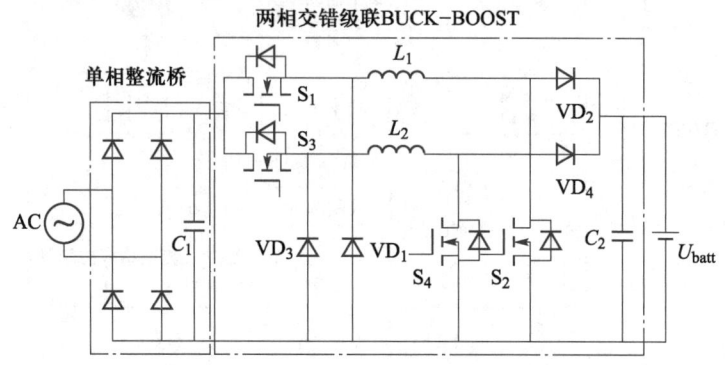

图 6-19　单级式车载充电机的电路图

两级式车载充电机是在单级式拓扑的基础上，增加一级 DC/DC 变换电路，如图 6-20 所示，前级 AC/DC 变换器一般是带功率因数校正的 AC/DC 变换器，目的是提高车载充电机的功率因数，抑制输入电流谐波，减少对电网造成的谐波污染，同时为后级 DC/DC 变换器提供稳定的直流电；后级 DC/DC 变换器一般采用隔离式 DC/DC 变换器，为负载提供一个宽输出电压范围、低纹波、高质量的直流电。

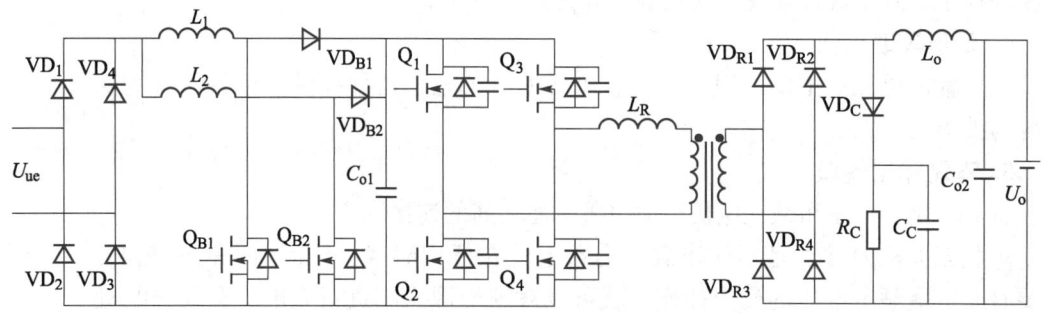

图 6-20　双级式车载充电机的电路图

两级变换器可以在较宽的输入和输出电压条件下工作，适合宽负载范围充电，具有高功率密度、高效率及高可靠性的特点；但拓扑结构较单级式车载充电机复杂，器件数量多，前后两级变换器各需一个单独的控制器，性能提高的同时也增加了成本。

2. 双向车载充电机

双向车载充电机拓扑简单，开关器件数目多，控制复杂，体积较大。

双向车载充电机多采用两级变换结构，由双向 AC/DC 变换器和双向隔离 DC/DC 变换器构成，如图 6-21 所示。

双向车载充电机一般有动力蓄电池充电模式（OBC）、汽车到电网供电模式（V2G）两种工作模式；功率双向流动，不仅能利用电网电能给新能源汽车充电（OBC），还能将电动汽车动力蓄电池的电能回馈到电网，停电期间电动汽车还能作为家庭应急电源（V2G）。

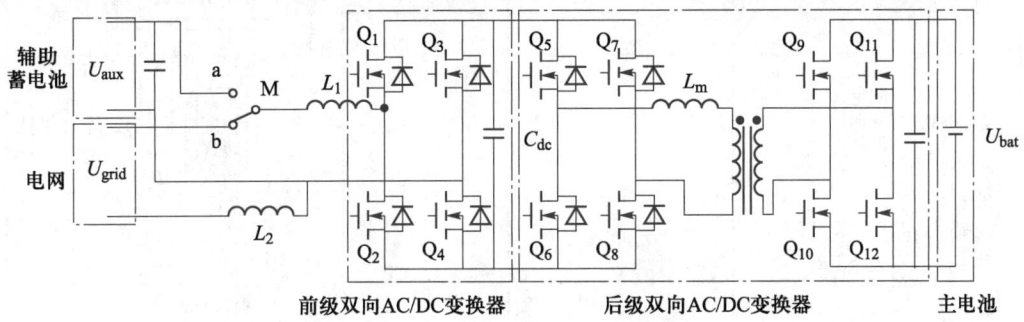

图 6-21　双向车载充电机的电路图

3. 集成式车载充电机

集成式车载充电机集成了新能源汽车自身驱动系统的功率电路部分，相对减小了体积和质量，但其性能受新能源汽车功率电路限制。根据新能源汽车和车载充电机的集成程度可以分为集成逆变器的车载充电机、集成电机绕组的车载充电机、集成逆变器和电机绕组的车载充电机三种类型。

1）集成逆变器的车载充电机。逆变器在驱动车辆时将动力蓄电池的直流电逆变成交流电给交流电机供电，充电时反向整流。集成了逆变器，只需要额外增加滤波器和 DC/DC 变换器就能完成整个车载充电机的设计。

2）集成电机绕组的车载充电机。根据电机绕组相数不同，需要针对性地设计集成式车载充电机。集成三相电机绕组的车载充电机，电机绕组在车载充电机作为电感使用。

3）集成逆变器和电机绕组的车载充电机。充电时驱动逆变器作为车载充电机 AC/DC 变换器，电机绕组作为滤波电感，加入简单的相控整流滤波电路即可实现对动力蓄电池的充电功能。该充电机集成度更高，更有利于减小体积和成本，但所受限制也多，设计难度大。

三、车载充电机的工作过程

1. 车载充电机输入

当使用车载充电机对新能源汽车进行充电时，如图 6-22 所示，电路作为充电接口状态及车载充电机输出的判断装置。

车载充电机输入工作过程如下。

1）车辆插头与车辆插座连接，使车辆处于不可行驶状态。将车辆插头与车辆插座连接后，车辆的总体设计方案可以自动启动某种触发条件（如打开充电门，插头与插座连接或者对车辆的充电按钮、开关等进行功能触发设置），通过互锁或者其他控制措施使车辆处于不可行驶状态。

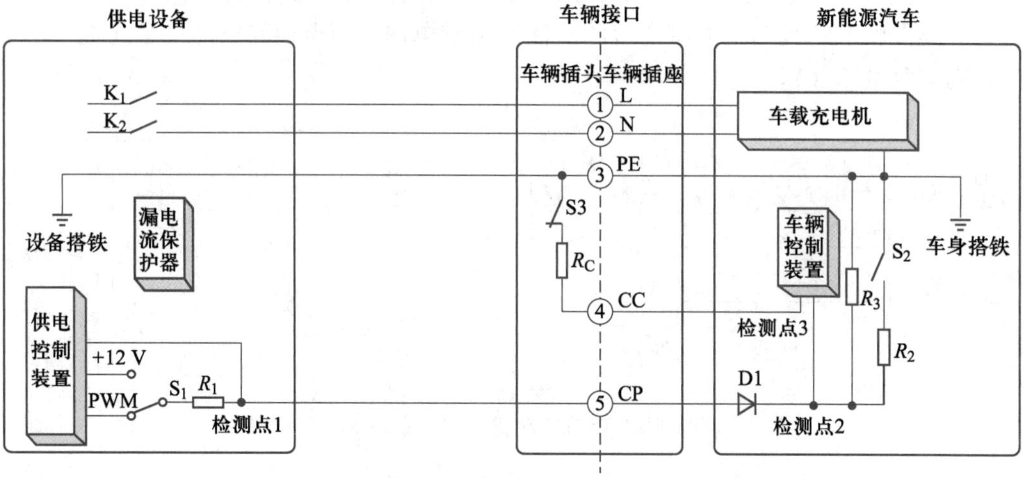

图 6-22　典型车载充电电路示意图

2）确认车辆接口已完全连接。新能源汽车车辆控制装置通过测量图 6-22 检测点 3 的电压值，判断车辆插头与车辆插座是否已完全连接。

3）确认充电连接装置是否完全连接。在操作人员对供电设备完成充电启动设置后，如供电设备无故障，并且供电接口已完全连接，则闭合 S_1，供电控制装置发出 PWM 信号。新能源汽车车辆控制装置通过测量图 6-22 中检测点 2 的 PWM 信号，判断充电连接装置是否已完全连接。

2. 车载充电机输出

车载充电机输出工作过程如下。

1）车辆准备就绪。在新能源汽车和供电设备建立电气连接和车载充电机完成自检后并通过图 6-22 中检测点 2 的 PWM 信号确认充电额定电流值（根据充电装置的交流电特性）。车载充电机给新能源汽车控制装置发送充电感应请求信号，同时或延时（例如 100 ms）后给车辆控制装置供电。根据充电协议进行信息确认，若需充电，则新能源汽车控制装置发送充电报文并控制充电接触器闭合，车载充电机按所需功率输出。

车辆控制装置通过判断图 6-22 中检测点 2 的 PWM 信号占空比确认供电设备当前能提供的最大充电电流值。车辆控制装置对供电设备、充电连接装置及车载充电机的额定输入电流值进行比较，将其最小值设定为车载充电机当前最大允许输入电流。当判断充电连接装置已完全连接，并完成车载充电机最大允许输入电流设置后，车辆控制装置控制图 6-23 中 K_3、K_4 闭合，车载充电机开始对新能源汽车进行充电。

2）充电过程的监测。在充电过程中，车辆控制装置可以对图 6-22 中检测点 3 的电压值 PWM 信号占空比进行监测，供电控制装置可以对图 6-22 中检测点 1 的电压值进行监测。

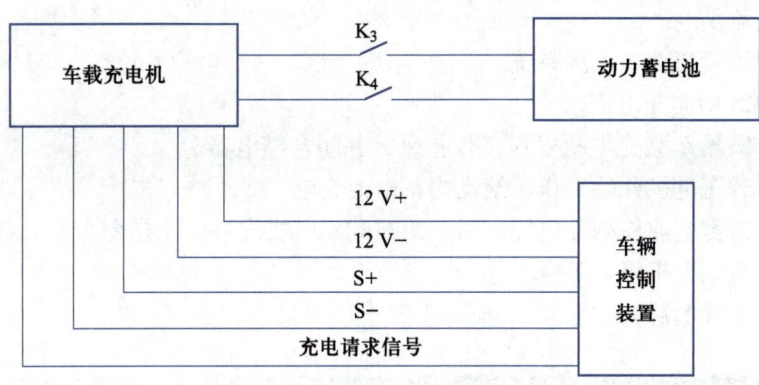

图 6-23　车载充电机输出电路示意图

3）充电系统的停止。在充电过程中，当充电完成或者因为其他不满足充电条件时，车辆控制装置发出充电停止信号给车载充电机，车载充电机停止直流输出、CAN 通信和低压辅助电源输出。

车载充电机的整体拓扑如图 6-23 所示，该结构前级选用了三相六开关 PFC 电路，提高功率因数同时为后级提供稳定在 700 V 的输入电压，后级选用全桥 LLC 谐振变换器用于输出 280~400 V 的宽范围电压，利用高频软开关技术降低开关损耗。

四、车载充电机的基本参数

GE11 车载充电机规格见表 6-3。

表 6-3　GE11 车载充电机规格

项　　目	参　　数	单　　位
输入电压	220	V
输入频率	50（1±2%）	Hz
输入最大电流	32	A
输出电压	直流 200~450	V
输出最大功率	6.6	kW
输出最大电流	24	A
效率	≥93%	—
质量	10.5	kg
工作温度	−40~80	℃
冷却液类型	50%水+50%乙二醇	—
冷却液流量要求	2~6	L/min

五、车载充电机的工作流程

车载充电机的工作流程如下。

1）交流供电。

2）低压唤醒整车控制系统。

3）BMS 检测充电需求。

4）BMS 给车载充电机发送工作指令，并闭合继电器。

5）车载充电机开始工作，给动力蓄电池充电。

6）动力蓄电池检测充电完成后，给车载充电机发送停止指令。

7）车载充电机停止工作。

8）断开继电器。

任务实施

一、任务准备

安全防护：防护服、绝缘安全鞋、绝缘手套、护目镜、安全头盔等。

工具准备：绝缘万用表、绝缘耐压仪、拆装工具套装。

台架车辆：吉利几何纯电动汽车一辆。

辅助资料：说明书、维修手册等。

二、实施步骤

车载充电机的拆卸流程见表 6-4。

表 6-4　车载充电机的拆卸流程

—	打开前舱盖
—	拆卸前舱装饰罩
—	断开蓄电池负极电缆
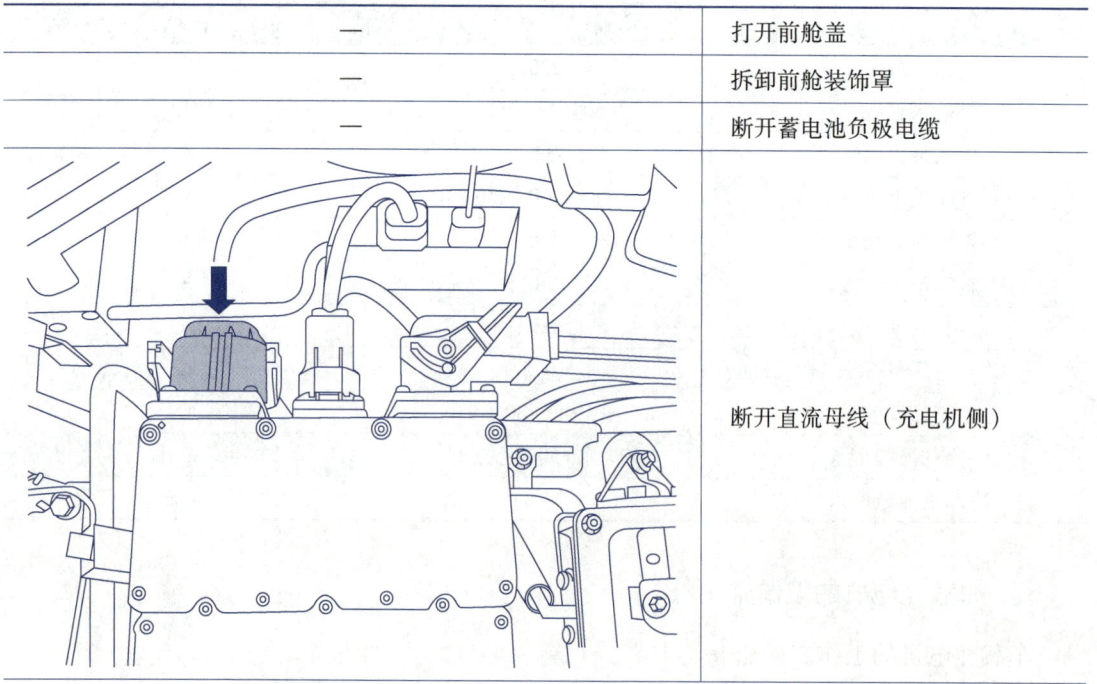	断开直流母线（充电机侧）

续表

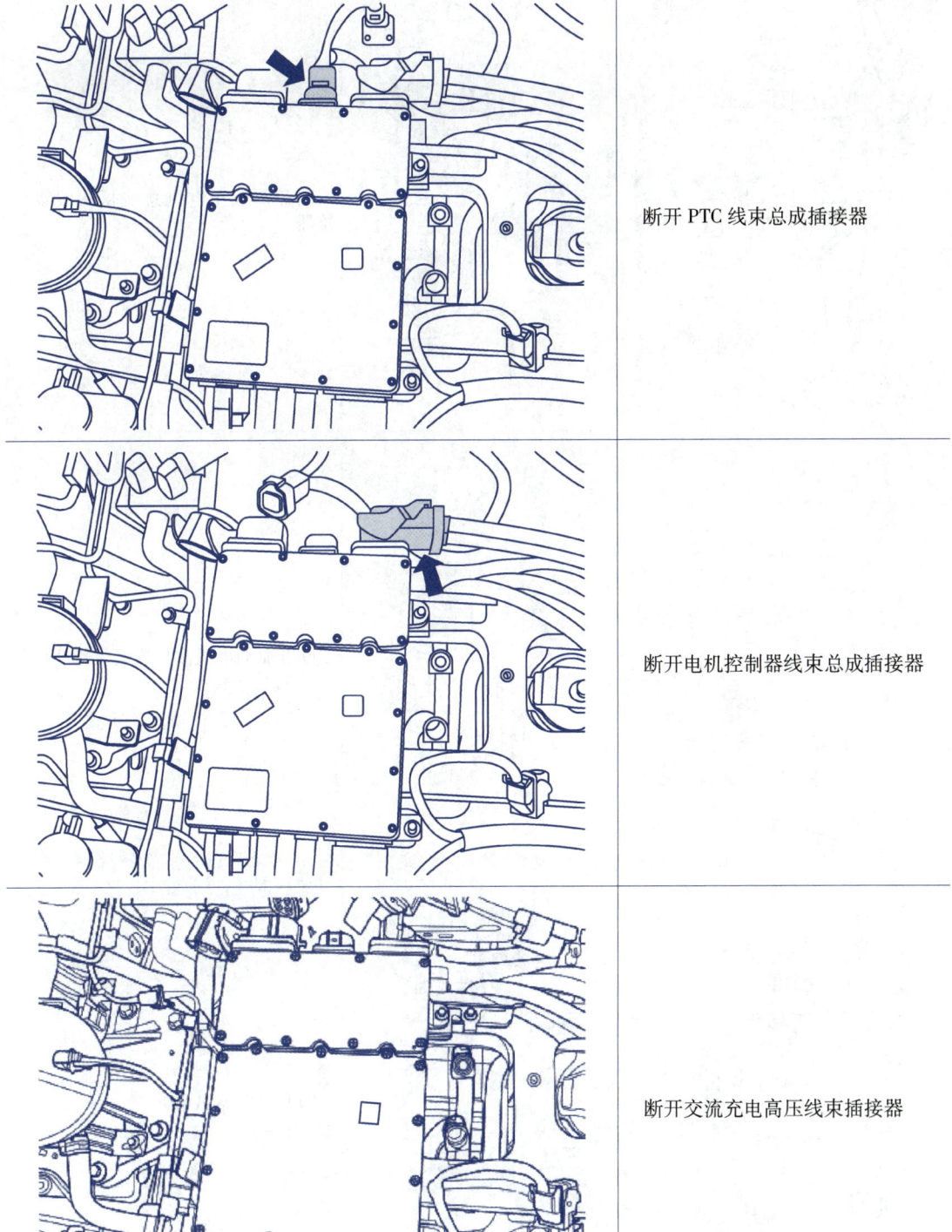

	断开 PTC 线束总成插接器
	断开电机控制器线束总成插接器
	断开交流充电高压线束插接器

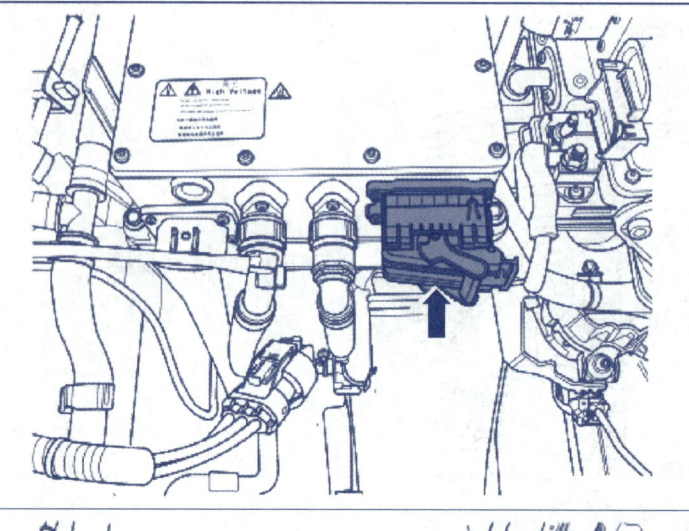	断开车载充电机总成低压线束插接器
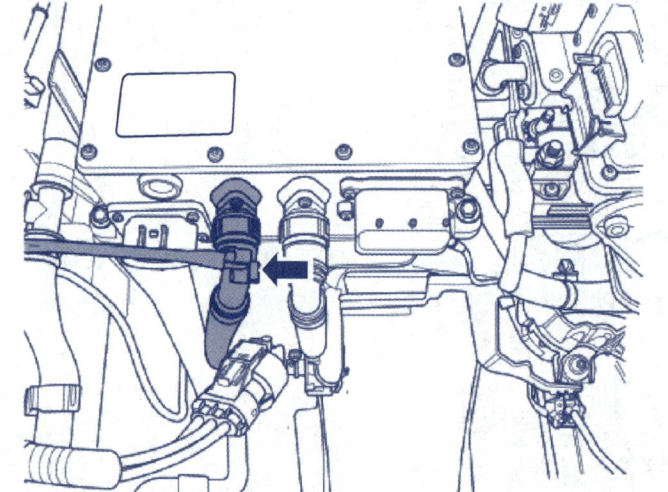	断开驱动电机散热器通气管插接器
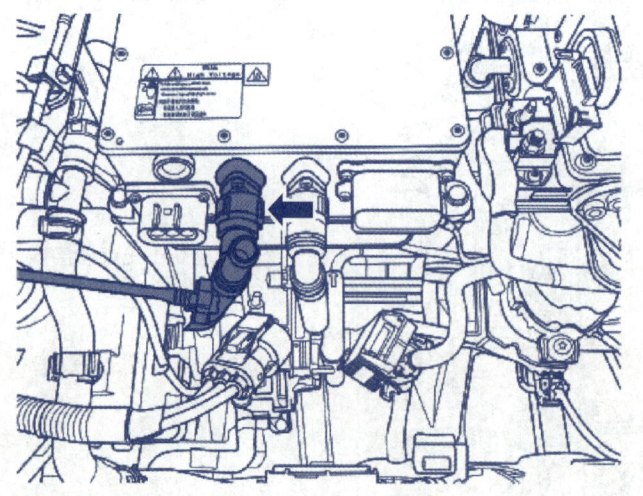	断开充电器出水管

续表

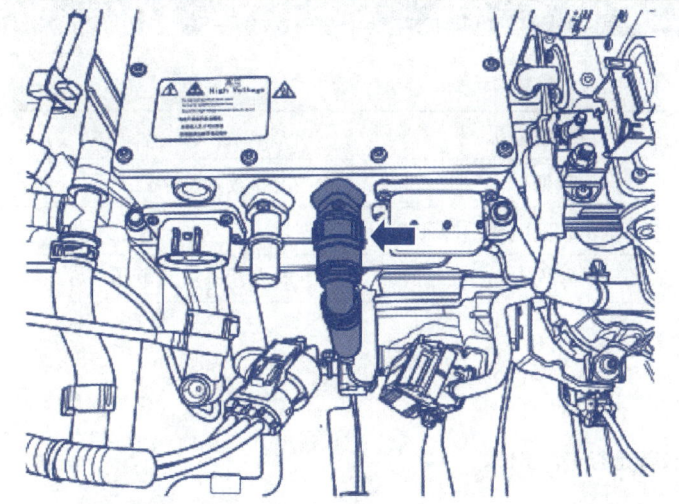

断开充电器进水管

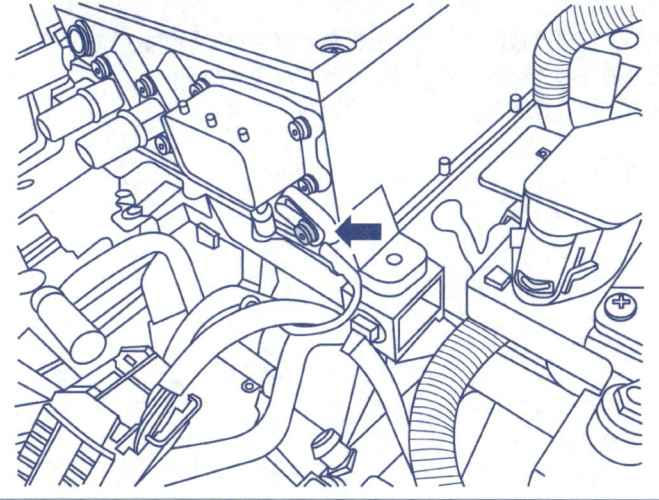

拆卸车载充电机总成低压线束搭铁线固定螺栓

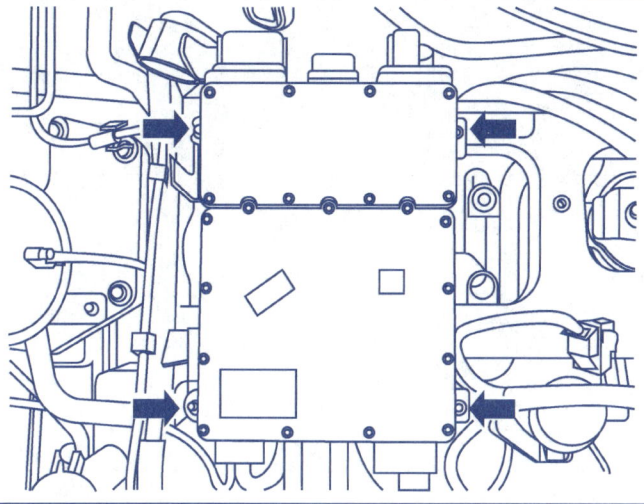

拆卸车载充电机总成的四颗固定螺栓，取下车载充电机总成

任务工单

项目六　充电系统故障诊断与排除		小组人员：	
班级：		日期：	指导教师签字：
工作任务三　车载充电机故障诊断与排除			
VIN：		年次：	动力蓄电池总电压：

任务要求：

一、准备

1）检查车间防护工具是否准备到位。

2）检查个人防护用具是否穿戴到位。

3）检查万用表、绝缘表、故障诊断仪等是否正常工作。

二、检查车辆情况

1. 常规检查

1）检查易于接触或能够看到的系统部件，以确保该部件没有明显损坏或存在可能导致故障的情况。

2）检查充电插座和充电插头，确保充电插座和充电插头内部没有水或者灰尘等异物。

3）检查充电插座和充电插头连接，确保该连接没有松动，且内部无锈蚀的迹象。

2. 充电机控制器线束插接器检查

（1）BV10 充电机控制器线束插接器检查

1）检查线束端子是否有破损。

2）检查线束端子连接线是否有破损。

3）能判断各端子线色及用途。

（2）BV24 交流充电插座线束插接器检查

1）检查插座线束插接器是否有脏污。

2）检查 5 是否搭铁。

3）检查 5、6 是否有信号传输。

（3）BV27 接车载充电机线束插接器线束检查

1）检查插接口是否有脏污。

2）检查 1、2、3 是否能够正常使用

1. 工具、量具

2. 维修资料及辅助材料

3. 制订工作计划及人员分工

| 4. 工作现场安全准备、检查 |
| 5. 本工作任务的结果 |
| 6. 现场整理、清洁 |
| 7. 本工作任务存在的问题及解决方法 |

习题

一、填空题

1. 车载充电机充电有＿＿＿＿＿＿＿＿＿、＿＿＿＿＿＿＿＿＿两种形式。

2. 车载充电机将＿＿＿＿＿＿V 交流电转换为动力蓄电池所需的 290~420 V 高压直流电，实现动力蓄电池电量的补给，在工作过程中需要协调充电桩和 BMS 等部件。

3. 高压上电前，低压电路系统依赖＿＿＿＿＿＿V 铅酸蓄电池供电，当高压上电后，电机控制器内置＿＿＿＿＿＿将动力蓄电池输出的高压直流电转换成低压直流电为 12 V 铅酸蓄电池充电，并充当辅助低压电源。

4. 当充电枪连接到整车直流充电插座，直流充电设备向 BMS 发送充电＿＿＿＿＿＿信号，BMS 开始工作并进行自检。

二、单选题

1. 车载充电机是指固定安装在新能源汽车上，将交流电能转换为直流电能，采用（　　）方式为新能源汽车动力蓄电池充电的专用装置。

　　A. 传递　　　　　　B. 交互　　　　　　C. 传热　　　　　　D. 传导

2. 车载充电机是根据（　　）提供的数据，动态调节充电电流或电压参数，执行相应的动作，完成充电过程的。

　　A. 充电桩　　　　　B. 动力蓄电池　　　C. BMS　　　　　　D. 整车控制器

项目七 ▶▶▶

空调系统故障诊断与排除

▶ **背景拓展**

新能源汽车空调技术正围绕提升能效（续驶里程）和提升智能化舒适体验等多方面发展，特别是热泵空调技术，是解决新能源汽车冬季续驶里程锐减这一核心痛点的关键技术，通过高效"搬运"热量，显著降低制热能耗。

它利用制冷循环（逆卡诺循环），通过消耗少量电能，从温度较低的环境（车外空气、电池、电机废热等）中吸收热量，将其"泵送"到温度较高的车厢内进行制热。这与传统燃油汽车或早期新能源汽车使用的PTC加热器有本质区别。PTC（正温度系数热敏电阻）是直接将电能转化为热能（效率接近100%），而热泵的效率（COP性能系数）通常远大于1（可达2~4甚至更高），意味着消耗1份电能，可以搬运2~4份热能，能效比PTC高得多。

先进的热泵系统能够利用多种能源，不仅从环境空气中吸热，还能高效回收利用驱动电机、电力电子装置（如逆变器）和电池运行时产生的废热，进一步提升了系统整体能效。

▶ **项目描述**

本项目共两个学习任务，分别是：

任务一　空调压缩机故障诊断与排除

任务二　PTC加热器故障诊断与排除

通过两个任务的学习，能够建立空调系统常见故障诊断思路，能够对新能源汽车空调系统故障码进行分析，能够独立完成新能源汽车空调系统的故障诊断工作。

任务一　空调压缩机故障诊断与排除

任务引入

　　一辆吉利几何 A 纯电动汽车，车主发现在冬天打开空调热风时，空调无法制热，开到 4S 店后进行诊断。故障诊断仪显示，故障码为 B119297 动力蓄电池冷却水泵堵转/过电流，作为专业的维修技师，根据所学的知识，能否查阅资料判断空调不制热的原因，并逐一排除故障。

任务目标

　　知识目标：
　　1. 掌握空调制冷系统的组成和工作原理。
　　2. 掌握空调加热系统的组成和工作原理。
　　技能目标：
　　1. 能够阐述制冷原理。
　　2. 能够熟练认知空调系统的组成。
　　职业素养目标：
　　1. 严格执行汽车检修规范，养成严谨科学的工作态度。
　　2. 养成总结训练结果的习惯，为下次训练积累经验。
　　3. 养成团结协作精神。
　　4. 严格执行 5S 现场管理。

相关知识

一、空调系统的组成

　　新能源汽车的空调系统与传统燃油汽车类似，都具有制冷和加热的功能。新能源汽车空调系统由压缩机、冷凝器、膨胀阀、蒸发器和管路等组成，在几何车型中，空调压缩机为电动形式，如图 7-1 和图 7-2 所示。

　　1. 压缩机

　　吉利几何纯电动汽车的压缩机为电动涡旋式，如图 7-3 所示。压缩机控制器与压缩机集成为一体，通过电机自身的旋转带动涡旋盘压缩，完成制冷剂的吸入和排出，为制冷循环提供动力。电动涡旋式压缩机包括一个定涡盘和一个动涡盘，这两个相互啮合的涡盘，线形是相同的，它们相互错开 180° 安装在一起，即相位

角相差 180°。涡旋式压缩机的工作过程如图 7-4 所示。压缩机内部工作过程分为
吸气、压缩和排气等。

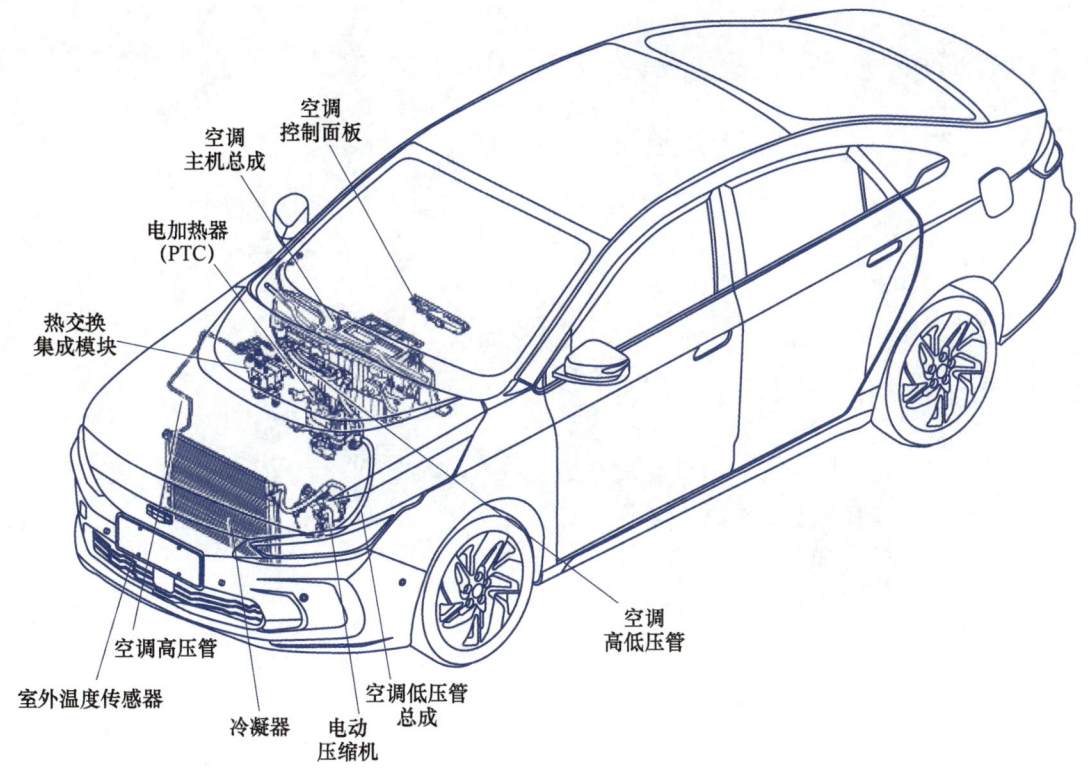

空调控制面板

空调主机总成

电加热器（PTC）

热交换集成模块

空调高压管

室外温度传感器

冷凝器

电动压缩机

空调低压管总成

空调高低压管

图 7-1　空调系统元件布置图

2. 冷凝器

从电动压缩机出来的高温高压制冷剂蒸气流入冷凝器，冷凝器由能进行快速
热传递的铝管和冷却翅片制成，冷却翅片通过散热把高温高压的制冷剂蒸气凝结
成中温高压的液体，如图 7-5 所示。

3. 储液干燥器

储液干燥器位于冷凝器的左侧，与冷凝器焊接成一体。储液干燥器内部结构
设计可以保证中温高压的气液混合制冷剂进入后，出来的是中温高压的液态制冷
剂。储液干燥器内部有吸附制冷系统水分的干燥剂，干燥剂不能重复使用。在出
现穿孔、密封区损坏、外界空气进入系统的时间已相当长的时候，会出现泄漏。
储液干燥器芯不能维修只能更换。

4. 蒸发器（见图 7-6）

蒸发器位于空调主机的左侧。空调主机安装在车上时，需要对其进行拆卸，
才能拆卸和安装蒸发器与膨胀阀。

拆卸时，蒸发器的制冷剂管路必须完全泄放。维修时，配备独立制冷剂管路
的蒸发器必须已经是安装好的。

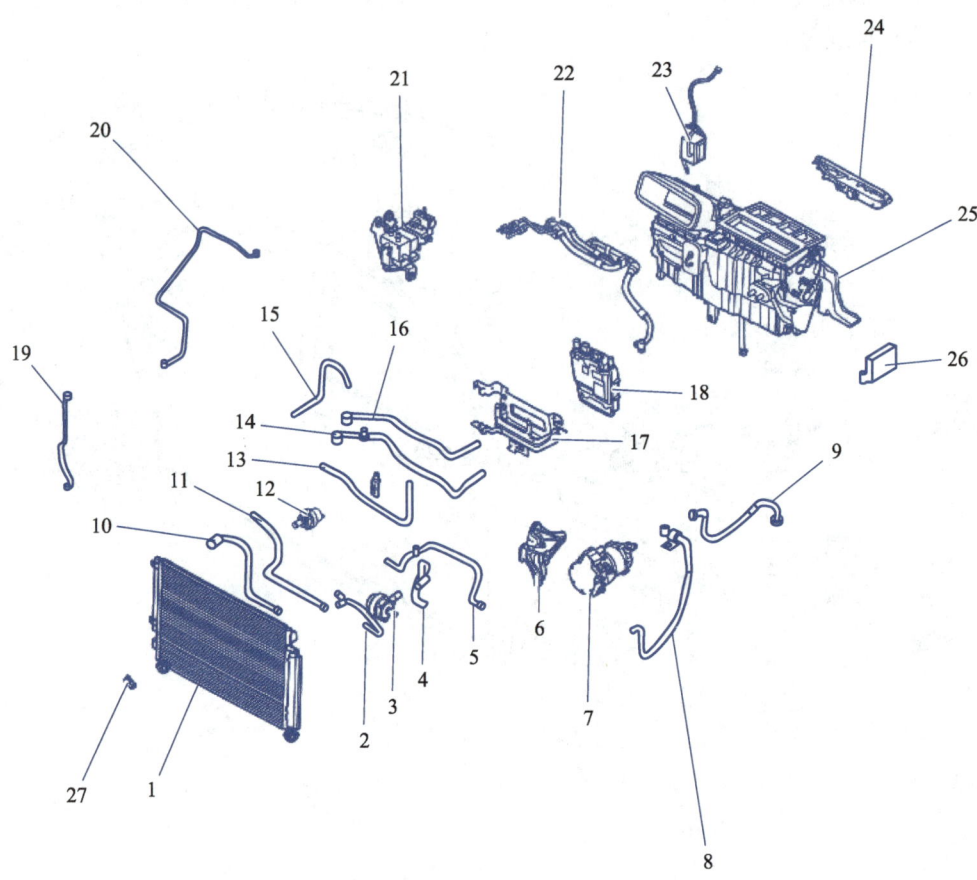

图 7-2　空调系统的结构

1—冷凝器；2—动力蓄电池水泵进水管；3—动力蓄电池冷却水泵；4—动力蓄电池进水管；5、10—动力蓄电池出水管；6—电动压缩机支架；7—电动压缩机；8—空调低压管总成；9—压缩机排气软管；11—动力蓄电池水泵出水管；12—PTC 电动水泵总成；13—加热器出水管；14—空调高压管（冷凝器端）；15—加热器进水管；16—空调高压管；17—PTC 加热器支架；18—加热器总成；19、20—空调高压管总成；21—热交换器集成模块；22—空调高低压管；23—PM2.5 传感器；24—空调控制面板；25—空调主机总成；26—热管理控制器；27—室外温度传感器

图 7-3　电动涡旋式压缩机

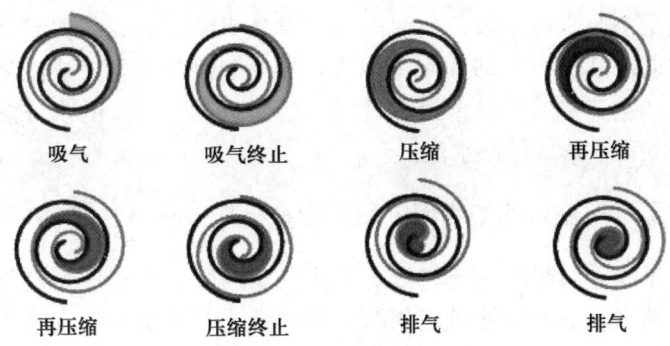

吸气　　　　吸气终止　　　　压缩　　　　再压缩

再压缩　　　　压缩终止　　　　排气　　　　排气

图 7-4　涡旋式压缩机的工作过程

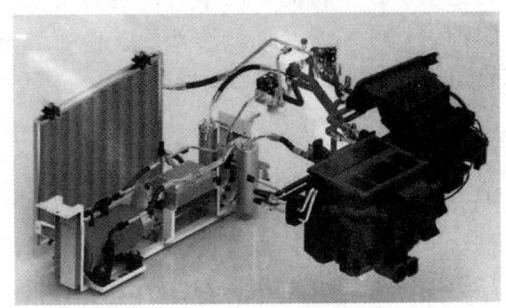

图 7-5　冷凝器

　　蒸发器上配备有温度传感器，用于防止结冰。温度传感器对蒸发器上散热片的表面温度进行测量，若其温度低于约 1℃（33.8℉），则压缩机就不会继续工作。若该温度高于 3℃（37.4℉），压缩机便重新开始工作。

图 7-6　蒸发器

5. 膨胀阀

　　膨胀阀与蒸发器相连，安装于蒸发器的一端，位于蒸发器进口，膨胀阀的一侧连接着电动压缩机的进、排气管，另一侧连接着蒸发器的进、排气管，在液体管路内对高压液体制冷剂形成限制，使制冷剂流向蒸发器时成为低压液体。

膨胀阀根据空调压力下限、空调压力上限从大到小改变位置。蒸发器在空气进入驾驶室之前对其进行冷却和除湿。蒸发器内制冷剂蒸发，从而吸收通过蒸发器气流的热量。空气中的热量传给蒸发器芯的时候，空气中的水分湿气会凝结在蒸发器芯的外表面上形成液态水流出。

二、新能源汽车空调的加热系统和制冷系统与传统燃油汽车的区别

新能源汽车的空调制冷系统与传统燃油汽车的区别在于压缩机驱动方式发生了变化。新能源汽车空调压缩机采用电驱动的方式，传统燃油汽车绝大多数则采用发动机传动带驱动的方式，新能源汽车没有传统燃油汽车的发动机，没有了热源，需要靠加热器的热能来供暖。新能源汽车通常是利用电加热的方式来产生暖风。电加热的方式有两种：一种是通过加热冷却液，再经过循环为散热器提供热量；另一种是直接加热经过蒸发器的空气实现暖风。

三、空调系统的工作原理

1. 制冷系统的工作原理

压缩机受高压电驱动，从蒸发器中抽取气态制冷剂并将其压缩，如图 7-7 所示。制冷剂的温度升高至 83～110℃（181～230℉）范围内，压力达到 1470 kPa。高压过热制冷剂被传送至冷凝器中，此时制冷剂内的热量被输送至冷凝器散热片的空气带走了，因为热量的散失，制冷剂被冷却，温度降至 53～70℃（127～158℉）。制冷剂在高压下被送至储液干燥器中，储液干燥器作为储存中介，过滤所有夹杂在制冷剂中的水分。

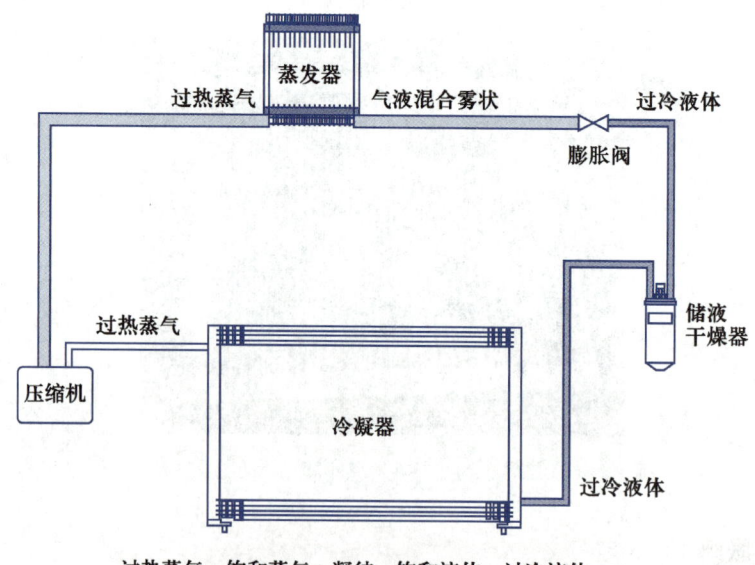

过热蒸气—饱和蒸气—凝结—饱和液体—过冷液体

图 7-7　制冷系统的工作原理图

　　干燥过的制冷剂被送至膨胀阀入口处，膨胀阀对进入蒸发器中的制冷剂进行节流减压控制，从膨胀阀出来的雾状制冷剂压力为 200 kPa，温度降到 0～2℃（32～36℉）。雾状制冷剂在蒸发器中受热蒸发。最后，鼓风机把空气经过蒸发器表面吹向各出风口，因为蒸发器内部制冷剂的蒸发吸热，把经过蒸发器表面空气中的热量吸收，所以出风口的温度远远低于环境温度。经过蒸发的低压制冷剂气流从蒸发器流至膨胀阀，此时的制冷剂压力为 200 kPa，温度升高至 5～8℃（41～46℉）。

　　最后低压制冷剂气流回流至压缩机经过再一次的压缩。至此，空调制冷剂完成一个工作循环。

2. 加热系统的工作原理

　　加热系统由鼓风机、电加热器（PTC）、加热器水泵、加热器芯体等组成。

　　当自动空调系统处于加热模式时，加热器在高压电的作用下对冷却液进行加热，高温冷却液被加热器水泵抽入加热器芯。同时，冷暖温度控制电机将温度控制装置转至采暖位置，部分或全部气流在鼓风机的作用下旁通至加热器芯，产生热量传递。

　　任何不用加热的空气，将在进入驾驶室前，与加热后的空气混合，获得相应的混合好的温度合适的空气，如图 7-8 所示。

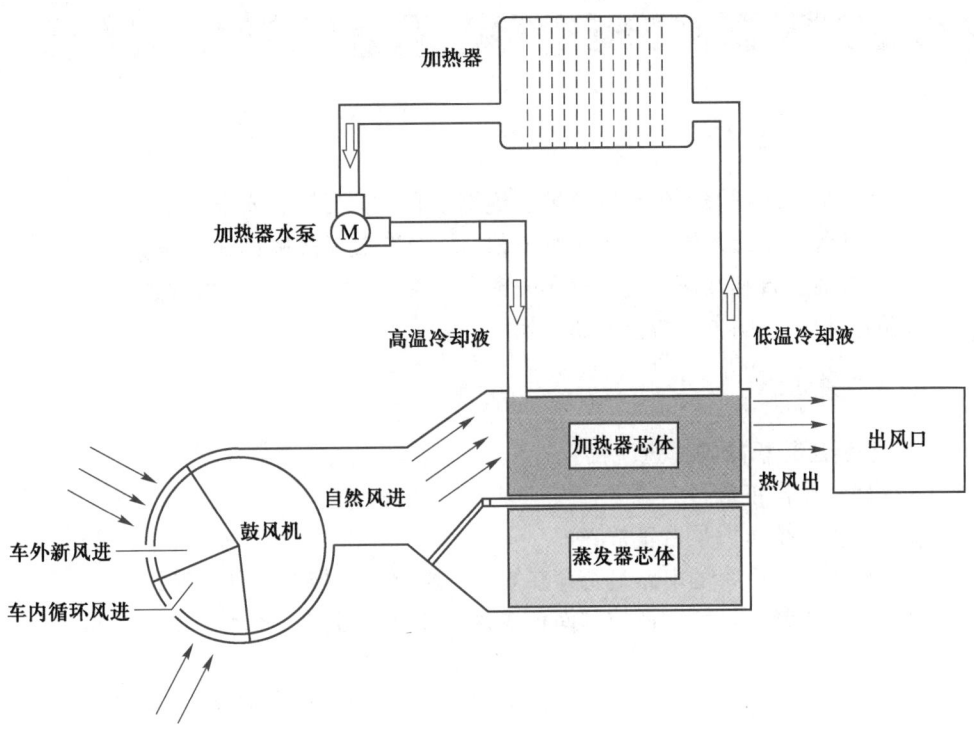

图 7-8　加热系统的工作原理图

3. 通风控制系统

通风控制系统的作用是通过风道混合或引入冷风、热风和外部空气，气流由风道系统和出风口输送到驾驶室。通风控制系统主要由鼓风机、风道、风门和出风口等组成。通风控制系统的工作原理图如图7-9所示。

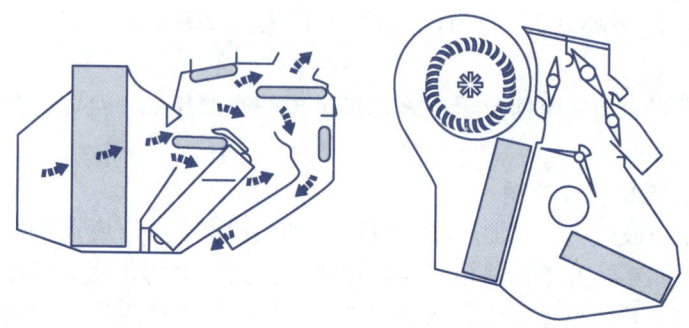

图 7-9   通风控制系统的工作原理图

在"AUTO"（自动）模式中会自动选择相应的模式状态，使用多媒体大屏空调界面按键选择车辆的送风模式。

微课
压缩机故障

任务实施

一、任务准备

安全防护：防护服、绝缘安全鞋、绝缘手套、护目镜、安全头盔等。
工具准备：绝缘万用表、绝缘耐压仪、工具套装、故障诊断仪等。
台架车辆：吉利几何纯电动汽车一辆。
辅助资料：说明书、维修手册等。

二、实施步骤

1. 空调压缩机故障排查流程

1）确认操作正常。

2）检查系统压力是否正常。

3）检查空调系统的电路是否存在短路、断路、插接器不良的现象。

4）若均正常，怀疑空调控制面板或整车控制器故障，检查压缩机控制信号是否正常。

5）无法检出外围故障，则可认定为压缩机自身故障。其故障码及触发条件见表7-1。

表 7-1　压缩机故障码、触发条件、控制策略及故障部位

序号	故障码	故障说明	故障码 触发条件	故障码检测条件 （控制策略）	故障部位
1	B11C300	压缩机内部液击故障	接收 Comp_faultCode 等于超过 2 s 的过电流（液体阻塞状态故障）		
2	B11C417	压缩机高压输入电压波动故障	接收 Comp_faultCode 等于过电流超过 2 s（高压谐振状态故障）		
3	B118F17	压缩机过电压故障	接收 Comp faultCode 等于过电流超过 2 s（高电压欠电压/过电压状态故障）		
4	B118F16	压缩机欠电压故障	接收 Comp_faultCode 等于过电流超过 2 s（高电压欠电压/过电压状态故障）		
5	B11A417	压缩机内部 15 V 电压过电压故障	接收 Comp_faultCode 等于超过 2 s 的过流（内部 15 V 电源欠电压/过电压状态故障）		
6	B11A416	压缩机内部 15 V 电压欠电压故障	接收 Comp_faultCode 等于过电流超过 2 s（内部 15 V 电源欠电压/过电压状态故障）		
7	B118F96	压缩机故障	从 ACCM LIN 信息接收的错误状态超过 2 s 1）高压检测电路故障。 2）输入电流检测电路故障。 3）电机电流检测电路故障。 4）电路板温度传感器故障。 5）IGBT 温度传感器故障。 6）电机驱动电路故障。 7）随机存取存储器（RAM）故障。 8）只读存储器（ROM）故障。 9）长期记忆错误。 10）转子锁状态故障。 11）液塞状态故障。 12）通信状态丢失故障。 13）高电压/过电压状态故障。 14）内部 15 V 电源欠电压/过电压状态故障。 15）电机过电流故障。 16）输入过电流故障。 17）电路板低温故障。 18）IGBT 过温故障（参见"B118F96 质变条件表"）	1）电压在 9～16 V 范围内。 2）在 IG 启用 3 s 过后。 3）LIN 总线通信正常	1）电路。 2）熔丝。 3）压缩机

续表

序号	故障码	故障说明	故障码触发条件	故障码检测条件（控制策略）	故障部位
8		电路图	前舱熔丝继电器盒　B+　10AEF06　1 BV08　B+　空调压缩机　LIN　GND　2 BV08　3 BV08　3 IP79　LIN4　热管理控制模块		

2. 故障诊断步骤

步骤1：使用故障诊断仪读取故障码。

1）操作起动开关，使电源模式处于"ON"状态。

2）连接故障诊断仪，读取系统故障码。

3）确认系统是否存在故障码。

步骤2：检查压缩机熔丝EF06。

1）操作起动开关，使电源模式处于"OFF"状态。

2）拔下压缩机熔丝EF06，检查熔丝是否熔断。熔丝额定容量为10 A。

步骤3：检查空调压缩机供电电路开路故障。

1）操作起动开关，使电源模式处于"OFF"状态。

2）断开空调压缩机线束插接器 BV08。

3）操作起动开关，使电源模式处于"ON"状态。

4）按下 A/C 键按钮，测量 BV08 空调压缩机线束插接器端子 1（见图 7-10）与可靠搭铁之间的电压，标准电压为 11~14 V。

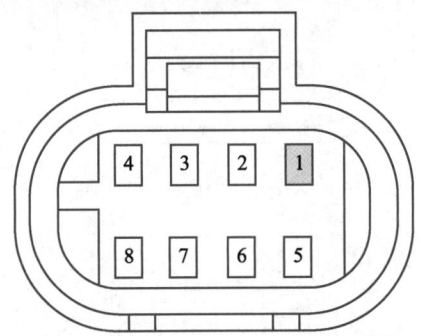

图 7-10　BV08 空调压缩机线束插接器 1

5）确认电压值是否符合标准值。

步骤 4：检查空调压缩机搭铁电路开路故障。

1）操作起动开关，使电源模式处于"OFF"状态。

2）断开 BV08 空调压缩机线束插接器（见图 7-11）。

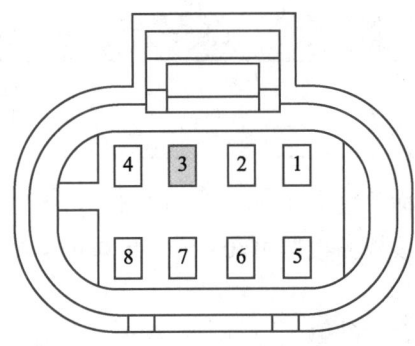

图 7-11　BV08 空调压缩机线束插接器 2

3）按下 A/C 键按钮，测量空调压缩机线束插接器 BV08 端子 3 与可靠搭铁之间的电阻。标准电阻小于 1 Ω。

4）确认电阻是否符合标准值。

步骤 5：检查 LIN 网络完整性。

1）操作起动开关，使电源模式处于"OFF"状态。

2）断开 BV08 空调压缩机线束插接器（见图 7-12）。

3）断开 IP79 热管理控制模块线束插接器（见图 7-13）。

4）使用万用表根据表 7-2 测量各端子。

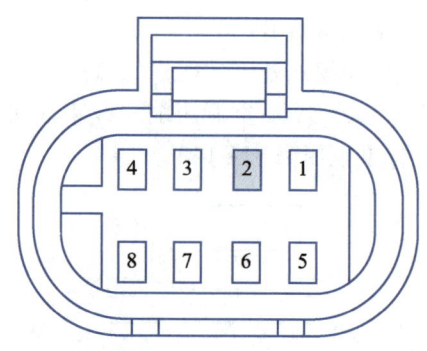

图 7-12　BV08 空调压缩机线束插接器 3

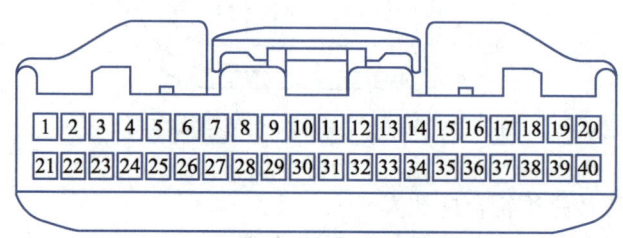

图 7-13　IP79 热管理控制模块线束插接器

表 7-2　使用万用表测量端子

测量端子 1	测量端子 2	标 准 值
BV08（2）	车身搭铁	标准电阻值为 10 kΩ 或更高
BV08（2）	IP79（3）	标准电阻值小于 1 Ω

5）操作起动开关，使电源模式处于"ON"状态。

6）测量空调压缩机线束插接器 BV08 端子 2 与车身搭铁之间的电压，标准电压为 0。

7）确认电压是否符合标准值。

步骤 6：更换空调压缩机。

1）更换空调压缩机。

2）确认系统是否正常。

步骤 7：更换热管理控制器模块。

 拓展案例

一、故障现象

用户反映空调不制冷。

二、故障原因

读取故障码，得到的故障码为 B118F96 压缩机故障（当前故障码）和 B118F16 压缩机欠电压故障（当前故障码）。判断可能因为以下几点因素造成不制冷：

1）压缩机内部故障。

2）压缩机高压导线故障。

3）车载充电机内部故障。

4）空调无制冷剂。

三、故障诊断

1）检查空调系统，制冷剂加注量正常。

2）检测压缩机到车载充电机高压导线正常导通。

3）使用万用表检测出直流母线 T+到 AC+不导通，检测出直流母线 T-到 AC-导通，所以判断是车载充电机内部故障。

四、故障排除

因该车之前压缩机内部故障更换过新压缩机后仍不能正常使用，判断该车因压缩机损坏导致充电机内部故障，需要将压缩机与充电机同时更换，故障排除。

 任务工单

项目七　空调系统故障诊断与排除	小组人员：	
班级：	日期：	指导教师签字：
工作任务一　空调压缩机故障诊断与排除		
VIN：	年次：	动力蓄电池总电压：

任务要求：

1. 准备

1）检查车间防护工具是否准备到位。

2）检查个人防护用具是否穿戴到位。

3）检查万用表、绝缘表、故障诊断仪等是否正常工作。

2. 检查车辆指示灯指示情况

车辆切至"ON"挡。

1）检查组合仪表中是否有故障灯点亮。

2）踩下制动踏板，按下起动开关，车辆是否可以进入"READY"状态。

3）记录哪些故障灯被点亮。

4）车辆怠速，打开 A/C，设定温度 LO，风量最大，吹面，外循环，稳定 10 min，是否有冷风。

3. 连接故障诊断仪，并对车辆进行检查

1）连接故障诊断仪，进入 A/C 读取车辆故障码。

续表

2）清除故障码，重新读取故障码，记录是否还有相关故障码。

3）读取并记录相关数据流。

4）打开前舱盖，检查压缩机的外壳是否有损坏、破损等异常现象。

5）测量空调高低压压力。

6）检查空调压力开关高低压信号是否导通。

7）整车上"ON"挡电，检查压缩机低压插接件信号是否正常。

8）用绝缘表测试压缩机的绝缘电阻值是否在正常范围内。

9）用万用表电阻挡测量压缩机的单体电阻值是否在正常范围内。

10）拆卸压缩机，检查吸气口是否有铝屑，冷冻油是否发黑有碎屑

1. 工具、量具

2. 维修资料及辅助材料

3. 制订工作计划及人员分工

4. 工作现场安全准备、检查

5. 本工作任务的结果

6. 现场整理、清洁

7. 本工作任务存在的问题及解决方法

习题

一、单选题

1. 以下车型，压缩机通过 CAN 总线进行通信的是（　　　）。

A. 帝豪 EV253　　　　B. 帝豪 EV450　　　　C. 帝豪 GSe　　　　D. 几何 A

2. 对于吉利纯电动车型，压缩机请求控制根据（　　）决定。

A. 蒸发器表面温度　　　B. 设定温度　　　C. 车内温度　　　D. 环境温度

3. （　　）模块接到功率请求，给压缩机分配有效功率并控制散热风扇运转。

A. BMS　　　　　　　　　　　　B. 整车控制器

C. 空调控制器　　　　　　　　　　D. IPU

4. 一辆空调系统各项功能正常的新能源汽车，检测空调系统低压侧压力，动态压力测试条件：环境温度 20~30℃，车辆怠速，设定温度 LO，风量最大，吹面，外循环，稳定 10 min，以下低压侧压力值不在正常范围的是（　　）。

A. 0.05 MPa　　　　B. 0.1 MPa　　　C. 0.15 MPa　　　D. 0.20 MPa

5. 用绝缘检测仪检测压缩机的绝缘电阻值，以下数值不在正常范围的是（　　）。

A. 1 MΩ　　　　　　B. 20 MΩ　　　　C. 50 MΩ　　　　D. 100 MΩ

二、多选题

1. 吉利纯电动车型压缩机能否正常开启受（　　）信号影响。

A. 蒸发器温度　　　　　　　　　B. 环境温度

C. 空调系统压力　　　　　　　　D. 车速

2. 以下关于压缩机功能失效可能的原因，正确的是（　　）。

A. PTC 有电压/电流异常

B. 压缩机高压插接件连接状态异常

C. 空调回路压力异常

D. 压缩机本体异常

3. 以下关于空调制冷效果差的可能原因，正确的是（　　）。

A. 制冷剂充注量异常　　　　　　　B. 冷凝器外侧脏污

C. 压缩机损坏　　　　　　　　　　D. 压缩机软件未更新

4. 以下关于空调系统制冷剂泄漏的可能原因，正确的是（　　）。

A. 压缩机吸排气口 O 形密封圈损坏引起泄漏

B. 空调系统各高低压管路接口处泄漏

C. 由于排气压力过高导致压缩机泄压阀开启，制冷剂由泄压阀排出

D. 以上均有可能

5. 针对售后有空调管路结冰的车辆检测方法，表述正确的是（　　）。

A. 观察管路是否结冰

B. 接上故障诊断仪，测试蒸发器温度是否在 0℃ 以上

C. 接上压力表检测空调系统低压的压力是否过低

D. 在出风口布点检测出风口的温度，出风口温度是否比蒸发器温度低或者与其接近

E. 保持结霜的状态，查看蒸发器温度传感器的插接件是否进水

三、判断题

1. 吉利纯电动车型目前均为一体化电动涡旋压缩机。　　　　　　　　（　　）

2. 压缩机的电机是三相永磁同步电机，内部的 IGBT 逆变电路将直流电转换成交流电，驱动三相电机旋转。　　　　　　　　　　　　　　　　（　　）

3. 新能源汽车的空调系统在正常的工作情况下，压缩机吸回的是制冷剂蒸气而不是液体，如果压缩机制冷剂量充注过多或膨胀阀调节流量过大，使制冷剂在蒸发器中没有完全蒸发，致使制冷剂以湿蒸气或液态被压缩机吸回，会造成压缩机的液击。　　　　　　　　　　　　　　　　　　　　　（　　）

4. 空调内部异响一般是空调系统制冷剂中存在空气或者水分，在制冷剂蒸发膨胀时产生异响，用户感觉中控台内部有响声。　　　　　　　　　（　　）

5. 如果空调系统低压侧压力大，高压侧压力小，原因可能是压缩机压缩状态不良，膨胀阀工作状态不良。　　　　　　　　　　　　　　　（　　）

 **任务二** **PTC 加热器故障诊断与排除**

 任务引入

一辆吉利几何 A 纯电动汽车，车主在夏季使用空调的过程中，发现空调制冷效果不明显，经维修技师查看判断是空调制冷剂不足导致的，你知道如何更换空调制冷剂吗？更换空调制冷剂的流程是什么？

 任务目标

知识目标：

1. 掌握汽车空调系统维护的内容。

2. 了解空调系统加注制冷剂的重要性。

技能目标：

1. 能够按照要求规范地对空调系统加注制冷剂。

2. 能够掌握冷冻油油量的检测方法和添加方法。

职业素养目标：

1. 严格执行汽车检修规范，养成严谨科学的工作态度。

2. 养成总结训练结果的习惯，为下次训练积累经验。

3. 养成团结协作精神。

4. 严格执行 5S 现场管理。

相关知识

一、空调控制面板的认知

空调控制面板是用来控制汽车车内空调系统的装置，其具有多种功能，包括温度的调节、风速的调节、模式的选择、定时开关机等。操作的时候，按照控制面板上对应的图标进行选择即可，如图7-14和图7-15所示。

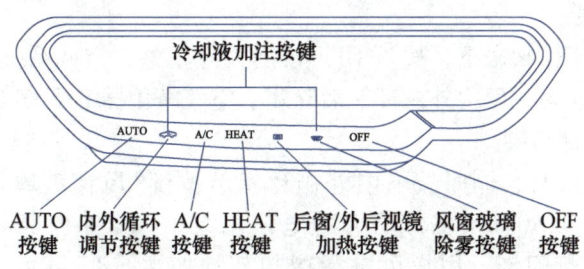

图7-14　空调控制面板

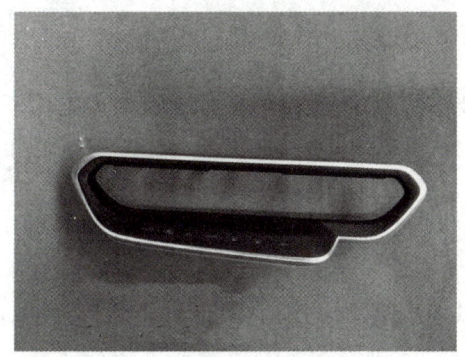

图7-15　空调控制面板实物

1. AUTO 按键

在手动状态下按 AUTO 按键，则空调控制器进入"AUTO"（自动空调）模式，同时功能指示灯被点亮。这时鼓风机风量大小、出风模式、进风方式会自动调整到使人体舒适的状态。

2. 内外循环调节按键

内外循环调节按键可以实现手动切换外循环（新鲜空气）和内循环。当处于AQS模式时，内外循环风门根据室外空气质量自动调整风门状态。

3. A/C 按键

按下 A/C 按键可开启空调系统，按键中的指示灯点亮。再次按下此按钮，按键指示灯熄灭，压缩机关闭。

4. HEAT 按键

按下 HEAT 按键，可接通加热模式，按键中的指示灯点亮。

5. 后窗/外后视镜加热按键

后窗/外后视镜加热按键按下可开启或关闭后窗/外后视镜除霜功能。当后窗/外后视镜除霜功能开启时，指示灯点亮。再次按下后窗/外后视镜加热按键，可关闭后窗/外后视镜除霜功能。

6. 风窗玻璃除雾按键

为迅速地清除车窗上的雾气或凝霜，可通过风窗玻璃除雾按键引导空气流向风窗玻璃。为取得最佳效果，除雾前请清除风窗玻璃上的所有冰雪。在除雾状态下转动风速调节旋钮会使风速相应提高或降低。

7. OFF 按键

在空调系统工作状态下，按下 OFF 按键会停止整个空调系统的运行。吹风模式保持关机前的状态，但内外循环、后除霜、空气净化器不受 OFF 按键控制。

8. 冷却液加注按键

车辆保养维修时，同时按下内外循环调节按键+风窗玻璃除雾按键 3 s 后，三通水阀位置处于 50% 状态，动力蓄电池水泵、PTC 水泵开始运转，内外循环调节按键指示灯闪烁，用户可进行冷却液的加注，8 min 后自动退出或按任意键退出。

二、空调系统维护的内容

按照维修手册的要求，定时做好空调系统的维护工作，不但可以保证空调的最佳制冷效果，而且可以延长机件的使用寿命，减少维修工作量，日常维护包括以下各项内容。

1）经常检查和清洗蒸发器滤网。滤网堵塞会使风量减小。如发现堵塞，可拆下蝴蝶栓，打开蒸发器检查门，卸下滤网，然后用压缩空气或带有中性洗涤剂的温水清洗，并用水龙头冲洗滤网的反面。也可将滤网浸在水里用毛刷刷洗污物，晾干后即可使用。

2）经常检查和冲洗冷凝器、散热器和冷却器。这些部位如有堵塞，会使制冷循环的高压侧压力升高，应用压缩空气吹净或用加压清水冲洗干净。

3）经常检查各部分传动带的松紧度。传动带过紧会增加磨损，导致轴承损坏，过松则易使转速降低，制冷不足，甚至发出尖啸声，所以应经常检查和调整。检查传动带松紧是否合适，可在传动带上加 98N 的负荷，检查其下垂的挠曲度是否在 11~12 mm 范围内。

4）定时维护风机，轴承内要保证不缺润滑脂。

5）经常检查制冷剂是否充足。低速运转空调，从观察窗上查看是否有气泡出现，如果出现气泡，说明制冷剂不足，某一部位出了故障。

6）保持电路部分不受潮，否则将导致空调工作不良。

7）冬季不用空调时，也应在一个星期左右启动一次，以免油封胶圈与金属黏连，夏季使用时会拉坏，导致制冷剂泄漏。

8）经常检查各连接螺栓及接头部分是否松动，传动机构工作是否正常。

9）要经常注意空调在运转中有无不正常的噪声、振动或异常气味，如有，应立即停止运转并进行检查修理。

三、空调制冷剂的加注

1. 空调制冷剂加注注意事项

1）不可在阳光照射处或有热源的地方储存制冷剂。

2）在加注时，不可将制冷剂瓶直立，保持它们的阀门朝下。

3）不可使制冷剂瓶暴露在霜雪中。

4）不可使制冷剂瓶跌落。

5）任何情况下均不可将制冷剂直接排放至大气中。

6）不可混用制冷剂，例如 R134a（四氟乙烷）与 R12（二氯二氟甲烷）。

2. 空调制冷剂加注

制冷剂有两种加注方法，一种是液态加注，另一种是气态加注。液态加注制冷剂时，要保持空调压缩机不工作，制冷剂从高压管路注入，低压表侧管路关闭，制冷剂罐倒置，如图 7-16 所示。

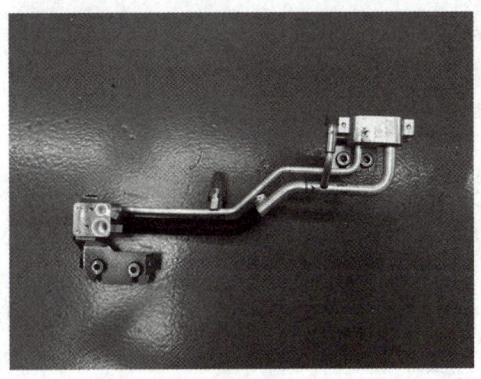

图 7-16　空调高低压管路实物

气态加注制冷剂时，要保持空调压缩机处于工作状态，制冷剂从低压管路注入，高压表侧管路关闭，制冷剂罐正置。

空调制冷剂的加注方法如下。

1）分别拧下高、低压维修阀接头保护盖。

2）将高、低压管加注连接阀与高、低压管维修阀连接。

3）顺时针拧紧高、低压管加注连接阀。

4）在项目选项中选择抽真空。将抽真空时间设置为 15 min 后，选择确认并运行。

5）抽真空 15 min 至低压表真空度保持在 700 mmHg，关闭低压阀门，停止抽真空。

注意：如果真空度有较大的变化，则应先进行系统泄漏检查。

6）开始从高压管加入冷冻油。再抽真空 3 min 即可加注。

7）在项目选择上选择加注选项。

8）将加注质量设置为规定值，选择确认并运行。

9）开始注入适量制冷剂。注意，应按车型加注合适规格型号的制冷剂。

10）注入完毕，将发动机转速保持在 2000 r/min，将风机风速调至高挡，温度调至最低挡。其正常状况是高压表压力为 1.421~1.470 MPa，低压表压力为 0.147~0.196 MPa。若不在此范围，说明空调系统有故障。

11）加注完成后，逆时针拧出加注连接阀，并将低压维修阀保护盖拧紧。

3. 压缩机润滑油使用时的注意事项

1）必须使用压缩机厂家规定类型和牌号的润滑油，不同类型和牌号的润滑油绝不能混用，否则将损坏压缩机。

2）润滑油极易吸水，应尽量减少润滑油与空气接触的时间。

3）禁止使用水、腐蚀性溶剂或易燃易爆溶剂清洗空调系统，建议使用 R-141b、庚烷等清洗剂。

四、维修空调系统时的注意事项

1）压缩机绝缘电阻的阻值为 20 MΩ。

2）高压部件安全操作。

3）拆解后及时密封各管路开口，防止水或湿空气进入系统。

4）冷冻油（压缩机润滑油）为 POE68，与传统车（PAG 冷冻油）不同，勿混用。

5）连接安装各管路接口时注意管口清洁，O 形密封圈涂抹润滑油。

6）制冷剂加注量按要求确定。

7）制冷剂喷出时注意个人防护，避免接触冻伤、吸入或误入眼睛。

五、空调系统的故障诊断

对于空调系统的故障诊断，一般都是以常规检查为起点，然后采取下一个逻辑步骤，进行故障诊断分析，在此过程中理解并正确使用诊断流程可缩短诊断时间，避免对故障部位的误判。

空调系统的常规检查如下。

1）检查售后加装装置，确保这些装置不会影响空调系统性能。

2）检查易于接触或能够看到的空调系统部件、电路，以确保该部件没有明显损坏或存在可能导致故障的情况。

3）检查易于看到或能够看到的空调系统管路，以确保没有空调系统泄漏现象。

🏠 任务实施

一、任务准备

安全防护：防护服、绝缘安全鞋、绝缘手套、护目镜、安全头盔等。
工具准备：绝缘万用表、绝缘耐压仪、工具套装、诊断仪等。
台架车辆：吉利几何纯电动汽车一辆。
辅助资料：说明书、维修手册等。

二、实施步骤

1. PTC 故障流程

1）首先确认操作正常。
2）检查系统连接是否正常，是否存在插接件漏插等现象。
3）高压熔丝（即高压电输入 PTC 控制器）是否正常。
4）建议通过故障诊断仪进行故障提示，见表 7-3。

表 7-3　PTC 故障码、触发条件、控制策略及常见故障部位

序号	故障码	故障说明	故障码触发条件	故障码检测条件（控制策略）	故障部位
1	B119817	加热器 DC/DC 变换器低压端过电压	接收信号 HVCHOLD SRRVRQRDRSVRQRD 等于 PTC LIN 信息损坏超过 2 s		
2	B119A15	加热器 IGBT 短路/断路	接收信号 HVCHOLD SRRVRQRDRSVRQRD 等于 PTC LIN 信息损坏超过 2 s		
3	B119B41	加热器存储器错误	接收信号 HVCHOLD SRRVRQRDRSVRQRD 等于 PTC LIN 信息损坏超过 2 s		
4	B119C98	加热器冷却温度过高	接收信号 HVCHOLD SRRVRQRDRSVRQRD 等于 PTC LIN 信息损坏超过 2 s	1）电压在 9～16 V 范围内。2）在 IG 启用 3 s 过后。3）LIN 总线通信正常	1）电路。2）PTC 加热控制器。3）热管理控制模块
5	B119F02	加热器 LIN 通信	接收信号 HVCHOLD SRRVRQRDRSVRQRD 等于 PTC LIN 信息损坏超过 2 s		
6	B11A009	加热器硬件保护	接收信号 HvCoolHeatrProtnOfSelfTmpHwProth 等于 PTC LIN 信息主动保护的超过 2 s		
7	B11A098	加热器硬件过热	接收信号 HVCHOLD SRRVRQRDRSVRQRD 等于 PTC LIN 信息损坏超过 2 s		
8	B11A109	加热器冷却液入口端温度传感器错误	接收信号 HVCHOLD SRRVRQRDRSVRQRD 等于 PTC LIN 信息损坏超过 2 s		

续表

序号	故障码	故障说明	故障码触发条件	故障码检测条件（控制策略）	故障部位
9	B11A209	加热器冷却液出口端温度传感器错误	接收信号 HVCHOLD SRRVRQRDRS-VRQRD 等于 PTC LIN 信息损坏超过 2 s	1）电压在 9~16 V 范围内。2）在 IG 启用 3 s 后。3）LIN 总线通信正常	
10	B11A309	加热器核心温度传感器错误	接收信号 HVCHOLD SRRVRQRDRS-VRQRD 等于 PTC LIN 信息损坏超过 2 s		
11		电路图			1）电路。2）PTC 加热控制器。3）热管理控制模块

2. 诊断流程

步骤1：使用故障诊断仪读取故障码。

1）操作起动开关，使电源模式处于"ON"状态。

2）连接故障诊断仪，读取空调系统故障码。

3）确认空调系统是否存在故障码。

步骤2：检查PTC加热控制器供电电路。

1）操作起动开关，使电源模式处于"OFF"状态。

2）断开CA61 PTC加热控制器线束插接器（见图7-17）。

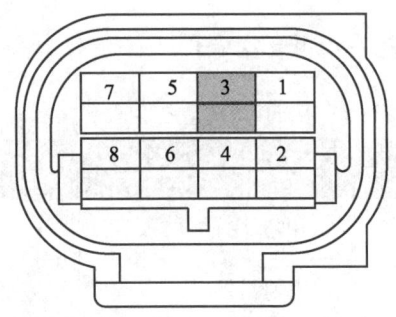

图7-17　CA61 PTC加热控制器线束插接器1

3）操作起动开关，使电源模式处于"ON"状态。

4）按下A/C键按钮，测量CA61 PTC加热控制器线束插接器端子3与车身搭铁之间的电压。标准电压为11~14 V。

5）确认电压是否符合标准值。

步骤3：检查PTC加热控制器与热管理控制模块之间LIN通信线路。

1）操作起动开关，使电源模式处于"OFF"状态。

2）断开IP79热管理控制模块线束插接器（见图7-18）。

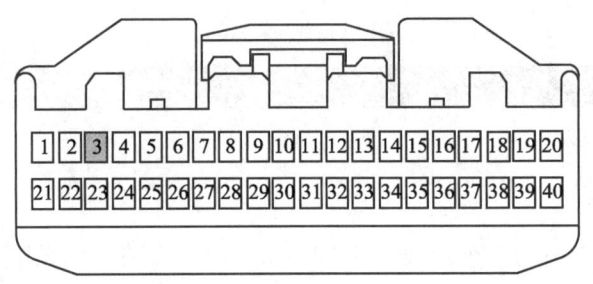

图7-18　IP79热管理控制模块线束插接器

3）断开CA61 PTC加热控制器线束插接器（见图7-19）。

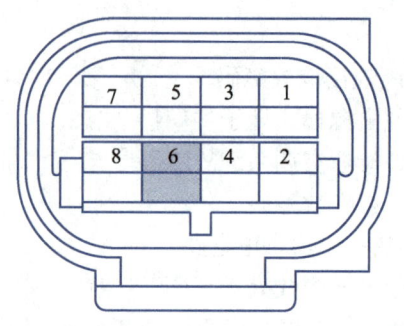

图 7-19   CA61 PTC 加热控制器线束插接器 2

4）使用万用表根据表 7-4 测量各端子。

表 7-4   用万用表测量各端子

测量端子 1	测量端子 2	标　准　值
CA61（6）	IP79（3）	标准电阻值小于 1 Ω
CA61（6）	车身搭铁	标准电阻值为 10 kΩ 或更高

5）操作起动开关，使电源模式处于"ON"状态。

6）测量 PTC CA61 加热控制器线束插接器端子 6 与车身搭铁之间的电压，标准电压为 0。

7）确认电阻值是否符合标准值。

步骤 4：更换 PTC 加热控制器。

1）更换 PTC 加热控制器。

2）确认系统是否正常。

步骤 5：更换热管理控制模块。

1）更换热管理控制模块。

2）确认系统正常。

 拓展案例

一、故障现象

一辆几何 A 纯电动汽车行驶了 48698 km，用户反映车辆无法起动，组合仪表动力蓄电池故障灯点亮。

二、故障原因

PTC 加热器故障等会导致无法起动。

三、故障诊断

1）客户来电反馈车辆行驶后，停车超过 3 h 后无法起动，救援技师赶往现场进行救援，组合仪表上动力蓄电池故障灯点亮（见图 7-20），现场无法解决，拖车回站。

图 7-20　动力蓄电池故障灯点亮

2）车辆回站后，维修机师使用故障诊断仪对车辆进行扫描发现 VCU 报 P1C2704 电池放电故障等级 3（见图 7-21），BMSH 报 P153722 预充电流过大（见图 7-22）。

图 7-21　VCU 报故障码

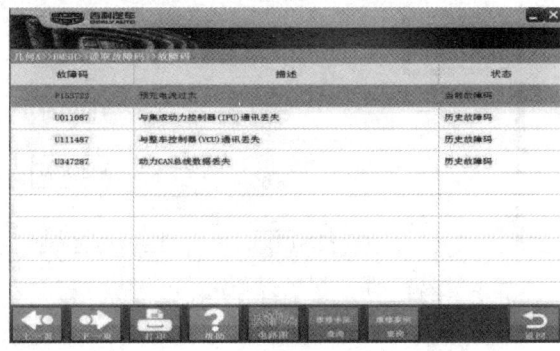

图 7-22　BMSH 报故障码

3）根据故障提示，对 BMSH 模块线束连接 A 端子进行测量，端子 1B+电源电压为 12.6 V，2 号端子搭铁 0，3 号端子 HB-CAN_H 电压为 2.5~3.5 V，4 号端子 HB-CAN_L 电压为 1.5~2.5 V，5 号端子为壳体搭铁，对以上端子测量正常（见图 7-23）。

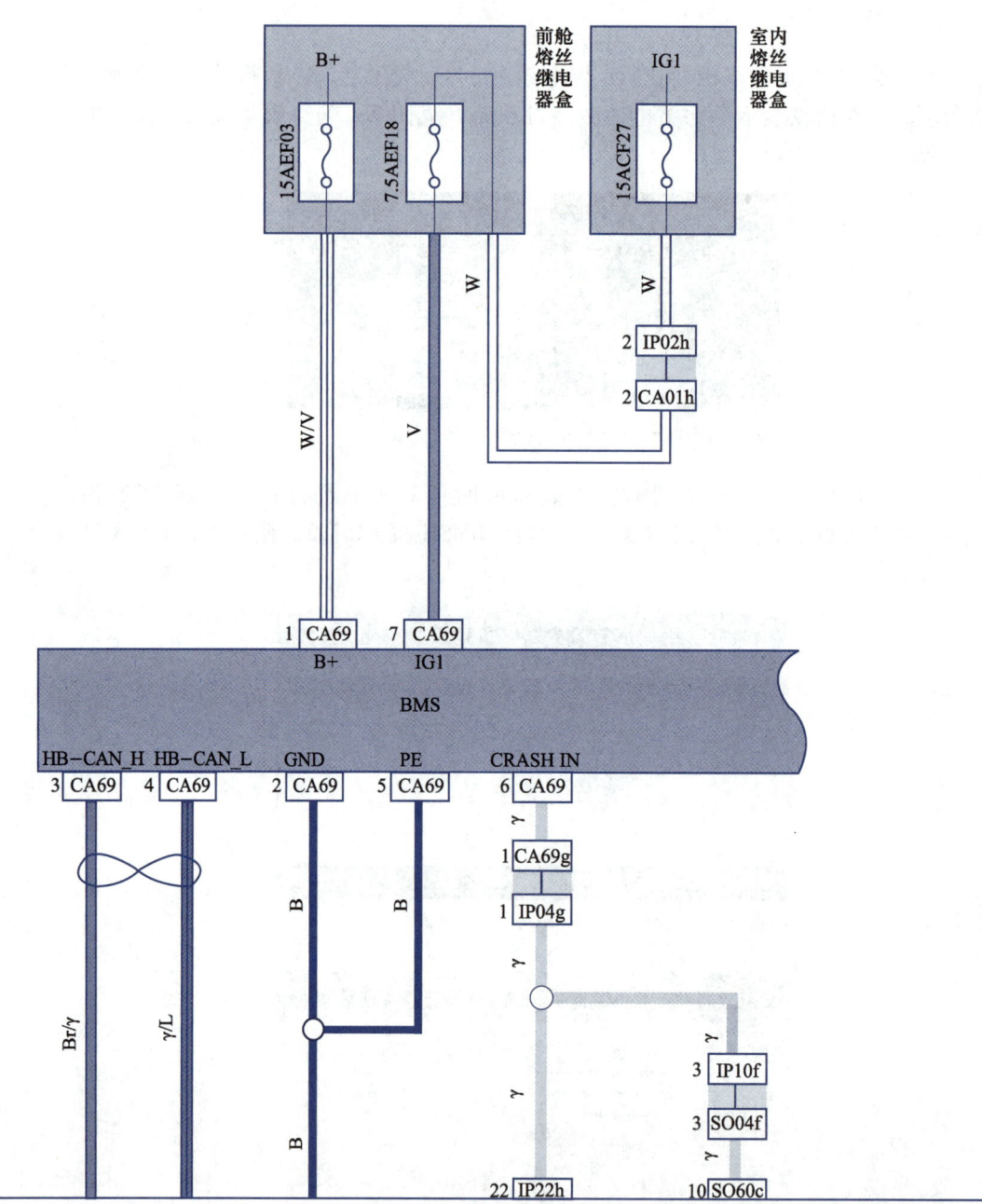

图 7-23　BMSH 电气原理图

　　4）对整车高压部件进行绝缘测量，也未发现异常，联系威睿动力蓄电池工作人员，工作人员对动力蓄电池进行测量，更换主正、主负接触器和 BMSH 主板后故障依旧，在工作人员维修两天后无法确认动力蓄电池是否存在故障情况下，维修机师对车辆动力蓄电池总成进行 ABA 验证后排除动力蓄电池故障。

5）维修该故障重点的故障码应是 BMSH 报 P153722 预充电流过大，怀疑是某个模块内部短路导致。断开蓄电池负极，拔掉动力蓄电池输出高压母线，使用万用表的欧姆挡测量输出端 T+ 和 T- 之间的电阻值，如图 7-24 所示。

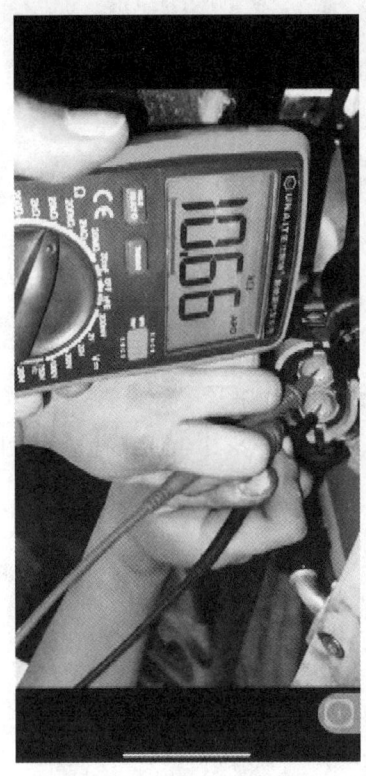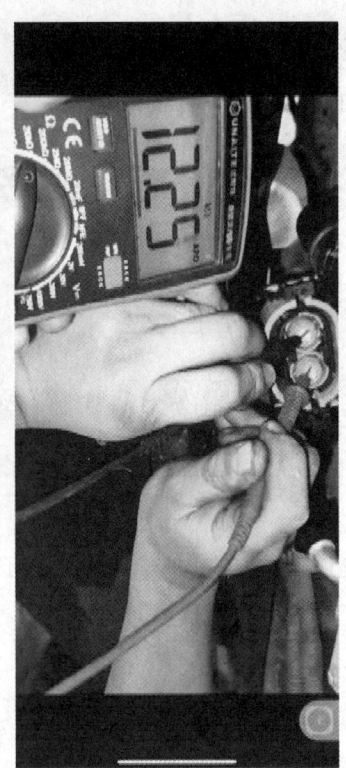

图 7-24   测量输出端 T+ 和 T- 之间的电阻

6）测量正常车辆 T+ 与 T- 之间的电阻值，如图 7-25 所示。

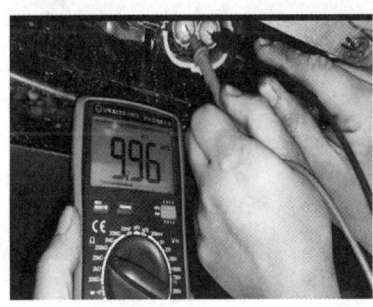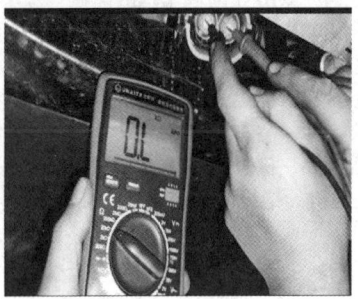

图 7-25   测量正常车辆 T+ 与 T- 之间的电阻值

7）将故障车辆测量的动力蓄电池高压输出母线数据和正常车辆测量数据进行对比，可以发现 T- 存在故障。

8）将万用表连接 T- 保持不动，逐一拔除各个高压部件的直流线束，当拔到PTC 后，T- 数据恢复正常。

9）将 PTC 加热器高压母线重新连接 PTC 加热器后，数据再一次出现异常。可以判断为 PTC 加热器存在故障，为了一次性解决故障，对 PTC 加热器进行了 ABA 验证后故障转移。

四、故障排除

更换 PTC 加热器，故障排除。

 任务工单

项目七　空调系统故障诊断与排除		小组人员：	
班级：	日期：		指导教师签字：

工作任务二　PTC 加热器故障诊断与排除

VIN：	年次：	动力蓄电池总电压：

任务要求：

1. 准备

1）检查车间防护工具是否准备到位。

2）检查个人防护用具是否穿戴到位。

3）检查万用表、绝缘表、故障诊断仪等是否正常工作。

2. 检查车辆指示灯指示情况

车辆切至"ON"挡

1）检查组合仪表中是否有故障灯点亮。

2）踩下制动踏板，按下起动开关，车辆是否可进入"READY"状态。

3）记录哪些故障灯被点亮。

4）车辆怠速，打开加热按钮，设定温度 HI，风量最大，吹面，外循环，稳定 10 min，是否有热风。

3. 连接故障诊断仪，并对车辆进行检查

1）连接故障诊断仪，进入 A/C 读取车辆故障码。

2）清除故障码，重新读取故障码，记录是否还有相关故障码。

3）读取并记录相关数据流。

4）打开前舱盖，检查 PTC 加热器的外壳是否有损坏、破损等异常现象。

5）断开 PTC 低压插接件，整车上"ON"挡电，检查 PTC 加热器低压插接件电源、搭铁是否正常。

6）断开 PTC 高压插接件，检查高压线束端互锁插片是否正常。

7）用绝缘表测试压缩机的绝缘阻值是否在正常范围内

1. 工具、量具

2. 维修资料及辅助材料

续表

3. 制订工作计划及人员分工

4. 工作现场安全准备、检查

5. 本工作任务的结果

6. 现场整理、清洁

7. 本工作任务存在的问题及解决方法

习题

一、单选题

1. PTC控制器通过（　　）与空调控制器等交换传递信号。

A. LIN线　　　　　　B. CAN线　　　　　　C. 硬线　　　　　　D. 网线

2. 以下为PTC加热器的绝缘电阻值，（　　）最有可能说明PTC加热器绝缘失效。

A. $0.1\,M\Omega$　　　　B. $50\,M\Omega$　　　　C. $100\,M\Omega$　　　　D. $150\,M\Omega$

3. 当动力蓄电池工作温度低于其放电下限温度，动力蓄电池无法充放电时，可利用PTC加热器工作加热动力蓄电池，PTC加热器电源（　　）。

A. 通过动力蓄电池获得　　　　　　B. 通过直流充电桩充电获得

C. 通过交流充电桩经车载充电机获得　　D. DC/DC处获得

4. （　　）不能开启动力蓄电池加热功能。

A. 直流快充时　　　B. 交流慢充时　　　C. 行车时　　　D. 对外放电时

5. 下列不属于PTC加热回路上元器件的是（　　）。

A. 加热水泵　　　B. 热交换器　　　C. PTC加热器　　　D. 散热风扇

二、多选题

1. 以下属于冷却液温度加热功能开启条件的是（　　　　）。

A. 面板工作在非"OFF"模式　　　　　B. 用户设定温度不为LO

C. 目标出风温度比蒸发器温度高   D. 水泵无故障

2. 当（   ），冷却液温度加热功能关闭。

A. 空调工作在"OFF"状态或"LO"状态时

B. 出风温度低于5℃时

C. 出风温度低于蒸发器温度时

D. 水泵异常时

3. 以下关于PTC加热请求的控制逻辑，说法正确的是（   ）。

A. 空调控制器发送目标冷却液温度至PTC

B. PTC反馈需求功率至空调控制器

C. 空调控制器向整车控制器进行功率申请

D. 整车控制器向空调控制器分配功率

E. 空调控制器转发功率限制至PTC

4. 以下属于加热器主要组成元件的是（   ）。

A. 加热器上下盖   B. 加热器控制PCB板

C. 热交换器   D. 膜片加热元件

5. PTC发生过电流以后，以下说法正确的是（   ）。

A. 加热器在启动的瞬间，发出了过电流锁止的信号（假过电流），此时PTC加热器临时锁止并计数，重新启动后恢复

B. 若整车控制器判断PTC过电流导致IGBT短路，若此时车辆静止，则点亮系统故障灯，高压卸载后断开继电器

C. 若整车控制器判断PTC过电流导致IGBT短路，若此时车辆行驶，则1 min内限制功率到0，车速<1.8 km/h时，卸载断开高压继电器

D. 以上均不正确

三、判断题

1. 当PTC有加热申请时，水泵需要先开启，PTC关闭之后，水泵延时关闭。
（   ）

2. PTC是采用PTC热敏电阻元件为发热源的一种加热器。（   ）

3. PTC热敏电阻通常是用半导体材料制成的，它的电阻随湿度变化而急剧变化，当外界温度降低，PTC电阻值随之减小，发热量反而会相应增加。（   ）

4. 当动力蓄电池工作温度低于其放电下限温度时，动力蓄电池无法充放电。此时可通过交流充电的方法使PTC工作，并对动力蓄电池进行加热，加热到动力蓄电池可正常工作的温度后开始给动力蓄电池充电。（   ）

5. BMS通过判断动力蓄电池单体电池最低温度，发送加热或停止加热请求至整车控制器。（   ）

参考文献

[1] 廖向阳. 车载网络系统检修 [M]. 3版. 北京：人民交通出版社，2019.

[2] 楚晓婧，李振兴. 汽车车载网络系统检修 [M]. 北京：机械工业出版社，2023.

[3] 郭宏伟. 汽车车载网络技术 [M]. 北京：人民交通出版社，2023.

[4] 吴东盛，杨正荣，沐俊杰. 新能源汽车整车控制系统检修（彩色版配实训工单）[M]. 北京：机械工业出版社，2022.

[5] 赵振宁. 新能源汽车整车控制系统诊断 [M]. 北京：机械工业出版社，2022.

[6] 刘存山，李楷，吉世岳，等. 新能源汽车故障诊断技术（彩色版配工作页）[M]. 北京：机械工业出版社，2022.

[7] 宋广辉，陈东. 新能源汽车维护与故障诊断 [M]. 北京：机械工业出版社，2018.

[8] 吴海东，程章，刘世斌. 新能源汽车检测与故障诊断技术 [M]. 北京：机械工业出版社，2022.

[9] 敖东光，宫英伟，陈荣梅. 电动汽车结构原理与检修 [M]. 北京：机械工业出版社，2017.

[10] 姜丽娟，张思扬. 新能源汽车故障诊断 [M]. 北京：机械工业出版社，2018.

[11] 刘存山，张胜龙，张红伟. 新能源汽车构造认知与应用 [M]. 成都：电子科技大学出版社，2019.

[12] 吴兴敏，陈贵龙，郭明华. 纯电动汽车结构原理与检修 [M]. 北京：人民邮电出版社，2022.

[13] 左小勇，袁斌斌. 动力电池管理及维护技术 [M]. 天津：天津科学技术出版社，2016.

读者意见反馈

为收集对教材的意见建议，进一步完善教材编写并做好服务工作，读者可将对本教材的意见建议通过如下渠道反馈至我社。

咨询电话　400-810-0598

反馈邮箱　gjdzfwb@ pub. hep. cn

通信地址　北京市朝阳区惠新东街 4 号富盛大厦 1 座

　　　　　　高等教育出版社总编辑办公室

邮政编码　100029

授课教师如需获得本书配套教辅资源，请登录"高等教育出版社产品信息检索系统"（https://xuanshu. hep. com. cn/）搜索下载，首次使用本系统的用户，请先进行注册并完成教师资格认证。

高教社高职工科分社机械板块（含汽车）教材服务中心：gzjx@ pub. hep. cn